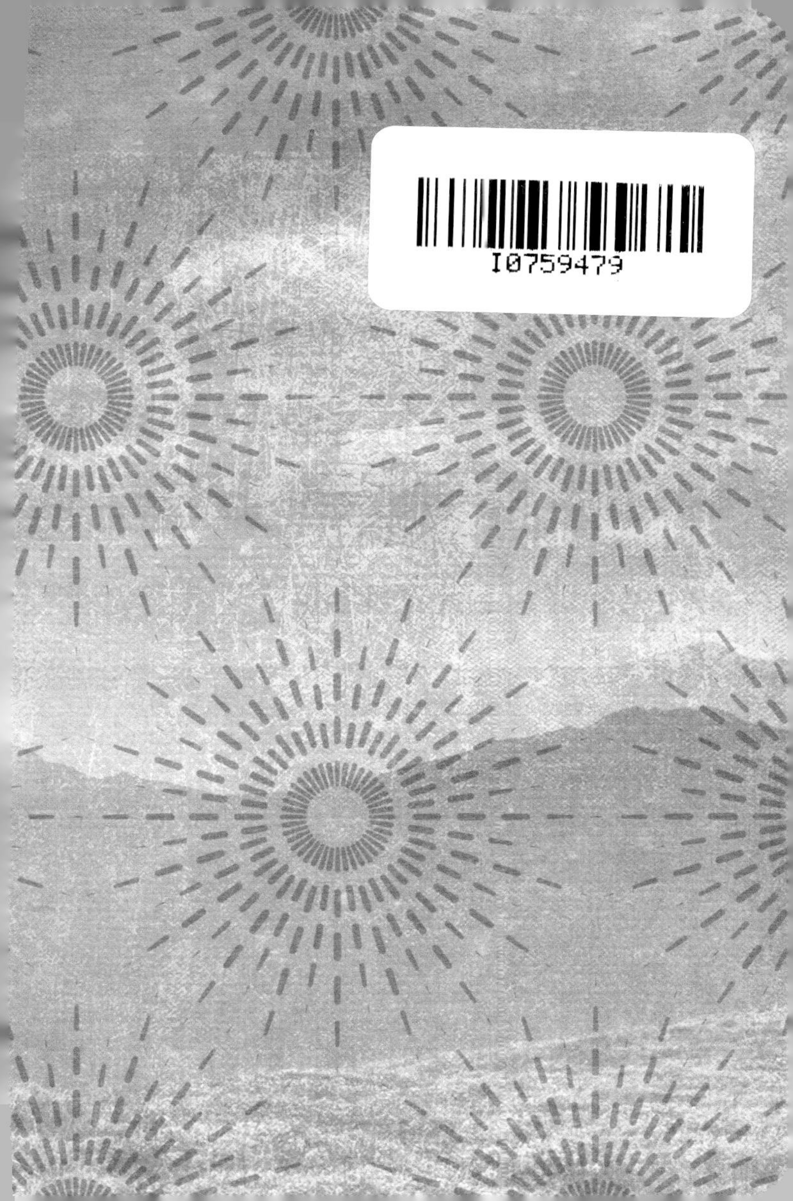
I0759479

Busquen el reino de Dios
por encima de todo lo demás
y lleven una vida justa,
y él les dará todo lo que necesiten.

Mateo 6:33

INTRODUCCIÓN

¿Cuándo buscas tiempo para conectar con Dios? Aunque intentemos ser intencionales para hacerlo, las actividades y las responsabilidades diarias suelen encontrar la manera de acaparar la prioridad por encima de nuestro tiempo con Jesús. Podemos orar en cualquier momento, y por supuesto que lo hacemos, pero apartar un tiempo específico para comunicarnos con el Señor tiene mucho valor. ¡El propio Jesús nos dejó el ejemplo de apartarse a solas con Dios para comenzar el día! Él se levantaba antes del amanecer para orar en un lugar solitario. No sabemos por qué o por quién oraba; solo sabemos que era su modo de conectar con el Padre antes de hacer cualquier otra cosa.

Cuando te acerques a Él en quietud y medites en estas escrituras, devociones y oraciones, experimenta la bondad de su presencia y refréscate en su paz perfecta. Cuando pones a Jesús por encima de todo lo demás, las otras preocupaciones se desvanecen. Cada nuevo día trae una nueva esperanza. Su misericordia es nueva cada mañana. Del pozo de tu interior brotará gozo infinito, y tendrás fuerzas para vivir cada día con gracia para con los demás y para contigo mismo.

ENERO

Gracias a la tierna misericordia de Dios,
la luz matinal del cielo está a punto
de brillar entre nosotros.

Lucas 1:78

HAZ EL TRABAJO

«Sé fuerte y valiente y haz el trabajo. No tengas miedo ni te desanimes, porque el SEÑOR Dios, mi Dios, está contigo. Él no te fallará ni te abandonará. Él se asegurará de que todo el trabajo relacionado con el templo del Señor se termine correctamente».

1 CRÓNICAS 28:20

Ser valiente y tomar acción suelen ir de la mano. En el versículo de hoy, David le dice a Salomon que «haga el trabajo». Tiene que poner en práctica las virtudes de la fuerza y la valentía si quiere obtenerlas. Mientras más alta sea la probabilidad de fracaso, mayor será la medida de valentía necesaria. Por eso David le promete a su hijo: «Él no te fallará ni te abandonará». Mientras Dios esté haciendo la obra a través de nosotros, no debemos temer al fracaso; Él nos levantará si fracasamos.

Lo único que Dios pide es que hagamos el trabajo. Tomamos la iniciativa, escuchamos el plan del Señor y hacemos lo que Él nos pida. Mientras tengamos su fuerza no debemos temer ser aplastados por nuestros fracasos. El plan de Dios sigue en pie. Él planeó construir el templo y lo hizo. Él planea obrar poderosamente en nuestras vidas y lo hará.

Dios, por favor, dame la fuerza y la valentía para enfrentar este día. Dame el ánimo para hacer el trabajo con mucha fe en lo que tú puedes hacer.

FUERZA IMPERFECTA

En el arrepentimiento y la calma está su salvación,
en la serenidad y la confianza está su fuerza.

Isaías 30:15 NVI

El camino hacia Cristo es angosto y empinado. Es una senda de humildad que produce en nosotros las cualidades de nuestro Salvador. Nos enseña a reconocer a Dios a través del arrepentimiento de nuestros pecados y la confianza en sus planes. No podemos arrepentirnos si creemos que tenemos la razón, y no podemos descansar si dependemos de nosotros mismos para la provisión. El arrepentimiento, el descanso, la quietud y la confianza nos enseñan a depender de Cristo.

Estas virtudes nos enseñan a reconocer a Dios como la fuente de nuestra fuerza en lugar de nosotros mismos. Según Isaías, estas virtudes modestas también forman parte de nuestra salvación; Dios se opone a los corazones orgullosos pero exalta a los humildes (Santiago 4:6). La cultura anima a los hombres a desear prosperidad, fuerza y respeto. No tiene nada de malo desear estas cosas, pero Dios quiere que las deseemos como regalos que vienen de su parte y son para su gloria.

Amado Señor, dame tu fuerza para este día. Enséñame a depender de ti para obtener mi provisión, salvación y paz.

NUESTROS PENSAMIENTOS

Meditaré en la gloria y la majestad de tu esplendor,
y en tus maravillosos milagros.

SALMOS 145:5

Este salmo pinta un cuadro hermoso de devoción. La mente del salmista está donde Dios desea que esté: centrada en Él. Le da gloria a su Señor a través de la adoración y la meditación. Aquello en lo que nuestras mentes se enfocan con frecuencia determina nuestra salud espiritual. Si nos enfocamos en la «majestad de su esplendor» y todo aquello por lo que podemos estar agradecidos, nuestras almas y corazones se llenan de luz. Si nos enfocamos en la satisfacción sexual, la gratificación terrenal o cualquier cosa que no sea Dios, nuestras mentes y espíritus se oscurecen.

Es posible desviarnos de la imagen de Dios y su propósito para nosotros. Fuimos creados para el cielo, pero las distracciones de esta vida intentan convencernos de que nuestro enfoque debería estar en la tierra. Sin embargo, las cosas que nos rodean solo encuentran su importancia en Cristo. Nuestras metas profesionales, nuestra salud física, nuestras relaciones y todo lo que hay en medio son vanas si no se ven a través de los ojos del cielo. Aun estando en la tierra, nuestra meditación debería estar centrada en lo eterno.

Dios, enfoca mi mente en tu gloria y tus obras maravillosas. Recuérdame por qué respiro; dame tu perspectiva para este día.

CIMIENTOS INCONMOVIBLES

Ya que estamos recibiendo un reino inconmovible, seamos agradecidos y agrademos a Dios adorándolo con santo temor y reverencia.

Hebreos 12:28

¿Cuántas veces realmente pensamos en la omnipotencia de Dios? ¿Acaso puede algún temor, ansiedad o fracaso oponerse a la naturaleza inconmovible de Dios? Todos los días (y a veces cada hora) nos encontramos con decepciones. Dios lo ha planeado así. Enfrentamos dificultades y sufrimiento; somos empujados más allá de nuestros límites. Dios lo ha planeado así.

No hay experiencia que pueda desestabilizar el reino de Dios. Nosotros somos miembros de este reino, y como miembros, tenemos acceso a la promesa de la seguridad. Con esto en mente, el autor de Hebreos clama: «seamos agradecidos». Aquellos que controlan los reinos y naciones terrenales se preguntan si vivirán para seguir luchando un año más, pero con Dios no es así. Desde este profundo pozo de seguridad y este aprecio por un reino inconmovible, no nos queda más que adorar a Dios con temor santo y reverencia.

Señor, tú permaneces firme en los cielos y fundaste un reino que perdurará más allá de cualquier generación. Dame un corazón de adorador por lo que has hecho.

ALABANZA

Alábenlo por sus obras poderosas;
¡alaben su grandeza sin igual!

Salmos 150:2

Como hombres, muchas veces comparamos nuestra «grandeza» y nuestras «obras poderosas» con las obras y el estatus de los demás. En el momento en que conseguimos algo, somos tentados a comparar nuestro éxito. Se presentan dos trampas. Una, podemos compararnos con aquellos que están por debajo de nosotros y pensar que somos más importantes de lo que realmente somos. Dos, podemos compararnos con aquellos que están por encima de nosotros y llenarnos de vergüenza y frustración innecesarias. Siempre existirá la posibilidad de conocer a alguien mejor que nosotros; siempre habrá alguien más listo, más fuerte o más avanzado en la vida.

Dios es la respuesta a la tentación de la comparación. *Sin igual* es la expresión que el salmista utiliza para describir la grandeza de Dios. Él es el más grande y sus obras poderosas son las más poderosas. No tiene sentido hacer algo para compararnos con otros; la grandeza de Dios siempre será sin igual. Por eso lo alabamos. Es su derecho.

Amado Señor, te alabo porque eres el más grande en todo lo que haces. Eres el más humilde y el más justo. Has eliminado mi tentación a compararme porque no hay nadie como tú.

PLANEADO

«Antes de formarte en el vientre, ya te había elegido; antes de que nacieras, ya te había apartado».

JEREMÍAS 1:5 NVI

Dios desea que sus hijos sean prudentes y sabios, pero también quiere que recuerden que Él es quien planifica. Sus planes han existido desde antes que nosotros y seguirán existiendo después de que nuestro tiempo en la tierra haya terminado. En este pasaje, Dios dice a través del profeta Jeremías: «Antes de formarte en el vientre, ya te había elegido». Él nos conoce mejor que nosotros mismos. Nos ve sin los efectos cegadores de la emoción, los sesgos y la idealización humana.

Dios también dice que «te había apartado». Él decidió nuestro propósito mucho antes de que pudiéramos pensar. En lugar de incluir a Dios en nuestros planes, tenemos el honor de ser incluidos en los planes de Dios. A la luz del conocimiento y la visión de futuro insuperables de Dios, ¿qué puede conseguir nuestra ansiedad? ¿Cómo es posible que nos preocupemos a la luz de su propósito inalterable para nosotros? Aunque lo cuestionemos, Dios sigue teniendo un plan para nuestras vidas que transciende nuestra habilidad para comprenderlo.

Señor, que todas mis preocupaciones y cargas se esfumen al pensar en que tú me has elegido y tienes un propósito para mi vida. Ayúdame a confiar en el plan que tú has fundado.

BONDAD EN ABUNDANCIA

Qué grande es la bondad que has reservado para los que te temen. La derramas en abundancia sobre los que acuden a ti en busca de protección, y los bendices ante la mirada del mundo.

SALMOS 31:19

Dios tiene el derecho de no darnos siempre comodidad y bendiciones. Muchos de los hijos de Dios viven vidas de continuas dificultades y persecución, pero para ellos bondad en abundancia no es un término ajeno. Dios nos bendice «ante la mirada del mundo» y no solo de las maneras que la gente supone. También recibimos bendiciones eternas. Descansamos en la protección espiritual del Señor sabiendo que Él nos guardará de todo mal y toda destrucción terrenal mientras aún tenga algo preparado para que lo hagamos. La mayor bendición es esperar con anhelo la eternidad con Dios. Nadie puede ganarse ni una fracción de una bendición así.

Con toda sinceridad podemos decirle a Dios: «Qué grande es la bondad que has reservado para los que te temen». En respuesta a nuestra devoción y fe, Dios nos da paz mientras estemos en la tierra y paz por la eternidad. Él nos da el fruto del Espíritu que nos separa del mundo que nos observa, y nos transforma en la mejor versión de nosotros mismos.

Señor, gracias por tu gran bondad. Gracias por todas las bendiciones tanto eternas como temporales que me has dado. ¡Alabo tu nombre!

SER UNA BENDICIÓN

Aprovecha cada oportunidad de ser una bendición para los demás, ¡especialmente para nuestros hermanos y hermanas en la fe!

GÁLATAS 6:10 TPT (TRADUCCIÓN LIBRE)

Lo difícil de seguir el consejo de Pablo en este versículo no tiene tanto que ver con la disposición, sino con la creatividad. Entre trabajar y dormir, es difícil tener tiempo e ideas para bendecir a otros. Puede que tengamos la voluntad de hacerlo, pero no siempre somos capaces de ver las oportunidades a nuestro alrededor. Tenemos que ser creativos como las personas que llevaron al parapléjico ante Jesús bajándolo por el tejado.

Ser una bendición es más que solo dar; es servir. Dejar que otros pasen antes que nosotros en la fila, compartir nuestras comidas, cortar el césped y hacer cosas que no haríamos normalmente son manifestaciones de ser una bendición. Según Pablo, estas oportunidades son especialmente valiosas cuando bendicen a nuestros hermanos y hermanas en Cristo. Nuestros compatriotas cristianos entienden el significado de nuestras acciones y suelen ser perseguidos por el mundo.

Señor, hazme una bendición hoy. Abre mis ojos a las necesidades a mi alrededor y especialmente dentro de tu iglesia.

UN TERCIO

Les va bien a los que prestan dinero con generosidad y manejan sus negocios equitativamente.

Salmos 112:5

Para la mayoría de las personas, la semana de trabajo tiene cuarenta horas. Pasamos un tercio de cada día, de lunes a viernes, trabajando. Ya que esto ocupa un porcentaje tan alto de nuestra existencia, la manera en que nos comportamos en el trabajo es importante. ¿Es diferente nuestra vida moral en casa y en el trabajo?

La equidad y la generosidad son temas delicados en la cultura actual. La mayoría de las personas sienten que merecen más del mundo de lo que están recibiendo; todos están de acuerdo en que el mundo es injusto en muchos sentidos. La satisfacción piadosa no viene por recibir, sino por dar. El salmo de hoy dice: «Les va bien a los que prestan dinero con generosidad». Si comenzamos a querer lo que creemos que merecemos, en cambio deberíamos desarrollar la generosidad de darles a otros lo que necesitan. Entonces tendremos la mayor satisfacción.

Señor, dame hoy un corazón generoso. Enséñame a manejar mis negocios con equidad y a reflejar tu luz a través de mis acciones.

EXALTADO

Él me escolta hasta la sala de banquetes;
es evidente lo mucho que me ama.

CANTAR DE LOS CANTARES 2:4

En esta imagen descrita por la novia de Salomón, Salomón bendice a su amada llevándola personalmente a un lugar en el que había comida y relajación. Le da un lugar de honor, demostrando así lo mucho que la amaba. Esta imagen también describe la relación de Cristo con nosotros. Cuando aún éramos pecadores, Cristo nos sacó de nuestro lugar de humillación y nos llevó a su mesa. Nos dio honor cuando merecíamos vergüenza y nos bendijo cuando merecíamos maldición.

La mejor manera en que podemos experimentar el favor de Dios por nosotros es mostrando favor piadoso a los demás. Cuando abrimos nuestros corazones con generosidad, exaltando a aquellos despreciados por la sociedad, experimentamos el sentimiento que Cristo tiene hacia nosotros. Esto es una gran bendición. Que podamos, al igual que Salomón, levantar a los humildes. Que podamos llevarlos a un banquete y demostrar con orgullo lo mucho que los amamos.

Señor, por favor, dame gracia para el mundo. Quiero tratar a los humildes como Salomón trató a su novia: con amor y generosidad.

PENSAR CON MODERACIÓN

Por la gracia que se me ha dado, digo a todos ustedes: Nadie tenga un concepto de sí más alto que el que debe tener, sino más bien piense de sí mismo con moderación, según la medida de fe que Dios le haya dado.

Romanos 12:3 NVI

El orgullo es peligroso. Cuando creemos que nuestra valía es más alta de la que realmente es, podemos arruinar nuestras relaciones interpersonales al exaltarnos a nosotros mismos hasta un punto que no merecemos. Las personas que nos rodean son iguales a nosotros. Su juicio importa tanto como el nuestro, sus opiniones también son válidas, y tienen la misma probabilidad de tener la razón. Una vez hayamos separado nuestra identidad de nuestra fuerza, nuestros logros y nuestra estatura, podremos hacer las cosas que Jesús espera que hagamos.

Pablo nos pide que pensemos de nosotros mismos «con moderación». Esto no significa que debemos pensar que no valemos nada y que todo lo que intentemos hacer nos saldrá mal; esa es una imagen incorrecta y peligrosa de quiénes somos. Cristo quiere que pensemos de nosotros mismos de modo realista y humilde. Nuestro juicio no debería estar afectado por nuestro orgullo o deseo, sino que debería ser preciso según la realidad. Al mismo tiempo, nuestra salud espiritual depende de que no pensemos en nosotros mismos con demasiada frecuencia y en cambio pongamos el foco en quienes nos rodean.

Señor, por favor hazme un hombre humilde. Ayúdame a pensar con moderación como Cristo y ver a los demás con respeto y bondad.

PROCLAMAR PODER

Que cada generación cuente a sus hijos de tus poderosos actos y que proclame tu poder.

SALMOS 145:4

Nuestro modo de vivir es una proclamación de lo que creemos. Cuando vivimos con pasión, proclamamos la fuente de esa pasión. Cuando vivimos en debilidad, hacemos lo mismo. No podemos vivir vidas débiles y esperar que la gente crea en nuestro evangelio de poder. Nuestras palabras y acciones deben proclamar al Dios de pasión, vida y esperanza. Este testimonio lo ha mostrado cada generación de la iglesia de Cristo, y ahora nos toca a nosotros.

El apóstol Pablo se hace eco del salmista cuando le dice a su aprendiz Timoteo: «Pues Dios no nos ha dado un espíritu de temor y timidez sino de poder» (2 Timoteo 1:7). Dios quiere que nuestro orgullo y egoísmo sean quebrantados para que podamos ser perfeccionados en su poder. Él quiere ser la fuente de nuestra identidad para que podamos ser equipados para proclamar a todas las generaciones la fuente de nuestra fortaleza y nueva identidad.

Por favor, Señor, dame la fe para enfrentar cada día con optimismo. Dame palabras para proclamar tu poder y acciones que acompañen a mis palabras.

COMPLEJO

¡Gracias por hacerme tan maravillosamente complejo! Tu fino trabajo es maravilloso, lo sé muy bien.

SALMOS 139:14

Cada hombre es un ser complejo. Dios nos creó en la intersección de lo físico y lo espiritual; así que averiguar quiénes somos es confuso incluso para nosotros mismos. Si a eso le añadimos nuestras experiencias únicas y las fuerzas que actúan sobre nosotros, es cierto que somos «maravillosamente complejos». Dios se deleita en esa complejidad. Él es nuestro arquitecto, y nos hizo únicos a propósito. Ningún detalle de quién somos y lo que hemos atravesado es aleatorio.

Cuando la complejidad que Dios nos ha dado no se entiende bien, puede ser una carga. Nos preguntamos por qué somos como somos, y desearíamos ser cualquier otra persona menos nosotros. Esta no es la perspectiva del salmista. «Tu fino trabajo es maravilloso, lo sé muy bien», dice. A pesar de los fallos y del problema del orgullo, nuestra identidad es la obra maestra de Dios y, cada día que vivimos para Él nos acercamos más al hombre que Él nos creó para ser.

Señor, por favor dame fe para creer en la persona que tú has creado de mí. Recuérdame que mis batallas y mi identidad tienen un propósito, y que tú las usarás.

SOLITARIO

Muy de madrugada, cuando todavía estaba oscuro, Jesús se levantó, salió de la casa y se fue a un lugar solitario donde se puso a orar.

Marcos 1:35 NVI

Jesús sentó el mejor precedente de cómo deben vivir la vida los cristianos. En este pasaje, hasta el Hijo de Dios perfecto se apartó para orar y estar solo. Hay muchos términos para referirse a esto, pero en esencia es comunión con Dios. Es una renovación continua de esa relación para que el hijo de Dios se mantenga cerca del corazón y la presencia del Padre. Esto puede requerir dedicación y planificación, como mostró Jesús al levantarse «muy de madrugada».

Más allá de peticiones, la oración es también escuchar a Dios y transformar nuestras mentes y nuestros corazones. Orar es la manera más eficaz para escuchar la voluntad de Dios para nuestras vidas; orar solitariamente como hizo Jesús redefine nuestro enfoque y nos da paz. Es una manera de que podamos bajar el ritmo y recuperar el control de nosotros mismos para que el mundo no nos controle a través de nuestros deseos y necesidades físicas.

Señor, dame la pasión para levantarme temprano para estar contigo. Pon en mí un deseo abrumador de tu presencia que redefina mis hábitos.

FIEL

Por nada romperé mi pacto;
no retiraré ni una sola palabra
que he dicho.

Salmos 89:34

Nuestra fidelidad a Dios fluye de su fidelidad hacia nosotros. La fidelidad es un aspecto clave de quién es Dios, y a lo largo de la Escritura vemos a Dios afirmando su fidelidad mediante numerosos pactos. En este salmo, el autor registra una ocasión en la que Dios afirma su fidelidad a David. Esta fidelidad no fue correspondida a la perfección; David traicionó al Señor en varias ocasiones con asesinato y adulterio, pero el Señor permaneció fiel.

Como hombres, ¿estamos dispuestos a ser más grandes que nuestro dolor? El dolor de la traición duele más que muchas heridas físicas. ¿Estamos dispuestos a seguir siendo fieles y estar comprometidos cuando las situaciones y las personas no cumplen nuestras expectativas? ¿Estamos dispuestos a mostrar el amor de Dios a aquellos que no lo merecen? Nosotros tampoco lo merecíamos, pero Dios decidió amarnos igualmente. Somos llamados a actuar como Él actuó en amor y fidelidad hacia un mundo infiel y sin fe que nos defrauda continuamente.

Señor, dame la sabiduría y la fuerza para saber cuándo seguir siendo fiel. Muéstrame cómo amar cuando las personas a mi alrededor no me aman.

UNA PAZ QUE CONSUME

Una paz absoluta y perfecta rodea a aquellos cuyos pensamientos están consumidos por ti; quienes confían en ti totalmente.

Isaías 26:3 TPT (Traducción libre)

La imagen que utiliza Isaías es intensa. Él describe un pueblo «cuyos pensamientos están consumidos por ti». ¿Cuándo podríamos decir que fue la última vez que nuestros pensamientos estaban «consumidos» por otra persona de modo no sexual? ¿Cuándo fue la última vez que probamos un fuego tan puro y santo? Que nuestras mentes vuelvan a conocer la paz absoluta de ser consumidos por los pensamientos del Señor. Una «paz absoluta y perfecta» inunda nuestras mentes cuando nos rendimos a Él.

La última línea dice «confían en ti totalmente». La mente consumida por el Señor ha conocido las dificultades y las preocupaciones de este mundo, pero aun así es inmune a ellas. Una mente así confía en el Señor porque el Señor sostiene el mundo en sus manos y nunca ha visto una circunstancia que no hubiera planeado. ¿Por qué no confiar totalmente en un Dios de paz que consume?

Señor, que tus pensamientos sean mi santa obsesión. Que mi mente descanse continuamente en ti y, por lo tanto, permanezca en paz.

ESPERA

Espera con paciencia al Señor;
sé valiente y esforzado;
sí, espera al Señor con paciencia.

SALMOS 27:14

Esperar no es fácil. Es una tarea que refina nuestra alma, creada para desarrollar nuestra paciencia y sabotear nuestro orgullo. En el orgullo, queremos actuar. Queremos ver que nuestras acciones consigan resultados, pero Dios nos hace esperar con paciencia. Es muy limitado pensar que podemos hacer cualquier cosa apartados de la mano del Todopoderoso. El salmista dice: «sé valiente y esforzado». Nuestros corazones no deberían debilitarse en la espera; deberían crecer en una dependencia santa del Señor.

El salmista demanda dos veces: «Espera al Señor». Esta no es una tarea pasiva, sino una espera activa y atenta mientras el plan de Dios se lleva a cabo. No significa que deberíamos olvidar lo que Dios está haciendo. Se nos ha encomendado un trabajo difícil que requiere toda nuestra atención. Sí, ¡espera al Señor!

Dios, dame paciencia cuando preferiría actuar sin tomarte a ti en cuenta. Recuérdame tu poder y tu plan que existen desde la fundación del mundo.

FUERZA HUMILDE

Dado que Dios los eligió para que sean
su pueblo santo y amado por él,
ustedes tienen que vestirse de tierna compasión,
bondad, humildad, gentileza y paciencia.

COLOSENSES 3:12

Jesús es tanto el León de Judá como el Cordero que fue inmolado. Él es perfecto porque tiene virtudes que parecen ser opuestas, pero que en Él alcanzan su máxima plenitud. Él es humilde, pero poderoso. Es compasivo y también intenso en su juicio. Jesús quiere que nosotros también seamos así. Quiere que crezcamos y seamos reflejos hermosos de su poder y de su humildad.

Las virtudes de este versículo de Colosenses tienen su raíz en el autocontrol. Dios no nos prometió control sobre nuestras vidas, pero sí quiere que tengamos control sobre nuestro corazón y nuestra mente. Él quiere que nosotros, su «pueblo santo y amado por él», manifestemos nuestra pasión como compasión, que transformemos nuestro dolor en bondad, y nuestro orgullo caiga para que la humildad se levante. Si hemos de llevar luz a un mundo sumido en la oscuridad, necesitamos las virtudes que Dios ha guardado para nosotros.

Señor, por favor crea en mí un corazón que siente lo que tú sientes. Dame compasión, bondad, humildad, gentileza y paciencia.

CORAZONES EN ARMONÍA

Oh Señor, haz bien a los que son buenos,
a los que tienen el corazón en armonía contigo.

SALMOS 125:4

El salmista se apoya en su conocimiento musical al orar por «los que tienen el corazón en armonía» con el Señor. Él ora para que Dios dé su gracia y su favor a quienes actúan como Dios actúa: con bondad. Ora para que las acciones de las personas reflejen el modo en que Dios los trata y que la maldad no predomine sobre la bondad. Es un clamor profundo y apasionado al Señor pidiendo que se haga justicia en la tierra.

Algunos podrían suponer que, al ser consumidos por la bondad y seguir a Dios, nuestra identidad se perdería como gotas en el océano; sin embargo, poner nuestros corazones en armonía con el Señor es más como una nota que encuentra su lugar en una sinfonía. Cada uno de nosotros tiene una bondad única de parte del Señor que es diferente a la de cualquier otra persona aunque sea similar en calidad. Cuando ponemos nuestros corazones en armonía con el canto del Señor, encontramos nuestro verdadero yo.

Dios, que pueda ver justicia a favor de los buenos. Que a los justos los traten con justicia y que no sean perseguidos por su virtud.

DESCANSAR AL FIN

En paz me acostaré y dormiré,
porque solo tú, oh Señor,
me mantendrás a salvo.

Salmos 4:8

Sin confianza en el Señor, nuestro sueño es imperfecto. Nuestra mente se preocupa por nuestra seguridad, lo que no hemos hecho y lo que deberíamos estar haciendo en lugar de descansar. Con el Señor, podemos descansar seguros sabiendo que Dios hace la obra y nosotros somos sus instrumentos. Dios nos mantiene a salvo y podemos irnos a dormir sabiendo que Él es quien cuida nuestros cuerpos y nuestras almas. Venga lo que venga, Él está ahí para enfrentarlo junto a nosotros.

«Solo tú, oh Señor», dice el salmista. No hay otra fuente de seguridad. Incluso los ricos que duermen tras muchas puertas cerradas le deben finalmente su seguridad a Dios. Él da seguridad, y la puede quitar en cualquier momento. No hay nada que podamos hacer para asegurar nuestra seguridad, pero podemos esforzarnos para estar más seguros de las promesas de Dios de provisión y cuidado. Él es fiel a sus amados hijos y nos ha preparado un descanso santo y perfecto.

Dios, dame descanso en ti.

TRABAJO Y DESEO

Pues Dios trabaja en ustedes
y les da el deseo y el poder
para que hagan lo que a él le agrada.

FILIPENSES 2:13

Dios está obrando en nuestros estudios bíblicos, disciplinas espirituales y estrategias. Él nos crea y nos moldea. Él es quien trabaja porque nos vio primero y decidió sacar nuestras pobres y olvidadas almas del barro para soplar en nosotros nueva vida. Sin embargo, Dios no quiere soldados que simplemente siguen órdenes. Quiere almas con un deseo santo. La obra del Señor en nosotros es la perfección de nuestro deseo y el poder para su agrado.

Como hijos, nacemos sin poder y con poca influencia. Tenemos deseos inocentes y sin control. Al crecer y caminar con Dios, nuestros deseos son moldeados y dirigidos hacia lo que es santo: adoración, servicio, amor, bondad y relaciones con otras almas. A menudo, lo que parecen debilidades son la perfección del poder en nosotros. Al quebrarnos, Él hace que deseemos la restauración mucho más, y nos da la fuerza de voluntad que antes no teníamos.

Dios de gloria y deseo, santifícame y hazme justo en ti. Dame un deseo santo de hacer tu voluntad.

EL MAYOR REGALO

«Porque así es como Dios amó al mundo: entregó a su Hijo único y genuino como un regalo. Así que ahora todos los que creen en él nunca perecerán, sino que experimentarán la vida eterna».

JUAN 3:16 TLP

Cuando Dios envió a su Hijo para morir por nosotros, nos dio un regalo que no tiene comparación. Dios solo tiene un Hijo, una persona que lleva la imagen divina de Dios en carne humana. No hay nadie como Él, y cuando Dios lo envió para morir por nuestros pecados, su vida y muerte le produjo un gran dolor. Dios decidió, sin embargo, que la salvación que nos dio a través de su muerte hizo que valiera la pena el sacrificio.

El modo en que comienza este versículo es importante. Dice: «Dios amó *tanto* al mundo». La medida del amor de Dios era *tan* grande, y *tan* extensa, que Dios extendió su amor a todos nosotros. Él murió por nosotros, así que la pregunta ahora es si nosotros estamos dispuestos a morir por Él. ¿Estamos dispuestos a renunciar a nuestra vida como un acto de amor a Dios y rendirnos completamente a Él? Esta es la medida de devoción que Dios mostró con nosotros y la medida que nos pide.

Señor, te doy mi corazón y mi vida. Úsalas como quieras y haz que me regocije en tu amor y salvación.

DE LA MUERTE

Él salva mi vida de la muerte;
me corona de fiel amor
y compasión.

SALMOS 103:4

Los muertos no pueden escoger nada o tomar decisiones. Cuando el salmista dice: «Él salva mi vida de la muerte», está hablando de que, cuando Cristo nos salva, no tiene nada que ver con nuestros deseos o decisiones. Todos somos enemigos de la cruz redimidos por un Salvador misericordioso que escoge por nosotros lo que nosotros mismos no podemos escoger. Él ganó esta salvación al morir y convertirse en la primera y única persona en morir y resucitar por decisión propia.

Nuestra salvación está en el núcleo de nuestra relación con Cristo. Cada momento de cada día cambia por el hecho de que estamos en una relación con Dios y ya no nos oponemos a su evangelio. Estamos cargados de amor y compasión, como dice el versículo, como una mula de carga que se prepara para un viaje largo. Que esta salvación sea evidente en cada área de nuestra vida.

Señor Dios, gracias por salvarme cuando aún estaba muerto. Gracias por redimirme cuando aún era tu enemigo. Tu amor y tu misericordia me han renovado.

ESCONDIDOS EN SU FIDELIDAD

¡Es imposible que Dios mienta porque sabemos que su promesa y su pacto nunca cambian! Y ahora hemos corrido a su corazón para escondernos en su fidelidad. Es ahí donde encontramos su fuerza y consuelo, ya que Él nos empodera para arrebatar lo que ya ha sido establecido desde antes: ¡una esperanza inamovible!

Hebreos 6:18 TPT (Traducción libre)

Hemos sido llamados a ser valientes. Hemos sido llamados a romper todo aquello que nos impide avanzar, a anclar nuestra esperanza en el futuro glorioso, y a soltar el pasado y sus cargas. También hemos sido llamados a ser valientes en el sentido correcto. Cuando se trata del mal, se nos dice que huyamos. Sí, ¡que corramos! Este versículo de Hebreos nos dice: «ahora hemos corrido a su corazón para escondernos». Nuestra valentía y fuerza en el Señor no llegan hasta la impureza y la falta de fe. A estas cosas no corremos con valentía.

Al escondernos en Cristo, tenemos consuelo y también fortaleza. Cuando el consuelo terrenal se acaba y perdemos a aquellos que amamos, tenemos el privilegio de sumergirnos más profundamente en el consuelo del Señor. Él es nuestro refugio en cada tormenta y nuestra fuerza en cada momento de debilidad. No hay nadie como Él, perfecto en fidelidad y una esperanza firme. No podemos cambiar su carácter, y por eso nos regocijamos.

Amado Dios, hoy me escondo en ti. Llena mi alma del consuelo y la fuerza del Señor y ayúdame a confiar en ti.

TRABAJO ENTUSIASTA

Trabajen con entusiasmo,
como si lo hicieran para el Señor
y no para la gente.

EFESIOS 6:7

¿Cuántos hombres dirían que trabajan «con entusiasmo»? Esto no es algo fácil de cumplir. Muchas veces, lo máximo que podemos hacer es seguir trabajando, sin hablar de hacerlo con gran energía y propósito. La mentira que nos hacemos creer a nosotros mismos es que, mientras vayamos a trabajar cada día, es suficiente. Mientras estemos presentes, habremos cumplido. Sin embargo, hay pocas cosas que a Dios le resulten más repulsivas que un creyente tibio. Él quiere hombres apasionados que actúen con propósito y una profunda humildad. No quiere un reino de creyentes que se ahogan en una apatía estancada.

La solución a la apatía es vivir cerca de Dios y recordar que cada acción que hacemos puede tener un impacto en la eternidad. Cuando recordamos que estamos en presencia del Todopoderoso, nuestro trabajo parece más importante. Independientemente del puesto o del trabajo, todo es importante si lo hacemos «para el Señor y no para la gente».

Oh Dios, recuérdame hoy la importancia de mi trabajo. Recuérdame cuán importante es que trabaje contigo en lugar de hundirme en la apatía.

PRACTICAR Y PREDICAR

¡Oh, cuánto deseo que mis acciones
sean un vivo reflejo de tus decretos!

Salmos 119:5

Tenemos un recurso valiosísimo para vivir en rectitud. La Palabra de Dios está llena a rebosar de sus decretos, y los seres humanos han pasado milenios interpretándola, estudiándola e intentando crecer en su entendimiento del corazón de Dios. Sin embargo, ninguna teoría acerca de Dios se traduce en acción. Este es el ruego del salmista cuando clama: «¡Oh, cuánto deseo que mis acciones sean un vivo reflejo de tus decretos!».

El salmista es un hombre con un corazón deseoso de justicia. El Salmo 119 es el más largo, y su temática es la obediencia devota. Este autor entiende que sus acciones no suelen llegar al estándar de lo que profesa y de lo que Dios ha decretado. La fe es un proceso por el que Dios va sacando la hipocresía que se ha ido colando en nuestras vidas a lo largo de los años. Dios es un Dios santo, y no estará satisfecho con un hombre cuyas palabras contradigan sus acciones.

Amado Jesús, examíname y conóceme. A medida que aprendo a conocerte, conoce tú también cada parte de mí y haz que mis acciones reflejen siempre tus decretos.

VIVIR PARA UNO MISMO

Él murió por todos para que los que reciben la nueva vida de Cristo ya no vivan más para sí mismos. Más bien, vivirán para Cristo, quien murió y resucitó por ellos.

2 Corintios 5:15

¿Qué nos despierta en la mañana? ¿Cuál es la inspiración que hay detrás de que nos levantemos, trabajemos y escojamos descansar? Cuando vivimos para nosotros mismos podemos ser generosos y amables, pero al final utilizamos esas cosas en nuestro propio beneficio. Haremos esas cosas porque sabemos que son buenas para nosotros. Incluso cuando hacemos lo correcto, el corazón puede tener una motivación egoísta.

Cristo «murió por todos para que los que reciben la nueva vida de Cristo ya no vivan más para sí mismos». Aunque no haya recompensa, perseguimos las virtudes por amor a Cristo. En lo profundo de nuestro interior deberíamos tener el deseo de vivir para Cristo. Cualquier hombre cristiano que viva para sí mismo, aunque intente ser virtuoso, nunca estará satisfecho y se quemará. Su virtud debe estar fundamentada en el amor altruista o no perseverará.

Oh Jesús, solo te quiero a ti. Vivo para ti; mi virtud y mi vida son tuyas. Dedico este día a tu gloria y la gracia que me has mostrado.

HIJO DE DIOS

¡Fíjense qué gran amor nos ha dado el Padre, que se nos llame hijos de Dios! ¡Y lo somos! El mundo no nos conoce, precisamente, porque no lo conoció a él.

1 Juan 3:1

El dolor de esta vida es un testimonio del gran consuelo que tenemos en nuestro interior. Sin importar la magnitud de las burlas, el odio y la persecución, el gran amor que nos ha dado nuestro Padre celestial es aún mayor. Sin Él, somos gusanos en la tierra incapaces hasta de respirar separados de su bendita provisión. Por nosotros, fue más allá de solo darnos una vida de altibajos en la tierra. Bajó del cielo para llevarnos con Él.

Somos hijos de Dios, y eso significa que estamos familiarizados con las bendiciones del cielo. La tierra es también una bendición, y es la única bendición que el mundo conoce; Dios nos ha escogido para conocer sus bendiciones más allá de este lugar. Nos ha sido concedido ser como Él en espíritu, sobreponernos a los límites de esta tierra, y ser arrebatados con nuestro Salvador por la eternidad. Que bendición es conocerlo y ser conocido por Él.

Oh Señor, gracias por ayudarme a sobreponerme a este mundo. Gracias por hacerme uno contigo en espíritu y darme el título de «hijo de Dios».

NOS CUIDA

¡El Señor mismo te cuida!
El Señor está a tu lado
como tu sombra protectora.

Salmos 121:5

A las personas les gusta decir que hay ángeles de la guarda que los cuidan, pero Dios no delega su trabajo. No, Él piensa que necesitamos una atención especializada, así que «el Señor mismo» nos cuida. Nos vigila y se asegura de que estemos exactamente donde Él quiere que estemos en cuanto a sus planes. Él es nuestro Padre celestial y nuestra «sombra protectora» que nos guarda del mal que quiere consumirnos.

Como hombres, a menudo solemos ocupar roles de protección. Ya sea con un amigo, un familiar, un compañero de trabajo o incluso un extraño, Dios puede llamarnos a ponernos entre alguien y el peligro. En ese momento, estamos haciendo de sombra protectora para alguien que lo necesita. Podría ser ayuda emocional, cuidar a alguien, o protección física. En todas las situaciones, actuamos como hombres protegidos por su Señor y Salvador Jesucristo.

Oh Señor, tú mismo me cuidas. Me proteges cuando Satanás quiere hacerme daño. Dame la valentía para hacer lo mismo con aquellos que me rodean.

AGRADECIDOS EN AMOR

Den gracias al Señor porque él es bueno;
su gran amor perdura para siempre.

1 Crónicas 16:34 NVI

Debemos ser agradecidos por el amor que el Señor tiene por nosotros. Y no me refiero a un agradecimiento impuesto por un Dios caprichoso. Es un agradecimiento que nace de un aprecio sincero por la obra radical de Dios al redimirnos de nuestros pecados y de nuestro quebranto. Sí, un Dios que muestra misericordia a individuos rebeldes que no la merecen y que no quieren saber nada de Él es realmente bueno.

Nos gozamos en ese amor especialmente porque «perdura para siempre». No es temporal ni condicional; no cesa. ¿Podemos decir eso de nuestro amor por otras personas? ¿Seguimos amando a las personas cuando nos hacen daño o son inoportunas? ¿Amamos a los que nos molestan o son maleducados, o basamos nuestro amor por los demás en lo mucho o poco que nos aman? Debemos ser un ejemplo de amor para aquellos que nos rodean, y especialmente para nuestras hermanas y hermanos cristianos. Debemos mostrar el amor incondicional de Dios por el cual nos gozamos.

Oh Dios, gracias por tu amor. Ayúdame a mostrarlo a aquellos que no lo merecen igual que yo no lo merezco.

TEME Y SIRVE

«Asegúrense de temer al Señor
y de servirlo fielmente.
Piensen en todas las cosas maravillosas
que él ha hecho por ustedes».

1 Samuel 12:24

Estas palabras que Samuel dirigió al obstinado pueblo de Israel siguen siendo ciertas para todas las generaciones. Con sus palabras, intentaba traspasar su hipocresía y sus corazones endurecidos. Quería convencer a estas personas de que dejaran de hacer cosas solo porque el Señor estaba mirando y le rindieran sus corazones por completo. Dios no se conformará con menos. Tenemos motivos más que suficientes para rendirnos de esta manera por «todas las cosas maravillosas que él ha hecho por ustedes». Tal vez Dios no nos ha guiado por el desierto durante cuarenta años, pero todos tenemos desiertos personales que hemos atravesado con Dios a nuestro lado.

El temor que Samuel le pide al pueblo que tenga no es el típico temor. No es terror o pensar que podría ocurrir algo malo. Es un temor santo y reverente que nace de la adoración y el respeto. Cuando pensamos en todas las cosas maravillosas que Dios ha hecho por nosotros, desde los favores más pequeños hasta los rescates más grandes, ese asombro nos inundará.

Oh Dios, quiero temerte solo a ti. Nadie más es merecedor de mi fe y mi servicio.

FEBRERO

A la mañana siguiente,
antes del amanecer,
Jesús se levantó y fue
a un lugar aislado para orar.

Marcos 1:35

FALSA ESPERANZA

Esta no es una esperanza vacía, pues Dios mismo es el que nos ha preparado para este destino maravilloso. Y, para confirmar esta promesa, nos ha dado al Espíritu Santo como un anillo de compromiso; como garantía.

2 Corintios 5:5 TPT (Traducción libre)

Pablo dice: «Dios mismo es el que nos ha preparado». Muchas veces cuando pensamos en nuestro caminar espiritual, pensamos en nosotros mismos y en lo que hacemos, como leer devocionarios pero nuestra santificación es primeramente y sobre todo obra de Dios. Él nos está preparando para un «destino maravilloso» con Él. Nos está preparando para un futuro mucho mejor que cualquier cosa que nosotros pudiéramos conseguir. Como esto es obra de Dios y no nuestra, Dios nos da la esperanza de que Él llevará a cabo su plan.

Esta esperanza es el Espíritu Santo. Cuando sentimos la presencia de algo más allá de nosotros mismos, nos reafirmamos en que la mano de Dios está sobre nuestras vidas. Recordamos que no estamos solos; estamos bajo el cayado de un pastor que dirige nuestros pasos. El Espíritu Santo, al renovarnos de maneras sobrenaturales, es nuestra garantía y nuestra muestra del cielo.

Dios, por favor dame esperanza para este día. Recuérdame mi hogar eterno y que eso sea mi consuelo en los momentos de pruebas. Aumenta la obra de tu Espíritu Santo en mí.

RAÍCES PROFUNDAS

Arráiguense profundamente en él y edifiquen toda la vida sobre él. Entonces la fe de ustedes se fortalecerá en la verdad que se les enseñó, y rebosarán de gratitud.

COLOSENSES 2:7

Es natural querer seguir avanzando y creciendo a la vez que buscamos consuelo y apoyo que nos sostenga. Nos esforzamos en nuestro trabajo, nuestras metas y nuestro éxito, y buscamos nuestro apoyo en la familia, los compañeros de trabajo, la salud y más cosas. Si el apoyo que nos sostiene se tambalea, nosotros nos tambaleamos, y nuestra atención se aparta de nuestras metas para enfocarse en nuestros sistemas de apoyo. Necesitamos apoyo emocional, físico y espiritual para prosperar. Si no estamos arraigados en estas cosas, no tenemos nada sobre lo que apoyarnos.

Pablo dice: «Arráiguense profundamente en él y edifiquen toda la vida sobre él». Dios es la única tierra a la que siempre pueden aferrarse nuestras raíces. Nuestro apoyo físico puede fallar, y aquellos que suelen darnos apoyo emocional pueden fallar, pero el apoyo espiritual del Señor permanecerá firme. Desde este apoyo, «la fe de ustedes se fortalecerá en la verdad... y rebosarán de gratitud». Al echar raíces profundas en Cristo, nos fortalecemos y desarrollamos un mejor agradecimiento por el apoyo que sí tenemos.

Señor, enséñame hoy a echar raíces en ti. Enséñame a depender de ti en fe.

LA VENTAJA DE LA SABIDURÍA

La sabiduría tiene la ventaja
de dar vida a quien la posee.

ECLESIASTÉS 7:12 NVI

Salomón, cuando habla de la vida de los sabios, dice que «la sabiduría tiene [una] ventaja». Lo mejor de la sabiduría es que aquellos que la cultivan se llenan de vida. Este es claramente el caso de todas las personas que evitan las caídas y los pecados en la vida. La sabiduría y el conocimiento, según Salomón, son más que solamente conocimiento almacenado. Son preceptos, mandamientos y conocimientos interiorizados por «qu en la posee». Los sabios viven respirando sabiduría.

La Biblia dice que la sabiduría viene por escuchar la Palabra de Dios. Desgraciadamente, cuando dejamos a un lado la devoción continua por la Escritura es más probable que tengamos dificultades en la vida. Estas dificultades nos distraen más de leer la Palabra que nos daría vida y consuelo en esas mismas dificultades si tan solo sacáramos el tiempo de leerla. Si tan solo rompiéramos el ciclo.

Señor, hazme un hombre sabio. Dame vida llenándome de conocimiento y sabiduría de tu Palabra.

CORAZONES DE PIEDRA

«Les daré integridad de corazón y pondré un espíritu nuevo dentro de ellos. Les quitaré su terco corazón de piedra y les daré un corazón tierno y receptivo».

Ezequiel 11:19

Sin Cristo, nuestros corazones no solo están rotos; necesitan ser transformados. Estamos tan profundamente corrompidos, tan lejos de la imagen de Dios en nosotros, que nuestros corazones se oponen completamente a la gracia de Dios hasta que Él nos renueva con un trasplante de corazón. El Señor dice: «Les quitaré su terco corazón de piedra». Nuestros corazones son de piedra desde que nacemos y, por lo tanto, son insensibles a las peticiones y no están dispuestos a responder a los demás. Nuestros corazones están estancados tercamente en sus caminos por los hábitos y el orgullo.

Dios nos ha dado corazones tiernos y receptivos. Se rompen con el sufrimiento, se animan con el entusiasmo, se duelen con el dolor de los demás y son profundamente sensibles. Lo que pudiera parecer debilidad es en realidad ausencia de falsa fortaleza. Quienes tienen corazones de piedra pueden parecer resilientes, pero para conseguirlo han tenido que hacer morir una parte de sí mismos. El corazón es un músculo, y los que tienen el corazón de piedra han perdido movilidad. La fuerza está en la debilidad.

Señor, por favor renueva en mí un corazón de carne. Dame ternura que responda ante el dolor y el triunfo de los demás.

TENTADO EN TODO

Él entiende a la humanidad porque, como hombre, nuestro magnífico Rey y Sacerdote fue tentado en todo igual que nosotros, y conquistó al pecado.

Hebreos 4:15 TPT (Traducción libre)

Los problemas de cada uno son diferentes. Todos los hombres tienen momentos, si no años, de sentirse cargados y solos en su dolor. Las tentaciones y las batallas que atravesamos muchas veces son pasadas por alto o banalizadas por nuestros amigos o parejas. La magnitud del temor de un hombre a la vulnerabilidad es producto de su pasado y de las normas culturales. Muchos no entienden eso, pero Jesús lo entiende. Como dice el versículo de hoy, «nuestro magnífico Rey y Sacerdote fue tentado en todo igual que nosotros, y conquistó al pecado».

Él conoce nuestras batallas y conoce el poder de la inmoralidad, pero también sabe cómo conquistarlo todo. Él nunca hará de menos nuestras debilidades. La humildad de Cristo es tan abundante que, a pesar de nuestras debilidades, Él se siente honrado de que lo dejemos entrar en nuestros corazones durante nuestros momentos más oscuros. A Él le honra ser nuestro Señor y amigo eterno. ¿A quién más tenemos para aferrarnos que tenga un conocimiento tan perfecto?

Oh Jesús, gracias por experimentar mi dolor. Gracias por llevar sobre ti la carnalidad de la humanidad para que yo no tuviera que sentirme solo en mis experiencias y tentaciones.

EXALTA Y ALABA

Señor, tú eres mi Dios;
te exaltaré y alabaré tu nombre
porque has hecho maravillas.
Desde tiempos antiguos
tus planes son fieles y seguros.

Isaías 25:1 NVI

Si lo permitimos, la vida puede convertirse en un mar de dificultades y dolor que intenta ahogarnos. Puede ser muy agobiante. Isaías vivía en una Israel completamente destrozada por el pecado y la idolatría, y él mismo había experimentado mucho dolor; sin embargo, en su dolor y lucha entona un canto de exaltación y alabanza. Pone sus ojos en la gloria de Dios y en su favor en lugar de en las cosas negativas de su vida, lo cual le produce gozo y paz.

Isaías declara: «Te exaltaré y alabaré tu nombre porque has hecho maravillas». Independientemente de las circunstancias, nunca tendremos una carga de la cual Dios no nos haya advertido. Él nunca mentirá acerca de sus promesas, ni negará su propia fidelidad. Podemos esperar una vida de dificultades, pero no será una vida de dificultades impredecibles o irresponsabilidad por parte de Dios. Cuando nosotros clamamos, Él responde.

Oh Jesús, por favor hazme un hombre de alabanza en este día. Hazme un hombre que te ama y te honra con su voz.

INMORTAL

El amor nunca se da por vencido,
jamás pierde la fe, siempre tiene esperanzas
y se mantiene firme en toda circunstancia.

1 Corintios 13:7

Este pasaje del apóstol Pablo se utiliza en bodas como imagen romántica del amor, pero tiene un lado más oscuro y sobrio. El amor «se mantiene firme en toda circunstancia». Después de ser traicionado, de ser olvidado y después de ser aplastado a propósito, el amor se recupera. A pesar de ser una emoción hermosa, el amor puede sentirse como un cáncer que no se va. Incluso cuando el objeto de nuestro amor demuestra no ser digno y rechaza nuestro amor, nuestro amor perdura.

A veces el amor es inmortal, y Dios lo hizo así para darnos una pincelada de lo divino. Cuando más somos hombres de Dios es cuando amamos a alguien que nos ha rechazado y herido; ese es el amor que Dios tiene por nosotros cada vez que pecamos contra Él. ¿Nos volveremos al Dios que nos ama, o lo rechazaremos como nos han rechazado a nosotros?

Oh Dios, tu amor es perfecto y santo. Es una fuerza inmortal que podemos probar en esta vida. Dame la fuerza para amar como tú amas incluso cuando duela.

TRASCENDENTE

«Mis pensamientos no se parecen en nada
a sus pensamientos—dice el SEÑOR—.
Y mis caminos están muy por encima
de lo que pudieran imaginarse».

ISAÍAS 55:8

La Biblia está llena de simbolismo. El arca del pacto, los ángeles de Ezequiel e incluso la Última Cena son símbolos de las verdades mayores que Jesús estaba intentando enseñarnos. Si fuéramos como Dios, Él nunca hubiera explicado las verdades celestiales a través de equivalentes físicos. Cuando nosotros, como seres creados por Dios, nos ponemos al mismo nivel que Él, mostramos una arrogancia increíble. Como seres creados por Dios, no podemos de ninguna manera ser sus iguales.

Esto es razón suficiente para asombrarnos, pero también para ser humildes. A los hombres suele gustarles llevar la voz cantante en una discusión o hablar con seguridad, pero solo Dios sabe cuán arrogantes somos al considerarnos sabios a nosotros mismos. A la luz de los poderosos pensamientos y caminos de Dios, el conocimiento que podamos tener ni se acerca a lo que aún nos queda por aprender.

Oh Dios del cielo, ¡cuan profundo y vasto es tu conocimiento! No puedo ni siquiera comenzar a imaginar la enormidad de quién eres. Solo puedo asombrarme y alabarte.

LA MEJOR CONFIANZA

«Esta es la confianza que tenemos
al acercarnos a Dios: que, si pedimos
cualquier cosa conforme a su voluntad,
él nos oye».

1 Juan 5:14 NVI

Un hombre que no tiene confianza en sí mismo no es necesariamente humilde. Se puede ser orgulloso y tener dudas, temores y odio acechando en los rincones de nuestra vida. Es igualmente peligroso poner nuestra confianza donde no debemos, y eso incluye en nosotros mismos. Nos convertimos en brutos obstinados que hacen pero no piensan.

Jesús quiere que pongamos nuestra confianza en las cosas correctas, y Él es nuestra mejor confianza. Nuestra confianza en Jesús incluye nuestras interacciones con el propio Jesús. Según el versículo, «si pedimos cualquier cosa conforme a su voluntad, él nos oye». Dios no fluctúa ni muestra ira sin causa. Cuanto más dejemos a un lado nuestras ambiciones egoístas y más nos apropiemos de la voluntad del Señor, mayor será nuestra confianza al acercarnos al trono de la gracia.

Amado Señor, por favor sé mi confianza hoy al enfrentarme al mundo. Haz de mí un hombre marcado por la confianza en mi Padre celestial en lugar de en mi propia destreza.

TU TESORO

«Porque donde esté su tesoro,
allí estará también su corazón».

LUCAS 12:34 NVI

¿Quién está sentado en el trono de tu corazón? Imagina que estás en una habitación y todas las personas que conoces miran por una ventana. De repente, aquello que más deseas te es entregado en esa habitación y todo el mundo lo ve. La multitud es la clave. A muchos de nosotros no nos gustaría que todos vean lo que queremos porque acabaríamos en esa habitación con un ídolo sexual, riqueza infinita, o nuestra profesión soñada. ¿Qué habría en tu habitación?

Dios quiere que lo deseemos como Él nos desea a nosotros. Quiere esto por nuestro bien porque nada más satisfará el deseo ardiente de nuestros corazones. Jesús es la fuente suprema de satisfacción, pero solo nos satisfará si lo ponemos a Él primero. Si hemos puesto sobre el trono a cualquier otra persona o cosa, Jesús será nuestro mayor aguijón.

*Todopoderoso Rey, sé el tesoro de mi corazón.
Sé mi Señor y mi amor, ¡sé mi todo! Sin ti no soy nada,
y deseo tu presencia.*

DIOS DE DESCANSO

Luego dijo Jesús: «Vengan a mí
todos los que están cansados
y llevan cargas pesadas,
y yo les daré descanso».

Mateo 11:28

En nuestros esfuerzos humanos, nuestras luchas y nuestro lento proceso de santificación, ¿nos acordamos de que adoramos a un Dios de descanso? Adoramos a un Dios que nos recarga cuando nos sentimos agotados y no espera que vivamos en angustia continua. Él está lleno de misericordia para todas las ocasiones en las que no damos la talla, y nunca nos ha decepcionado cuando necesitábamos alivio.

Jesús habla en este versículo a «todos los que están cansados y llevan cargas pesadas», y su oferta es especialmente relevante en la actualidad. El mundo es acelerado y demanda un nivel innecesario de ajetreo. Desde la invención de la bombilla, tenemos al alcance de nuestra mano la opción de superar en productividad al mismo sol, pero esto no siempre es algo bueno. Un hombre contento con lo que tiene que está dispuesto a vivir una vida de quietud tendrá contentamiento. Se dará cuenta de que la carrera del mundo es vana y no tiene recompensa en sí misma.

Querido Jesús, te pido por mí y por los demás hombres a mi alrededor. Por favor, danos descanso en un mundo incansable. Te necesitamos.

SABIDURÍA DEL CORAZÓN

Pues la sabiduría entrará en tu corazón,
y el conocimiento te llenará de alegría.

PROVERBIOS 2:10

La sabiduría y el conocimiento suelen estar relacionados con nuestra mente, mientras que las emociones como el gozo se relacionan con nuestros corazones. Ver combinadas estas características como en el versículo es una revelación. La sabiduría realmente está ligada al corazón, y es ahí donde actúa. La sabiduría del corazón nos dice cuándo amar, cuándo ser pacientes, cuándo actuar y cuándo esperar. La sabiduría del corazón transforma a un niño en un hombre y, cuando la sabiduría entra al corazón, trae consigo gozo.

Todo el mundo necesita sabiduría del corazón desesperadamente. El conocimiento teórico no puede llenarnos de gozo si nuestros corazones están podridos. Los corazones podridos toman ese conocimiento, lo vuelven contra las personas, y lo usan para alimentar una espiral interior de negatividad. El conocimiento teórico es inútil si no hay sabiduría del corazón, y puede transformar a un hombre en una gran fuerza del mal.

Amado Dios, gracias por la verdadera sabiduría que alimenta mi corazón. Quiero llenarme hoy de ella. Recibo tu sabiduría con los brazos abiertos; úsame, Señor.

ENVUELTO EN DIOS

¡Eres un Dios increíble!
¡Tu camino para mí ha sido perfecto!
Todas tus promesas han demostrado ser ciertas.
¡Eres un lugar seguro para todos aquellos
que se esconden en ti!
Tú eres el Dios que me envuelve en gracia.

SALMOS 18:30 TPT (TRADUCCIÓN LIBRE)

¿Qué significa ser hombre? Como hombre, ¿cómo puedes vivir una vida de rectitud y justicia? Puede parecer que tienes que esforzarte por hacer mil cosas, y aunque es cierto que Dios te pide consagración completa, al final una vida de masculinidad piadosa está compuesta por adoración y fascinación. Si mantenemos los ojos puestos sobre nuestros problemas, tendremos un asiento en la primera fila para ver nuestra propia destrucción. El hombre que conquista sus problemas es aquel que levanta sus ojos a Dios y los mantiene fijos en Él.

El salmista se envuelve a sí mismo en Dios, porque estar completamente rodeado por nuestro Salvador es el camino perfecto hacia la felicidad. Dios es un «lugar seguro» porque no solo nos aísla de nuestros problemas; los soluciona. Sus promesas demuestran ser ciertas cuando ponemos nuestras vidas en sus manos en lugar de aferrarnos egoístamente a ellas.

Jesús, ¡eres grande y maravilloso! Hoy te pido que me des una vida de fascinación y adoración para enfocar mi corazón en ti como único objeto de exaltación.

INDEFENSO

Además, el Espíritu Santo
nos ayuda en nuestra debilidad.
Por ejemplo, nosotros no sabemos qué quiere Dios
que le pidamos en oración, pero el Espíritu Santo
ora por nosotros con gemidos que no pueden
expresarse con palabras.

ROMANOS 8:26

No tenemos la capacidad de hacer nada trascendente por nosotros mismos. Toda la belleza y la bondad que produce el mundo secular es un regalo que Dios le ha dado, y no al revés. Sin Dios, somos locos deambulantes que no pueden ni siquiera desear su luz, gracia y bondad. La gracia de Dios es lo único que nos lleva al arrepentimiento. Después de nacer de nuevo, como dice este versículo, nuestras oraciones siguen dependiendo del Espíritu Santo para ser más acertadas.

Pablo dice: «el Espíritu Santo ora por nosotros». ¿Cómo podrá el Espíritu Santo orar por nosotros si no estamos en el Espíritu? Si vivimos con el mundo y no ponemos nuestra mente en el Señor, ¿qué le dirá el Espíritu a Dios de nuestra parte? Aunque sea sin palabras, podemos vivir en comunicación constante con el Señor. Por esa razón, el Espíritu espera pacientemente por nosotros.

Amado Señor, por favor enséñame a depender de ti en oración y en la vida. Enséñame a expresarme a través de la voz del Espíritu cuando mi voz falla.

IRA INNECESARIA

La respuesta apacible desvía el enojo,
pero las palabras ásperas
encienden los ánimos.

PROVERBIOS 15:1

Todo el mundo es responsable de sus acciones, pero eso no significa que seamos libres para incitar a los demás a la ira. Si atacamos a alguien con palabras ásperas tentándolo a la ira, ay de nosotros por tentarlo. Si se resiste, se habrá hecho más fuerte, pero la culpa sigue siendo nuestra por irresponsables. Un buen hombre mantiene la paz siempre que sea razonable. No provoca a la ira innecesariamente porque, a través de Jesús, está por encima del tumulto emocional del mundo.

El autor dice: «La respuesta apacible desvía el enojo». Como hombres, tenemos el poder de no utilizar la fuerza. En lugar de ganar un argumento, tenemos el poder de desviarlo en su inicio; podemos hacer que termine antes de que comience. Para conseguirlo, debemos sacrificar nuestro deseo orgulloso de ganar. Debemos adoptar la expresión calmada de la masculinidad y apartar de nosotros los deseos caprichosos de este mundo.

Oh Dios, te pido por mis palabras. Por favor, úsalas para hacer el bien. Que mis palabras desvíen el enojo en lugar de causarlo.

CELEBRACIÓN

Pues el Señor tu Dios vive en medio de ti.
Él es un poderoso salvador.
Se deleitará en ti con alegría.
Con su amor calmará todos tus temores.
Se gozará por ti con cantos de alegría».

Sofonías 3:17

Este versículo del profeta Sofonías muestra una imagen única de Dios gozándose por sus hijos y celebrándolos. El versículo dice que Dios «se gozará por ti con cantos de alegría». ¿Cuándo fue la última vez que nos imaginamos a Dios, nuestro Padre celestial, celebrándonos? Como hombres, la desaprobación de nuestros padres es una de las cosas más fáciles de internalizar. Un solo comentario de un padre nos puede afectar durante décadas en el futuro. Dios quiere reescribir eso.

Dios quiere que sepamos que nos aprueba y que nos ama. Sabe cuándo intentamos hacer nuestro mejor esfuerzo y sabe cuándo estamos siendo limitados por el hecho de ser humanos, pero aun así está orgulloso de nosotros. Piensa en eso: Dios está orgulloso de ti. Él está contigo; te salvará y se gozará por ti para que puedas descansar en su amor. ¡Tenemos un padre bendito y perfecto!

Señor, gracias por tu naturaleza paterna. Gracias por amarme y cuidarme de la manera que lo necesito, en lo más profundo de mi ser.

DELEITE EN LA PIEDAD

Oh, hijo mío, dame tu corazón;
que tus ojos se deleiten en seguir mis caminos.

Proverbios 23:26

¿Qué llama nuestra atención? ¿Es suficiente hacer lo correcto, o ha perdido su atractivo? La piedad no puede pasar de moda o disminuir. Es eternamente buena, agradable y placentera para el corazón que hace lo correcto. El autor dice: «que tus ojos se deleiten en seguir mis caminos». No quiere que su hijo, a quien se está dirigiendo, escoja el camino correcto a regañadientes. Quiere que persiga la piedad con ganas sin mirar a las tentaciones al lado del camino.

Nuestros ojos nos enseñan. Cuando fijamos nuestra mirada en algo y decidimos entender su complejidad, aprendemos. Si los ojos de nuestro corazón están sobre algo que no es digno de su afecto, como la idolatría sexual o el dinero, no podremos mantenernos en el camino de Dios. Solo podemos estar en su camino cuando lo miremos a Él; una vez que nuestra mirada se desvía, nuestros corazones van detrás.

Oh Señor, haz que me deleite en la piedad. Aviva mi corazón mediante tu amor; no permitas que mi corazón se enfríe en cuanto a buscarte.

UN DÍA ES MEJOR

Un solo día en tus atrios
¡es mejor que mil en cualquier otro lugar!
Prefiero ser un portero en la casa de mi Dios
que vivir la buena vida en la casa de los perversos.

SALMOS 84:10

¿Qué valoramos y dónde anhelamos estar? Hay más peligro en una vida cómoda que en una tumultuosa, porque comenzamos a pensar que este mundo es nuestro hogar cuando no es así. Fuimos creados para el cielo. Como dice el salmista en su clamor, es mejor vivir un solo día en la casa de Dios, descansando en su presencia, que vivir una eternidad en cualquier otro lugar. El salmista declara que preferiría ser portero, el menos importante de los sirvientes, en la casa de Dios que ser exaltado en la casa de los perversos.

Como hombres, recibimos muchas oportunidades para ser exaltados a costa de nuestra fe. Se nos ofrecerán oportunidades laborales que comprometen nuestros valores o relaciones interpersonales que no nos hagan profundizar en nuestra fe, sino que nos destruyan. En esos momentos es importante recordar nuestro lugar: el cielo es nuestro hogar, la fe es nuestra brújula y este mundo es un sueño que se desvanece.

Amado Señor, te alabo por la eternidad que me has prometido. Por favor, dame una fe tenaz para buscarte en medio de las comodidades terrenales.

EL PLAN SOBERANO DE DIOS

«¿Acaso con todas sus preocupaciones pueden añadir un solo momento a su vida?».

MATEO 6:27

Jesús nos advierte que no podemos cambiar su plan. Es definitivo. La preocupación no nos ayudará, ni tampoco lo harán todos los ruegos y súplicas del mundo. Si es contrario a la voluntad soberana de Dios, no ocurrirá. Solo tenemos que rendir nuestras vidas a su plan e intentar entenderlo hasta en las decisiones más pequeñas que se nos presenten. Al entregarle todas nuestras decisiones a Él, comenzaremos a seguir su plan en lugar de preocuparnos por perder el nuestro.

Jesús dice: «¿Acaso con todas sus preocupaciones pueden añadir un solo momento a su vida?». ¿Hay algo que no puedas cambiar que te esté preocupando? ¿Hay algo en lo que sepas que no podrás hacer que Dios cambie de opinión pero aun así lo intentas? Jesús quiere hombres que tengan dudas y aun así lo busquen apasionadamente, pero también quiere hombres que se rindan a su líder soberano.

Amado Dios, sé que tu plan es inamovible. Sé que nadie puede cambiar lo que tú has decidido. ¿Por qué iba a intentar cambiar tu voluntad perfecta? Ayúdame a confiar en tu plan.

LA PREOCUPACIÓN ENTRA

«Lo repito: No dejen que la preocupación entre en su vida. Vivan por encima de las preocupaciones ansiosas por sus necesidades personales».

LUCAS 12:29 TPT (TRADUCCIÓN LIBRE)

¿Hay algo por lo que no nos preocupemos? Nos preocupamos por el dinero, nuestra salud, nuestro carácter, lo que la gente piensa de nosotros, y cualquier otra cosa imaginable. La vida puede llegar a ser solo preocupación y dejarnos sin sueño y sobrecargados. Nos engañamos a nosotros mismos al pensar que la preocupación está bien mientras no nos incapacite. Está bien mientras nos haga más fuertes, ¿no es así? Esas no son las palabras de Jesús. Su yugo y su carga son ligeros y no llevan el peso de la preocupación.

Estas instrucciones eran tan importantes para Jesús que las repitió. Él dice: «Vivan por encima de las preocupaciones ansiosas por sus necesidades personales». Esos son los huecos de nuestra fe por los que entra la preocupación. Las necesidades personales de comida, comodidad, sueño y seguridad son todas ellas propensas a convertirse en puntos débiles. Son las áreas en las que tenemos que rendirnos especialmente a Dios con confianza y humildad.

Oh Señor, por favor actúa en mis preocupaciones hoy. Ayúdame a ver que las preocupaciones ansiosas que tengo por mis necesidades personales son vanas. Tú proveerás en medio de las noches más frías. Jesús, sé tú la razón por la que no me preocupo, y calma mi corazón.

DESPREOCUPADO Y SIN TEMOR

«Les dejo un regalo: paz en la mente y en el corazón.
Y la paz que yo doy es un regalo
que el mundo no puede dar.
Así que no se angustien ni tengan miedo».

JUAN 14:27

Dios no nos llama a tener una mentalidad de temor y preocupación, sino de compasión y valentía. Quiere hombres que amen osadamente, vivan altruistamente y se entreguen a su voluntad. Como dice en Juan: «Les dejo un regalo: paz en la mente y en el corazón». Jesús no nos dará circunstancias agradables; no nos ha prometido personas que nos amarán. Lo que promete es paz que nos sostenga en toda circunstancia, nos defienda y triunfe sobre la preocupación. No hay situación que sea más fuerte que la paz del Señor.

«Es un regalo que el mundo no puede dar». Cuando el mundo da, lo hace con limitaciones, condiciones e intenciones ocultas. No es así como da Jesús. Él nos da su paz incondicionalmente, porque somos sus hermanos e hijos en la fe. Nosotros debemos hacer lo mismo y ser hombres de amor y misericordia incondicionales. Él quiere que amemos como Él nos ha amado.

Querido Señor, hoy decido entrar en tu paz. Te entrego mis ansiedades y pongo mis situaciones en tus manos.

ATRAÍDO POR UN AMOR INAGOTABLE

«Yo te he amado, pueblo mío, con un amor eterno. Con amor inagotable te acerqué a mí».

JEREMÍAS 31:3

En este mundo carnal hay muchas versiones vacías del amor. Nos encontramos con amores profundos que al final estaban arraigados en el egoísmo y una bondad que se vuelve amarga en un instante. La bondad y el amor que recibimos en este mundo son regalos de Dios a un mundo obstinado; no es una característica del mundo. Anhelamos un camino mejor, un camino de amor sacrificial y bondad, y Dios nos acerca a sí mismo con su amor inagotable.

Él no es como el mundo, ya que no está en armonía con su espíritu. Él está lleno de amor por nosotros y está preparado para entregarnos de su esencia en todos los sentidos. Nos ha amado con un amor inagotable, y su bondad no falla. Él nos llama a tener el mismo corazón y a acercar a los débiles y heridos en lugar de dejar que sufran en soledad. Él quiere transformarnos en hombres inclusivos que aman radicalmente y cuya bondad no falla.

Jesús, solo tú me has amado de manera perfecta. Por favor, perfecciona en mí ese mismo amor. Enséñame a dejar mis intereses a un lado en rendición total.

BENDICIONES OCULTAS

Si su fe permanece firme aun cuando
estén rodeados de las dificultades de la vida,
¡seguirán experimentando las bendiciones ocultas
de Dios! ¡La verdadera felicidad llega cuando pasamos
las pruebas con fe y recibimos la corona de vida y
victoria prometida a todos los que aman a Dios!

SANTIAGO 1:12 TPT (TRADUCCIÓN LIBRE)

Felicidad. ¡Es un concepto interesante en nuestro mundo ajetreado de metas, sueños y necesidades! Algunos hombres se rinden en su búsqueda de la felicidad y buscan otra cosa en su lugar; otros la buscan con tanta intensidad que nunca la encuentran. La verdad es que todos los hombres en lo profundo de su corazón anhelan la felicidad, y la mayoría de nosotros nos hemos hecho inmunes a este anhelo.

«La verdadera felicidad llega cuando pasamos las pruebas con fe». Eso es lo que nos anima en los momentos de tentación, desesperanza y dificultades. El deseo de que Dios esté feliz nos da valentía para tener fe, para ser amables cuando nos cuesta hacerlo y para ser fuertes cuando nos sentimos débiles. La felicidad puede ser nuestra si rendimos nuestras vidas a Dios.

Amado Señor, por favor fortalece mi fe cuando esté rodeado de las dificultades de la vida. Sé la luz en mis ojos que me hace seguir adelante cuando preferiría darme por vencido. Creo en tus bendiciones ocultas, Jesús.

DELICADO Y HUMILDE

Alimentará su rebaño como un pastor;
llevará en sus brazos los corderos
y los mantendrá cerca de su corazón.
Guiará con delicadeza a las ovejas con crías.

Isaías 40:11

Jesucristo es perfecto en humildad, y nosotros no podemos replicar el nivel de altruismo de su corazón. A pesar de nuestra posición humilde, Él es todavía más humilde. Incluso con nuestras delicadas disposiciones y nuestra fragilidad humana, seguimos sin ser tan delicados como Él. Él nos supera en todas las virtudes. Como describe Isaías: «Alimentará su rebaño como un pastor». Él cuida a las ovejas y es consciente de las debilidades y las mentes dispersas de ellas; sin embargo, las guía con dignidad y valor.

Como hombres, Cristo es nuestro ejemplo de liderazgo y virtud. Si debemos ser delicados siguiendo su perfección moral, con más razón deberíamos ser delicados al tener en cuenta nuestra naturaleza pecaminosa. Podemos ser fuertes como un león y delicados como un cordero porque Él nos demostró que se podía hacer. Hemos sido creados para recoger a los débiles y heridos del mundo y llevarlos en nuestros brazos.

Amado Dios, por favor transfórmame en un hombre excelente en delicadeza y fuerza. Quiero ser como tú: un pastor amable y bondadoso perfecto en humildad.

LO QUE NOS IMPIDE CORRER

Por lo tanto, ya que estamos rodeados por una enorme multitud de testigos de la vida de fe, quitémonos todo peso que nos impida correr, especialmente el pecado que tan fácilmente nos hace tropezar. Y corramos con perseverancia la carrera que Dios nos ha puesto por delante.

Hebreos 12:1

¿Qué nos impide correr? ¿Qué nos arrastra hacia atrás cuando queremos avanzar? Dios quiere liberar nuestra fe de todas las cargas que podrían agotarnos. Los pecados del pasado, las preocupaciones del futuro y todo el dolor de en medio ya no tienen autoridad sobre nosotros. Somos libres. Somos libres para siempre. La tumba ha sido conquistada y la muerte ha sido derrotada; podemos vivir en libertad y correr la carrera de la vida con persistencia.

Los hombres fueron creados para ser apasionados y vivir con un impulso que los lleve sin frenos a la profundidad del corazón de Dios. Fueron creados para correr siendo ejemplos de integridad, fe y persistencia. ¿Estamos dispuestos a hacer eso? ¿Estamos dispuestos a poner nuestros ojos en Jesús y soltar todas las demás metas y deseos?

Querido Dios, dame la pasión para correr la carrera que tengo por delante. No puedo hacerlo solo. Por favor, dame pasión y hazme el hombre que tú quieres que sea.

ALCANZAR LA ESTABILIDAD

Enséñales a los ricos de este mundo que no sean orgullosos ni que confíen en su dinero, el cual es tan inestable. Deberían depositar su confianza en Dios, quien nos da en abundancia todo lo que necesitamos para que lo disfrutemos.

1 Timoteo 6:17

Las riquezas traen consigo una sensación de estabilidad. Cuando tenemos dinero, tenemos más posibilidades. Ninguno de nosotros quiere dinero solo por el hecho de tener unos pedazos de papel; queremos dinero para poder usarlo o al menos saber que, si necesitamos algo, podremos conseguirlo. Pero el dinero es voluble, y lo que hoy parece valioso puede desaparecer en un abrir y cerrar de ojos. Pablo le enseña a Timoteo que le recuerde a su iglesia que no se puede confiar en el dinero y que no es algo de lo cual jactarse.

En realidad, no es sano jactarse de casi nada. Nada de lo que consigamos puede darnos estabilidad porque somos criaturas finitas. Nuestro orgullo debería descansar en Dios porque podemos confiar en Él y en su cuidado de nosotros. No nos enorgullecemos de tenerlo a Él, sino de que Él nos sostenga a nosotros, porque nada puede arrebatarnos de su mano poderosa. Él también es un Dios generoso, y «da en abundancia todo lo que necesitamos para que lo disfrutemos». Ser rico no tiene que ver con dinero, sino con Dios.

Poderoso Dios, abre mis ojos para saber dónde está puesta mi confianza y donde debería estar puesta. Que mi confianza esté puesta en ti, Señor; no me dejes ponerla en otra cosa.

CUIDADO FRATERNAL

Ayúdense a llevar los unos las cargas de los otros,
y obedezcan de esa manera la ley de Cristo.

GÁLATAS 6:2

A Jesús le encanta ver a sus hijos unidos. Le gusta verlos unidos por la compasión y la gracia que Él les mostró primero. De esta manera, se hacen más como Él de lo que podrían en sus fuerzas. El cristianismo es una religión individual y congregacional. Solo somos redimidos si ocurre un cambio a nivel de nuestro corazón, en lo más profundo de nuestra alma, pero nuestra fe solo se desarrolla hasta su máximo potencial en comunidad. Estamos ayudándonos «a llevar los unos las cargas de los otros», como dice Pablo.

La ley de Cristo se edifica sobre el amor. Está basada en el perfeccionamiento del alma del creyente a través de cambios en el corazón en lugar de sacrificios, ofrendas y ceremonias. Para nosotros, la ley de Dios se lleva a cabo a través del cuidado fraternal, estando disponibles para los demás emocionalmente y sirviéndolos cuando necesitan alguien que los ayude. Esta es la ley que Cristo quiere que obedezcamos.

Amoroso Cristo, por favor muéstrame cómo seguir tu ley como tú deseas: a través del amor y la compasión. Dame humildad y un corazón de siervo.

HABITAR EN LA FE

Entonces Cristo habitará en el corazón de ustedes a medida que confíen en él. Echarán raíces profundas en el amor de Dios, y ellas los mantendrán fuertes.

EFESIOS 3:17

Según Pablo, «Cristo habitará en el corazón de ustedes a medida que confíen en él». Tener a Cristo siempre con nosotros es algo grande y maravilloso. Cuando nuestros corazones echan «raíces profundas en el amor» y deseamos que Cristo habite en nuestros corazones por medio de la fe, estamos haciendo lo correcto. Sin embargo, es importante observar que Pablo dice que es «por medio de la fe» que Dios habita en nuestros corazones.

Si Cristo no habita en nuestros corazones, entonces ¿qué habita en ellos? Puede que haya otra cosa que esté ocupando el lugar de Cristo en nuestra adoración y admiración. Tal vez sea el dinero, el sexo, o cualquier ídolo que podamos imaginar. Cristo no compartirá el trono del corazón de un hombre con ningún otro dios; Él es celoso de nosotros. Quiere habitar en nosotros a través de la fe, pero no nos dará esa fe mientras nos aferremos a este mundo.

Querido Jesús, por favor habita en mi alma hoy por medio de la fe. Ancla mi espíritu en el amor y echa fuera todos los ídolos falsos de mi corazón.

MARZO

«Yo mismo iré contigo, Moisés,
y te daré descanso;
todo te saldrá bien».

Éxodo 33:14

ANTES DE TODAS LAS COSAS

Él existía antes de todas las cosas,
y por él se mantiene todo en orden.

COLOSENSES 1:17 RVC

Los hombres somos criaturas finitas. Nuestras dificultades nos abruman y las preocupaciones por nuestras circunstancias nos impide avanzar. Vivimos en un mundo que ha existido durante miles de años antes de nosotros y perdurará después de que nos desintegremos en nuestras tumbas. Al final, no podemos depender de nosotros mismos como testigos responsables. No somos todopoderosos ni lo sabemos todo, y así tiene que ser. Dios nos diseñó con la capacidad de dar y recibir gloria para poder glorificarlo como Aquel que «mantiene todo en orden».

La realidad se sostiene porque Dios sostiene cada detalle como el Creador. Él nos ha dado la capacidad de comprender esto, pero no de llegar a conseguirlo nosotros. Hemos sido creados para ser adoradores y para maravillarnos del Dios que es eterno y perfectamente providencial. Nosotros somos, en todos los sentidos, el reflejo de su naturaleza, atados a un mundo finito.

Dios, tú lo sabes todo y eres grande. Eres perfecto en tu eternidad antes y después de todas las cosas. Tú sostienes todo en un perfecto equilibrio; mereces toda mi alabanza.

EL REGALO DE LA VIRTUD

Hay más dicha en dar que en recibir.

HECHOS 20:35 NVI

Es bueno que los hombres sean generosos. Cuando los hombres tienen familias, tienen la bendición de proveer para sus familias. Cuando los hombres están solteros, tienen la bendición de estar ahí para sus amigos y servir a sus comunidades. Cuando recibimos, se nos dan bienes materiales que se desgastan. Las palabras de Jesús en este pasaje, citadas por el apóstol Pablo en Hechos, son ciertas. Jesús sabe lo que es mejor para nosotros, y sabe que es mejor recibir bendiciones espirituales que bendiciones terrenales.

Cuando damos, recibimos el regalo de la virtud. Podemos olvidarnos de nosotros mismos por un momento y ser libres de nuestra ansiedad y egoísmo. Otras veces, la generosidad se vuelve extrema y somos guiados a dar más allá de nuestra capacidad. Esto también es obra del Señor, y llega a ser una bendición mayor de lo que podemos entender en ese momento.

Señor, gracias por todas las oportunidades que me das de entregar de lo que tengo y de lo que soy. Gracias por la oportunidad de crecer en lugar de menguar sin importar el costo.

CREADOR Y REVELADOR

He aquí el que forma las montañas,
el que crea el viento,
el que revela al ser humano
sus pensamientos.

Amós 4:13 NVI

Los profetas fueron heraldos del plan de Dios y su gloria. Mostraron la imagen de Dios a todo el pueblo de Israel para que todos comprendieran que no eran dioses. Dios es demasiado poderoso para compararlo con nuestra diminuta capacidad de acción. En este versículo, el profeta Amós dice: «He aquí». Por si no se ha entendido bien, está diciendo que debemos recordar que es Dios, el Señor, quien creó el mundo maravilloso que nos rodea.

Según el profeta, el Señor también es quien revela el mundo que nos rodea. Nuestros pensamientos son débiles reflejos de un Dios omnisciente y Él, la fuente de toda sabiduría, nos revela sus pensamientos. Nos revela pensamientos de arrepentimiento, caridad, asombro y enfoque correcto. El Señor Jesús es la fuente de toda la creación y revelación.

Querido Señor, te alabo porque has creado este mundo y me has revelado su significado con gran gloria.

EMPODERADO MEDIANTE LA SABIDURÍA

Toda la Escritura ha sido escrita
por el Espíritu Santo, el aliento de Dios.
Sus instrucciones te empoderarán y te corregirán,
dándote la fuerza para escoger la dirección correcta
y guiarte más profundo en el camino de la santidad.

2 Timoteo 3:16 TPT (Traducción libre)

Este pasaje de Pablo a Timoteo se escribió en un momento en el que la Escritura no era de tan fácil acceso y no estaba unificada en un solo texto. Tener una Biblia completa era un lujo inaudito, y nosotros la tenemos a la mano todos los días. Piensa en el poder de la Palabra viva, «[escrita] por el Espíritu Santo, el aliento de Dios». Estas palabras que tenemos a la mano no son como cualquier otra palabra que podamos leer, y tienen el poder de transformarnos a imagen de nuestro Padre celestial.

Según Pablo, estas palabras de Dios te «empoderarán y te corregirán, dándote la fuerza para escoger la dirección correcta». Todos necesitamos sumergirnos de cabeza en la dirección de la santidad, y no hay otra manera de hacerlo que no sea por medio de la Palabra de Dios. Está ahí para darnos enseñanza y corregirnos de maneras que nosotros mismos no podemos ver.

Espíritu Santo, por favor trabaja en mí por el poder de tu santa Palabra. Que me instruya, corrija y empodere para ser un hombre diferente.

VIDA NUEVA

Celebra con alabanzas al Dios y Padre de nuestro Señor Jesucristo, que nos ha mostrado su misericordia extravagante. Esta fuente de misericordia nos ha dado una vida nueva; hemos nacido de nuevo para experimentar una esperanza viva y enérgica a través de la resurrección de Jesucristo de los muertos.

1 Pedro 1:3 TPT (Traducción libre)

Pedro es directo cuando describe nuestra relación con Dios. No solo tenemos sino que experimentamos «una esperanza viva y enérgica». Antes de Cristo, nuestras vidas eran aburridas y carecían de la profundidad de sentido y vida que fuimos creados para experimentar. Al redimirnos, Jesús no solo cambió nuestro estado de «destinado al infierno» a «destinado a la eternidad». Nos dio una vida completamente nueva tanto ahora como por la eternidad. Sí, ¡esto es algo que debemos «celebrar con alabanzas»!

El amor de Dios por nosotros es extravagante. Todos los dones espirituales, el consuelo santo y la verdad nos han sido entregados libre y abundantemente. Solo tenemos que sentarnos a los pies del Salvador y aprender de Él. Nos ha dado una vida nueva, y es una vida de gozo humilde y nueva identidad. Como Cristo, el viejo yo ha muerto y estamos vivos en Él.

Oh Señor Jesús, gracias por tu gracia al darme una vida nueva que no merezco. En este día, vivifícame y lléname de energía mediante tu esperanza.

EN SU PRESENCIA

Busquen al Señor y su fuerza,
búsquenlo continuamente.

1 Crónicas 16:11

Los hombres son creados para ser buscadores. Somos creados para estar llenos de propósito y perseverar en los tiempos de dificultad y prueba. Sin embargo, no todas las cosas son dignas de que las persigamos o busquemos. Hay relaciones interpersonales que es mejor dejarlas en las manos de Dios, o trabajos que no merecen nuestro tiempo y energías. Más allá de estas cosas, sin embargo, hay muchos posibles dioses que no son dignos de nuestra adoración y alabanza.

«Busquen al Señor y su fuerza», dice el versículo. Buscar el camino equivocado y los dioses equivocados llenan nuestra vida de muerte y debilidad. Estas búsquedas nos degradan y corrompen nuestros corazones desde dentro. La única deidad que puede llenarnos de nuevas fuerzas a través de nuestra adoración es el Dios de la Biblia. Él es el único en cuya presencia deberíamos deleitarnos continuamente. Él es el único señor que nos llenará de fuerzas por medio de nuestra adoración y devoción. Si queremos vivir vidas de felicidad y propósito, debemos «[buscar] al Señor y su fuerza».

Amado Señor, eleva mis ojos al cielo. Recuérdame mi propósito y tu gloria. Dame un corazón que anhele tu presencia.

DESEOS

Y este mundo se acaba junto con todo
lo que la gente tanto desea;
pero el que hace lo que a Dios le agrada
vivirá para siempre.

1 Juan 2:17

Los deseos definen nuestras vidas. La vida nos divide entre nuestros deseos, los deseos de otras personas para nosotros, y los deseos de Dios. El apóstol Juan dice: «el que hace lo que a Dios le agrada vivirá para siempre». Nos está diciendo que no vivamos por nuestros propios deseos y satisfacción, sino que busquemos agradar al Señor por medio de nuestros corazones y las acciones que surjan de ellos. Al vivir por los deseos de Dios en lugar de los nuestros trascendemos las limitaciones del mundo.

Si no queremos desaparecer junto con él, debemos trascender este mundo. Aquellos que viven para el día de hoy están destinados a morir con él, mientras que aquellos que viven por un mañana santo pueden recibir consuelo y esperanza. Somos creados para una realidad mayor que ahora es solo un sueño. Los consuelos y las satisfacciones de esta vida se hacen eco del cielo, pero no son auténticos. El deseo de Dios para nosotros es que alcancemos esta realidad celestial y la disfrutemos con Él.

Señor, dame la fuerza para no dejarme controlar por «todo lo que la gente tanto desea». Haz que mi vida sea agradable a ti para que pueda vivir para siempre en tu presencia.

LA FIDELIDAD MÁS PURA

Estas pruebas demostrarán que su fe es auténtica. Está siendo probada de la misma manera que el fuego prueba y purifica el oro, aunque la fe de ustedes es mucho más preciosa que el mismo oro. Entonces su fe, al permanecer firme en tantas pruebas, les traerá mucha alabanza, gloria y honra en el día que Jesucristo sea revelado a todo el mundo.

1 Pedro 1:7

Todos estos aspectos (alabanza, gloria y honor) son más nobles que los pensamientos que enfrentamos un día cualquiera. Pocos de nosotros pensamos en cosas que puedan darnos alabanza y gloria mientras trabajamos; sin embargo, cuando las dificultades nos acechan, buscamos el significado detrás de nuestro dolor y nuestras pruebas si somos fieles. Lo peor que podemos hacer con los tiempos difíciles es no aprender de ellos. Dios nos da los tiempos difíciles para fortalecer nuestra fe, para probar que es verdadera, y para crecer en nuestro entendimiento.

Pedro dice: «su fe, al permanecer firme en tantas pruebas, les traerá mucha alabanza, gloria y honra en el día que Jesucristo sea revelado a todo el mundo». ¡Qué gran consolación a la que aferrarse! Puede que ahora mismo no parezca que la situación vale la pena, pero cuando Jesús regrese, nuestras muchas dificultades demostrarán ser nuestras medallas de honor. Los hombres más valientes y gloriosos son aquellos que no huyen de las dificultades sino que las reciben como una bendición para su fe.

Querido Jesús, ayúdame a perseverar en las dificultades para que mi fe demuestre ser pura. Dame la fe para perseverar cuando quisiera darme por vencido.

MENTALIDAD

Sean agradecidos en toda circunstancia,
pues esta es la voluntad de Dios para ustedes,
los que pertenecen a Cristo Jesús.

1 Tesalonicenses 5:18

La gratitud no es producto de las circunstancias favorables sino de una mentalidad favorable. Un hombre agradecido no se forja en la comodidad y las facilidades; se forja en la esperanza inquebrantable nacida de una apreciación de la cruz. Cristo Jesús murió por nosotros y sintió todo el dolor imaginable cuando llevó nuestro castigo. Ya no nos espera un infierno eterno, ni nada que nos pueda separar de Dios; nada de lo que ocurra en la tierra puede cambiar eso.

La felicidad y la bondad se obtienen a través de una mentalidad de gratitud. Cuando comencemos a apreciar lo bueno que Dios nos ha dado en lugar de estar consumidos por las aflicciones de la vida, veremos cuán bueno ha sido Jesús con nosotros. Esto no es posible verlo a través del pesimismo. El pesimismo le robará el color a nuestra visión y oscurecerá la gloria de Dios para que no la veamos. Fuimos creados para elevar los ojos de los hombres que nos rodean a través de la apreciación de lo divino y el regalo inamovible que Dios nos ha dado.

Amado Señor, gracias por este día. Gracias por tu amor y tu sacrificio por mí. Te pido que me des una esperanza incansable dispuesta a permanecer firme en cada tormenta.

FORTALECIDO

También pedimos que se fortalezcan con todo el glorioso poder de Dios para que tengan toda la constancia y la paciencia que necesitan. Mi deseo es que estén llenos de alegría y den siempre gracias al Padre. Él los hizo aptos para que participen de la herencia que pertenece a su pueblo, el cual vive en la luz.

Colosenses 1:11-12

En nuestra cultura, la fortaleza suele ir ligada al mal genio. Cuando pensamos en el poder, tal vez pensemos en un toro que patea la tierra. Un toro, sin embargo, es criado por un dueño porque el toro no tiene fortaleza mental o el temperamento necesario para controlarse a sí mismo. La verdadera fortaleza se manifiesta en el autocontrol, la paciencia y la perseverancia. Un hombre que no está gobernado por su deseo de escapar de las adversidades es un hombre de verdad. Será puesto al cargo de hombres impacientes y bruscos que no ejercen control sobre sus espíritus.

Según Pablo en el versículo de hoy, el poder para ser paciente y perseverar se encuentra en Jesucristo. Él nos fortalece con su «glorioso poder». Además, nos llena de gozo y hace brillar su luz sobre nosotros. Tener el favor de Dios y ser parte de su herencia es una bendición gloriosa. A la luz de esta bendición y la fortaleza que Él nos ofrece, podemos revestirnos de valentía y confianza.

Querido Jesús, sé que soy un hombre débil y que puedo fallar. Por medio de tu fortaleza, hazme poderoso para tu gloria.

MUROS DERRIBADOS

Pues Cristo mismo nos ha traído la paz.
Él unió a judíos y a gentiles en un solo pueblo cuando,
por medio de su cuerpo en la cruz, derribó el muro
de hostilidad que nos separaba.

Efesios 2:14

La reconciliación es un regalo, pero podemos alejarnos de ella. Cuando Jesucristo murió por nuestros pecados, nos perdonó más de lo que nosotros jamás tendremos que perdonar a otra persona. Le hicieron todo lo malo que se le puede hacer a una persona, y Él lo perdonó totalmente y por completo. Él estaba en lo correcto, nosotros estábamos equivocados, y Él volvió la otra mejilla. Habiendo recibido esta clase de perdón, ahora nosotros podemos perdonar todas las cosas que la gente nos haya hecho. Tenemos el poder de caminar en paz sabiendo que, si Dios puede perdonar nuestros pecados, nosotros también podemos perdonar. ¿Lo haremos?

En el versículo de hoy, el cuerpo de Jesucristo derribó los muros que nos separaban de Dios. La carne de Cristo, el cuerpo en el que vivió y murió, es la fuente de nuestra reconciliación. El Cristo que no hizo ningún mal puede reconciliar a un mundo destruido por la maldad y la falsedad. Él cargó con todo prejuicio, estereotipo y palabra hiriente sobre su espalda cuando colgaba de esa cruz y dijo: «Consumado es».

Amado Dios, gracias por tu paz. Gracias por perdonarme; ayúdame a perdonar a otros.

ESCLAVOS Y HEREDEROS

Así que ya no eres esclavo, sino hijo;
y como eres hijo,
Dios te ha hecho también heredero.

Gálatas 4:7 NVI

En el versículo de hoy, Pablo corregía a los gálatas por su falta de autonomía espiritual. Se avergonzaba de ellos por cargar sus mentes y corazones con un yugo de normas y regulaciones. Nosotros a menudo hacemos lo mismo. Nos esforzamos por cumplir con las disciplinas y constructos humanos que acompañan al cristianismo y nos olvidamos del corazón de nuestra fe. Las palabras «ya no eres esclavo» nos transmiten libertad y convencimiento. Nos recuerdan nuestra estupidez al olvidarnos del verdadero cristianismo a la vez que nos liberan de nuestras cargas terrenales.

La fe da miedo. Los hombres buenos suelen tener miedo de su capacidad de pecar. Temen su impureza, su rabia e incluso su apatía. Luchar contra estos demonios a través de la fe y la gracia no es tan fácil como establecer normas y límites para nosotros mismos. Lidiar con nuestro pecado de manera piadosa significa cambiar nuestro carácter, no las circunstancias, y enfrentar la incertidumbre de ser un heredero de justicia en lugar de estar atado a las leyes de la carne.

Amado Señor, por favor dame fe cuando prefiero seguridad y normas. Ayúdame a confiar en ti cuando me cuesta hacerlo.

NUNCA ES EN VANO

Pues Dios no es injusto.
No olvidará con cuánto esfuerzo han trabajado para él
y cómo han demostrado su amor por él
sirviendo a otros creyentes
como todavía lo hacen.

HEBREOS 6:10

A veces, nuestro trabajo parece insignificante. Parece que nos esforzamos en el trabajo del Señor pero luego no nos toman en cuenta para los ascensos y el honor. Nos preguntamos si vale la pena ser aplicados y si es importante. Esta es la lucha que enfrentan los padres que cuidan a sus hijos en mitad de la noche o los hombres que en el trabajo sienten que les pesa la negatividad de sus compañeros. Es una batalla real, y para muchos hombres cristianos ha sido un golpe demoledor.

Sin embargo, ¿qué dice el autor de Hebreos? «Dios no es injusto. No olvidará con cuánto esfuerzo han trabajado para él». El amor que mostramos cuando a nadie le importa y las veces que vamos la milla extra sin que nadie se dé cuenta son cosas que nuestro Señor admira. Él aprecia nuestro trabajo y algún día nos lo dirá. Recibiremos una corona de gloria por las obras eternas del presente.

Querido Dios, por favor dame consuelo y resiliencia para no darme por vencido. Recuérdame que el amor que muestre hoy tiene un propósito y te dará gloria a ti.

CORAZÓN CONTENTO

Con alegría sacarán ustedes agua
de las fuentes de la salvación.

Isaías 12:3 NVI

¿Cuál es nuestra fuente de gozo? ¿Qué determina nuestra felicidad y marca el ritmo de nuestro día? Es fácil dejar que el café de la mañana, la cultura del trabajo o la felicidad familiar controlen nuestro temperamento. Lo difícil es estar por encima de todas estas cosas y poner el foco en la salvación para que ésta determine nuestro gozo.

¿A qué se refiere Isaías con el versículo de hoy? La salvación es más que solo un bautismo que nos lava una sola vez; es un pozo profundo en el que saciarnos día sí y día también. Nos sigue sosteniendo después de nuestra conversión, y el gozo de esa salvación es una mentalidad muy poderosa para la vida. Si anclamos nuestro gozo en nuestra salvación, siempre tendremos gozo. También nos acercaremos más a Jesús al apreciar con reverencia cómo nos salvó.

Gozoso Jesús, te doy las gracias. Te amo, Señor, porque tú me salvaste cuando no merecía nada de ti. Que este sea el pozo de mi sustento y la fuente de mi gozo más profundo.

EL PROPÓSITO DEL HOMBRE

El Señor Soberano me ha dado
sus palabras de sabiduría,
para que yo sepa consolar a los fatigados.
Mañana tras mañana me despierta
y me abre el entendimiento a su voluntad.

Isaías 50:4

Las palabras de Isaías son verdad para la vida de todos los hombres. Isaías era un hombre compasivo que esperaba en el Señor cada mañana para recibir sabiduría nueva y para que sus ojos fueran abiertos a lo que Dios, y no él mismo, quería hacer. Sin duda, era un hombre de fe. Ponía las necesidades de los débiles y cansados por encima de las suyas propias, y priorizaba la comodidad de ellos, dándoles palabras de sabiduría del Señor.

Isaías podía hacer las cosas con confianza porque sabía que su Dios era «Soberano»: la autoridad más alta. A pesar del cansancio y la desesperanza a su alrededor, sabía que el Señor seguía siendo soberano; seguía estando en control y podía proteger a todos los que huyeran para ponerse bajo sus alas. Isaías amaba a su Salvador porque su Salvador podía protegerlo y sanar a la gente que él amaba.

Amado Señor, por favor dame palabras de sabiduría que los cansados necesitan escuchar. Hazme un hombre que anime a otros y ponga las necesidades de los demás antes que las propias.

AFECTO FRATERNAL

Por eso, confiésense unos a otros sus pecados
y oren unos por otros, para que sean sanados.
La oración del justo es poderosa y eficaz.

SANTIAGO 5:16 NVI

Confesar pecados, orar unos por otros, iniciar el proceso de la sanidad: estas tareas íntimas están muy lejos de lo que es la relación masculina promedio. Este vínculo entre dos hermanos en Cristo es increíblemente importante pero muy poco común. David y el hijo de Saúl, Jonatán, tenían un hermandad íntima y afectuosa, pero no muchos han seguido su precedente. ¿Cuántos de nosotros nos confesamos nuestros pecados unos a otros? ¿Cuántos de nosotros declaramos palabras de sanidad?

Podemos ver al Señor obrar a través de nuestras interacciones piadosas con otros hermanos cristianos. Cuando nos apoyamos los unos en los otros llevando nuestras cargas, crecemos espiritualmente más de lo que pudiéramos imaginar. Bajar nuestra guardia y aceptar las vulnerabilidades los unos de los otros es una tarea difícil, pero con la dificultad llegan las grandes recompensas; y este caso no es la excepción. Santiago quiere que tengamos este vínculo especial, nos hagamos piadosos a través de él, y nuestras oraciones sean más eficaces. Muchas veces solo somos perfeccionados en nuestra santificación con la ayuda de otros hermanos en Cristo.

Querido Señor, por favor dame la valentía y el ambiente idóneo para apoyarme en mis hermanos cristianos. Que pueda ser una bendición para ellos y no una carga.

SOMBRAS PASAJERAS

Él volverá a llenar tu boca de risas
y tus labios con gritos de alegría.

JOB 8:21

La conciliación que recibió Job parecía imposible. En este punto, Job no tenía nada. Sus riquezas se habían esfumado y su familia había muerto o lo había abandonado después de decirle que él hiciera lo mismo. Hasta su salud le había sido arrebatada, y no tenía otro consuelo sino rascarse en el polvo. ¿Risas? ¿Alegría? Estas cosas estaban muy lejos de la boca y el corazón de Job.

Nuestro camino pasará por zonas de oscuridad, pero son solo sombras pasajeras. La depresión, la ansiedad o cualquier otra dificultad que enfrentamos no es eterna. Dios es eterno. Su gloria, paz y gozo son cosas eternas que esperamos con anhelo. La oscuridad aparentemente infinita en la que nos ahogamos pasará y habrá terminado. Acabará, como Dios le prometió a Job, y una vez más nuestros labios serán llenos de risas y gritos de alegría como sucedió al final con Job.

Amado Dios, por favor dame fe para creer que esto también pasará. Quiero confiar en ti en medio de la densa oscuridad en la que me encuentro; sé que en ti tendrá un fin.

SE HIZO HUMANO

Entonces la Palabra se hizo hombre
y vino a vivir entre nosotros.
Estaba lleno de amor inagotable y fidelidad.
Y hemos visto su gloria, la gloria del único Hijo del Padre.

JUAN 1:14

Jesús se hizo carne por nosotros. Experimentó la debilidad de un cuerpo humano, sintió tentaciones humanas y pasó por el dolor que viene con la vida humana por nuestro bien. Lo hizo por nosotros y demostró su gloria en medio de ello. Él era la misma Palabra de Dios, la voluntad de Dios, y una persona de la Trinidad hecha carne. Fue perfecto y sin mancha, plenamente satisfecho en sí mismo, y aun así decidió demostrar su amor por nosotros al hacerse carne.

¿Qué pasaría si nosotros adoptáramos este mismo nivel de vulnerabilidad? ¿Qué pasaría si nosotros, como hombres, aceptáramos las debilidades de aquellos que nos rodean y mostráramos amor en lugar de desprecio? Jesús estuvo dispuesto a descender desde el cielo, pero muchas veces nosotros no estamos dispuestos ni siquiera a humillarnos con algún acto insignificante. Es bueno que busquemos el «amor inagotable y fidelidad» que Jesús nos mostró para, a su vez, poder mostrarlo a otros.

Querido Señor Jesús, gracias por tu amor inagotable. Gracias por tu fidelidad y por descender del cielo a la tierra para mostrarnos el camino.

FAVOR DE DIOS

Bueno es el Señor con quienes esperan en él,
con todos los que lo buscan.

Lamentaciones 3:25 NVI

Hay cientos de religiones que buscan alcanzar el favor de los dioses o el dios al que adoran. Cuando adoraban a Baal, los israelitas incluso sacrificaban a sus hijos en el fuego para alcanzar el favor del dios falso de la cosecha. No hay nada que no haya sido sacrificado, quemado o despedazado en la búsqueda del favor divino. Pero lo único que tenemos que hacer para alcanzar el favor de Dios es lo que dice este versículo de Lamentaciones.

Esperar en Él; solo eso. Solo tenemos que poner nuestra esperanza en Él y buscarlo, y Él nos bendecirá. Muchos otros han buscado estas mismas bendiciones en dioses falsos y han entregado todo de sí mismos en sacrificio, y nosotros solo tenemos que confiar en Él y Él lo hará. El corazón de un hombre es una fábrica de ídolos, y somos rápidos para poner a cualquier otro dios por delante del único Dios verdadero. ¿Acaso pueden esos otros dioses rescatarnos? ¿Pueden ser igual de buenos con nosotros que Jesús?

Amado Dios, tú eres el Dios único y verdadero. Gracias por las bendiciones que me has dado. Gracias por tu favor abundante que de ninguna manera merezco. Te buscaré y pondré mi esperanza en ti.

A CAMBIO

No juzguen a los demás, y no serán juzgados.
No condenen a otros, para que no se vuelva en su contra.
Perdonen a otros, y ustedes seran perdonados.

Lucas 6:37

Cuando ponemos nuestra fe en Cristo, los errores por los que deberíamos ser castigados son perdonados, pero en esta tierra hay un sistema de reciprocidad que aún nos afecta. Si herimos a otros, ellos seguramente intentarán herirnos como respuesta. Si somos crueles, seremos tratados con crueldad. Como dice Jesús en este versículo: todo «se [volverá] en su contra». Es importante no condenar a otros porque seguramente después nosotros nos equivocaremos y nos daremos cuenta de que no somos quién para condenar a los demás. Además, comprenderemos lo mucho que ponemos a prueba el perdón de Dios al no perdonar a otros.

No debemos tomar a la ligera las bendiciones que recibimos a través de las buenas acciones. En esta vida es útil caer en gracia a todos aquellos que nos rodean. Al acumular favores de los demás, allanamos el camino que también nos puede ayudar a compartir el evangelio más fácilmente.

Querido Jesús, sé que no soy digno de tu perdón; por favor, enséñame a compartirlo con los demás voluntariamente. Enséñame a ser una bendición para aquellos que me rodean en el día de hoy.

ESCONDER LA PRESENCIA DE DIOS

«Hagan brillar su luz delante de todos,
para que ellos puedan ver
las buenas obras de ustedes y alaben a su Padre
que está en los cielos».

MATEO 5:16 NVI

Nuestras virtudes, junto con nuestros logros, no son la luz del evangelio de la que Jesús habla en este pasaje. La luz que hacemos brillar es la luz de la presencia de Dios. Es la bondad, la seguridad y el amor que surgen de un ambiente santo. Cuando nosotros, siendo hombres que temen a Dios, permitimos que los demás prueben la presencia del Señor, estamos haciendo brillar nuestra luz. Las buenas obras a través de las cuales glorificamos al Padre son semillas de compasión, altruismo y bondad. Estas obras dirigen la atención no a nosotros sino a nuestro Padre que está en el cielo.

También es una bendición para nosotros hacer brillar nuestra luz, porque esto transforma nuestras almas en lugares de paz y seguridad. ¿Dónde podemos ser luz hoy? ¿Hay algún área de nuestro trabajo, el gimnasio o nuestro hogar en el que reine un espíritu de apatía u oscuridad? Jesús nos llama a entrar ahí siendo luz.

Amado Jesús, toma mi oscuridad y báñala en luz. Hazme una luz de tu presencia para acercar a otros a ti y a tus buenas obras.

LO QUE SABEMOS

«Porque aquellos que escuchen con corazones abiertos recibirán más revelación. ¡Pero aquellos que no escuchen con corazones abiertos perderán lo poco que creen que tienen!».

MARCOS 4:25 TPT (TRADUCCIÓN LIBRE)

No es suficiente con leer la Palabra de Dios regularmente y hacer investigaciones teológicas constantes. Para crecer en sabiduría debemos reconocer cuán poco sabemos. Nuestras mentes son pequeñas e incapaces de entender la mayoría de las cosas que a Dios le gustaría que supiéramos. Lo único que podemos hacer es aprender fielmente en humildad para intentar entender mejor cómo encajamos en el hermoso universo que Dios creó para que lo administremos. Como advierte Jesús: «¡aquellos que no escuchen con corazones abiertos perderán lo poco que creen que tienen!».

Podemos estar seguros de que nuestros corazones se están cerrando cuando queremos hablar más que escuchar. Si tenemos siempre un argumento en la punta de la lengua que la otra persona tiene que entender estamos a punto de perder la poca sabiduría que tenemos. Lo mismo es cierto cuando leemos con el propósito de reforzar nuestros argumentos. Dios no quiere que utilicemos sus palabras como munición en debates ideológicos. Quiere que aprendamos en humildad.

Amado Jesús, soy más arrogante de lo que tú fuiste jamás. Tú, el Hijo de Dios, me superas enormemente en sabiduría y en humildad. Hazme tu aprendiz.

UNA VIDA ALTRUISTA

No sean egoístas; no traten de impresionar a nadie. Sean humildes, es decir, considerando a los demás como mejores que ustedes.

FILIPENSES 2:3

Los mandamientos de Jesús tienen la intención de glorificarnos pero no siempre del modo que creemos. Podríamos pensar que nuestra mayor gloria sería que otros se maravillaran por nuestra sabiduría y nos admiraran por nuestros logros; sin embargo, nuestra gloria en realidad es muy diferente y está basada en una actitud de servicio. Implica olvidarnos de nosotros mismos y de nuestro orgullo para enfocarnos en los demás.

Pablo nos amonesta: «Sean humildes, es decir, considerando a los demás como mejores que ustedes». La mayoría de nosotros no estamos cómodos con la idea de ser peores que los demás. Necesitamos una sensación de éxito o superioridad para sentirnos seguros. Cristo nos llama a lo contrario, y este cambio radical de mentalidad es difícil de alcanzar. Cristo quiere que otras personas sean nuestro enfoque, no nosotros. Quiere que las honremos y admiremos más que a nosotros mismos.

Oh Señor, ¿por qué es tan fácil enfocarme en mí mismo en vez de enfocarme en los demás? Arranca el orgullo de mi vida. Hazme un siervo que siempre busque bendecir en lugar de ser bendecido.

DULCE DESCANSO

Al acostarte, no tendrás temor alguno;
te acostarás y dormirás tranquilo.

Proverbios 3:24 NVI

Todos los hombres saben lo que es el descanso ansioso. Salimos del trabajo y nos vamos a dormir, pero el trabajo suele perseguirnos y hacerse nuestro compañero. Demanda nuestra atención y nos tensa; las responsabilidades pesan sobre nuestras mentes toda la noche. Tal vez lo que tenemos es un descanso lleno de temor. Podría ser por malas finanzas, mala salud u otra cosa. Independientemente de cuál sea la razón, el mundo de la preocupación nos roba muy fácilmente nuestro descanso.

Este versículo es especialmente útil para las personas que están cargadas con responsabilidades y temores. El autor dice: «te acostarás y dormirás tranquilo». Esta agradable bendición se lleva las preocupaciones que nos aplastan y restaura nuestra paz después de una larga sequía. Sí; acostarse, no tener miedo y experimentar el dulce descanso del sueño es una bendición de Dios que podemos disfrutar sin culpa y con libertad.

Querido Señor, tú me das descanso. Por favor, restaura mi sueño esta noche. Ayúdame a saber que tú llevarás mis cargas en la noche.

ENTENDIMIENTO Y EXPRESIÓN

Que el Señor les guíe el corazón a un entendimiento total y a una expresión plena del amor de Dios, y a la perseverancia con paciencia que proviene de Cristo.

2 Tesalonicenses 3:5

Solo podemos expresar algo después de haberlo entendido. No podemos expresar el amor de Dios hacia otros si no entendemos su amor por nosotros. Puede que sepamos en nuestra mente que Él nos ama, pero tal vez eso no se ha afianzado en nuestros corazones. Quizá pensamos que nadie puede amarnos o que nadie podría perdonar las cosas terribles que hemos hecho. Hay muchas razones por las que podríamos no entender el amor que Dios tiene por nosotros.

Si Jesús hubiera obviado la cruz y en su lugar solo nos hubiera dicho que nos amaba, podríamos tener razones para dudar de la profundidad de su amor. Pero no lo hizo. Con paciencia y perseverancia, recorrió el camino del dolor y derramó sangre por nuestro pecado en la cruz. Soportó los clavos para demostrar su amor por nosotros y demostrar que sí, Él conoce todo lo malo que hay en nosotros y aun así nos ama. Ese es el amor y la perseverancia que Él quiere que expresemos.

Amado Jesús, gracias por morir en la cruz por mí. Gracias por entregar tu vida para que yo tenga vida.

DEFENSOR CONFIABLE

Dios es mi escudo,
quien salva a los de corazón recto y sincero.

Salmos 7:10

Cuando dependemos de Dios en los momentos de tentación, nuestra fe en Él durante los momentos de temor es más fuerte. Recordamos cómo nos protegió de la tentación, y nos reafirmamos en su capacidad de defendernos del maligno. El hombre que cede ante la tentación regularmente cuestionará la capacidad o el deseo de Dios de protegerlo. Por eso el salmista especifica que Dios protege «a los de corazón recto y sincero».

Es fácil olvidar el valor de la piedad cuando nuestras vidas son siempre cómodas; sin embargo, cuando enfrentamos dificultades más grandes que nosotros mismos cosechamos lo que hemos sembrado. Si hemos sembrado fidelidad y piedad, cosecharemos seguridad. Si hemos sembrado dudas y pecado, cosecharemos temor. Este salmo es una advertencia para nosotros durante los tiempos de comodidad y nos insta a perseverar en la piedad y la verdad.

Amado Dios, mantenme recto y firme. Sé mi escudo hoy y ayúdame a confiar en ti cuando las dificultades de la vida sean grandes.

IR TRAS LO QUE IMPORTA

El que va tras la justicia y el amor
halla vida, justicia y honra.

PROVERBIOS 21:21 NVI

Cualquier cosa que nos enfoquemos en conseguir influirá en nuestra identidad. Si nos enfocamos en una profesión, esa profesión moldeará nuestra identidad a su imagen. El autor de Proverbios nos aconseja ir tras lo importante para que seamos transformados en personas que les importan a otros y que encuentran la vida, la justicia y la honra que tan profundamente deseamos. El camino angosto es el camino difícil, pero también es el camino que al final nos da lo que más queremos.

¿Qué has estado persiguiendo? ¿Te están consumiendo poco a poco la lujuria, la avaricia o la ambición? Tal vez has ido tras algo sin ni siquiera saberlo. Sea cual sea el dios falso que esté sentado en el trono de tu corazón, no puede darte la felicidad que Jesús puede darte. No puede sanarte, no puede darte gozo, y no puede darte la vida que tan desesperadamente necesitas.

Querido Señor, por favor dame vida y honra, pero primero, haz que desee la justicia y el amor. Hazme un hombre que va tras lo que importa en lugar de correr de cabeza a un mundo de dificultades.

DIOS DE LUZ

Enciendes una lámpara para mí.
El SEÑOR, mi Dios, ilumina mi oscuridad.

SALMOS 18:28

Dios, cuando provee, no lo hace solo para nosotros sino también para aquello que nos rodean. En lugar de solo sostener nuestras almas, también abre un camino para nosotros en el desierto y nos alumbra para que veamos el próximo paso. El salmista declara con seguridad: «El Señor, mi Dios, ilumina mi oscuridad». Los demás dioses de Canaán no podían hacer eso. No podían alumbrar la oscuridad o abrir los ojos de los ciegos. Solamente Yahvé puede hacer eso. Jesucristo es nuestro sustento, la luz para todas las naciones.

Sin Dios, estamos vestidos de completa oscuridad y nuestros ojos están cerrados. Estamos más que perdidos y no tenemos la capacidad de hacer nada, sino tantear en la oscuridad y clamar pidiendo ayuda. Que el Señor encienda nuestra lámpara y alumbre la oscuridad devastadora de Satanás es una bendición enorme. Solo debemos glorificarlo y reconocer el gran resplandor que irradia de su presencia a nuestro alrededor.

Amado Jesús, por favor ilumina la oscuridad que me rodea en este día. Ayúdame a ver; sin ti estoy completamente ciego.

COMO SOMOS

Podemos acercarnos a Él porque el velo ha sido quitado de nuestro rostro. Y, sin velo, todos nos convertimos en espejos que reflejan con fuerza la gloria del Señor Jesús. Estamos siendo transformados a su imagen al ir de un nivel de gloria a otro. Y esta gloriosa transformación viene del Señor, que es el Espíritu.

2 Corintios 3:18 TPT (Traducción libre)

La mayoría de personas se sienten identificadas con el sentimiento de esconder quiénes son por encajar y ser correctos. Ya sea que estemos visitando a nuestros suegros por primera vez o estemos sentados en una entrevista de trabajo, es ventajoso mostrar la mejor versión de nosotros. Sin embargo, Jesús quiere que nos quitemos el velo. Quiere nuestro yo verdadero y crudo en los mejores y los peores momentos. No quiere que nos pongamos una máscara de una versión falsa de nosotros mismos.

¿Cuál es el resultado de esta sinceridad espiritual? Pablo dice que, al quitar el velo de nuestro rostro, nos convertimos en espejos que reflejan la gloria del Señor Jesús. Al dejar a un lado las versiones falsas de nosotros, podemos ser transformados a imagen de Dios. Los hombres suelen sentir la necesidad de parecer fuertes en todo momento, pero esa no es la clase de hombre que Dios quiere. Dios quiere vulnerabilidad.

Querido Jesús, ayúdame a abrirme a ti. Toma mi verdadero yo, Jesús, y haz que refleje tu glorioso esplendor. No soy nada si soy falso.

GLORIOSO ESPLENDOR

Oh Señor, tu amor y misericordia no tienen límites,
son más altos que los cielos.
Tu gran fidelidad es infinita
y abarca toda la tierra.

Salmos 36:5 tpt (Traducción libre)

Todos los atributos de Dios son eternos. Para explicar esto, el salmista utiliza imágenes mentales que los demás creyentes pudieran ver por sí mismos: «los cielos» y «toda la tierra». En realidad, no hay nada físico que se pudiera comparar con la infinidad del amor y la fidelidad de Dios. Aunque pequemos contra Él una y otra vez y pongamos a prueba su gracia incluso después de arrepentirnos, Él sigue siendo fiel y sigue derramando misericordia sobre nuestras almas.

El salmista dice que la fidelidad de Dios abarca toda la tierra. Si Dios no fuera fiel al mundo, habría dejado de sostenerlo hace mucho tiempo. Podría haberse rendido con las culturas del mundo muchas veces; sin embargo, Él decide extender su mano en amor y darles año tras año la oportunidad de buscarlo y encontrarlo. Su corazón por las naciones nunca se desvanece ni se apaga su afecto.

Querido Jesús, quiero ser un hombre que tenga el amor y la fidelidad de mi Salvador. Nadie se compara a ti, Señor. Eres infinito en todas las cosas.

FINALMENTE SANO

«Él les secará toda lágrima de los ojos,
y no habrá más muerte ni tristeza ni llanto ni dolor.
Todas esas cosas ya no existirán más».

Apocalipsis 21:4

Todos los hombres cargan una herida en el corazón. Podría ser la desaprobación de un padre o heridas causadas por un antiguo amor. Tal vez son experiencias adversas por culpa de un ambiente caótico y violento. Sea lo que sea, la sanidad puede ser intensa y dura. A veces, sentimos todo el consuelo santo del Señor cuando Él quita las heridas de nuestra conciencia; otras veces, estas regresan sin piedad. Con estas cicatrices de nuestro pasado en mente, el cielo se ve aún más dulce.

Juan dice: «Todas esas cosas ya no existirán más». Imagina todas nuestras imperfecciones, dolor, dificultades y heridas lavadas por la eternidad. Qué hermoso es ser sanado para siempre sin tener que preocuparse por los cambios o la incomodidad. Sí, la misericordia del Señor puede parecer pesada mientras estamos en esta tierra, pero su favor un día convertirá nuestras pruebas en medallas de honor.

Amado Jesús, gracias por tu revelación final. Gracias por tu consuelo en momentos difíciles. Gracias, Señor, por la belleza de todo ello.

ABRIL

«No tengan miedo. Solo quécense quietos
y observen cómo el Señor los rescatará hoy».

Éxodo 14:13

LÍDER TIERNO

Hazme oír cada mañana acerca de tu amor inagotable,
porque en ti confío.
Muéstrame por dónde debo andar,
porque a ti me entrego.

Salmos 143:8

En el versículo de hoy, el salmista levanta sus ojos y sus peticiones a Dios. Para el salmista, Dios tiene una identidad dual. Es un padre con el corazón tierno, pero también es un líder. El autor ve a Dios como una fuente de intimidad y afirmación, pero también como alguien a quien acudir buscando dirección. Depende del Señor, recordándole que «a ti me entrego» y que necesita su dirección para saber qué hacer. El autor está atento para escuchar y se levanta temprano en la mañana para oír del amor del Señor y crecer en su confianza en Él.

Dedicación, dependencia y un amor profundo por el Señor no vienen de la ley; tampoco vienen de nuestros esfuerzos religiosos o ni siquiera de nuestros hábitos. La calidad de corazón del salmista surge de su enfoque en la obra de Dios y el consecuente aprecio por lo que Jesús ha hecho. En nuestras vidas es cierto lo mismo; un aprecio más profundo de nuestro Señor tiene como resultado más pasión y virtud.

Señor, gracias por tu amor. En palabras del salmista, por favor muéstrame lo que debo hacer, porque a ti elevo mi oración.

EL VALOR DEL AMOR

Ni las muchas aguas pueden apagarlo,
ni los ríos pueden extinguirlo.
Si alguien ofreciera todas las riquezas que posee
a cambio del amor,
solo conseguiría el desprecio.

CANTARES 8:7 NVI

Como hombres, fuimos creados para amar. Fuimos creados para amarnos los unos a los otros, amar a Dios y vivir vidas apasionadas de amor. Dios no puso en nosotros pasión para después poder subyugarla. Él quiere dirigir esa pasión, la cual «ni las muchas aguas pueden [apagar]», y quiere usarla para su gloria. Nadie excepto Dios entiende plenamente el valor del amor; el autor dice que es mejor que «todas las riquezas que [alguien] posee».

Las palabras de la novia de Salomón en este versículo están llenas de imágenes de resiliencia. El amor le planta cara a las circunstancias difíciles y sobrevive. El amor que Dios desea para sus hijos es como una piedra anclada en un arroyo. Se enfrenta a una oposición y lucha continuas, pero se mantiene firme. El amor de Dios es una fuerza que nos une a Él y nos da resiliencia que va más allá de lo natural. Realmente vale más que todas nuestras posesiones. Es la perfección del alma.

Señor, dame más amor del que cabe en mi alma. Dame amor que me haga permanecer firme y luchar por aquellos a los que amo.

FALSAS ESPERANZAS

Es mejor refugiarse en el Señor
que confiar en la gente.

Salmos 118:8

El salmista anónimo que está detrás de este pasaje habla con sinceridad del dolor de cuando alguien nos decepciona. Sabe que los seres humanos no son criaturas confiables; tienden a cambiar y decepcionar. Por experiencia, la mayoría de nosotros estaría de acuerdo con él. Casi cualquier persona ha sido traicionada o herida por personas que cambiaron de parecer o de carácter cuando no lo esperábamos. La vida tiene muchas de estas sorpresas indeseadas.

Cristo es la perfección del carácter humano, y eso es algo real y maravilloso. Significa que Él es todo lo que esperamos de otras personas. Él no nos decepcionará, y nos amará de la manera que anhelamos que nos amen. Él estará ahí cuando lo necesitemos. Tal vez las malas experiencias que tenemos con la gente ocurren para mostrarnos cuán excelente es el carácter de Cristo.

Oh Jesús, no te merezco. No merezco el amor que me has mostrado, ni la bondad que he recibido de ti. Gracias por estar siempre a mi lado.

VIDAS IMPRODUCTIVAS

Todo esfuerzo tiene su recompensa,
pero quedarse en las palabras solamente,
lleva a la pobreza.

Proverbios 14:23 NVI

Un hombre debería ser un modelo de trabajo duro en sus intentos de honrar a Dios. En la manera que hace su trabajo debería desear mostrar el carácter de Cristo y la confiabilidad de un hombre cristiano. El autor de Proverbios dice: «Todo esfuerzo tiene su recompensa». Aún aquellos que son estafados y no les pagan por su trabajo o los que cosechan pérdidas por su labor tienen el beneficio de un carácter fortalecido. Son bendecidos con el honor de crecer en resiliencia, fortaleza y fuerza. Independientemente del tamaño de la tarea, sea en una oficina o en la cocina de una casa, las lecciones son las mismas.

Finalmente, el autor también advierte que «quedarse en las palabras solamente, lleva a la pobreza». El trabajo es un lugar para construir relaciones y compartir el reino, pero si no se consigue nada, ya no es un lugar de trabajo. La mejor actitud que podemos tener en el trabajo es productividad combinada con paciencia. Debemos buscar el valor eterno de cualquier cosa que hagamos.

Oh Señor, por favor hazme un buen trabajador. Bendice la obra de mis manos en este día.

VIVIR CON FE

«Así que no se preocupen por el mañana,
porque el día de mañana traerá
sus propias preocupaciones.
Los problemas del día de hoy
son suficientes por hoy».

MATEO 6:34

No es fácil entregarle nuestras preocupaciones a Dios. Él no es visible, y muy pocas veces habla con palabras como una persona. A menudo, el modo en que le entregamos nuestras cargas es simplemente dejando de pensar en ellas. Jesús mismo nos dice en este pasaje: «no se preocupen por el mañana, porque el día de mañana traerá sus propias preocupaciones».

En nuestro deseo por tener el control, queremos preocuparnos por cada día que tenemos delante para que parezca que tenemos control sobre las cosas malas que podrían ocurrir. Un hombre responsable es especialmente susceptible a la preocupación. Dios nunca nos prometió un conocimiento a largo plazo de las cosas que ocurrirían en nuestra vida; solo dijo que nos guiaría día a día. Debemos vivir con fe si queremos descansar en la noche y no dejar que nuestras preocupaciones nos consuman. Con vivir bien es suficiente; no necesitamos controlarlo todo.

Oh Señor, te entrego mis preocupaciones por el mañana. La energía de hoy es para los problemas de hoy. Por favor, recuérdame eso. No puedo hacer nada fuera de tu plan.

DESCANSO FINAL

«En el hogar de mi Padre, hay lugar más que suficiente. Si no fuera así, ¿acaso les habría dicho que voy a prepararles un lugar?».

Juan 14:2

Las dificultades de la vida pesan menos que la gloria de la eternidad. En el cielo, la paz no tiene fin. Todas las cosas positivas que hayamos experimentado en la vida serán consumadas en el cielo. La belleza de cada salida del sol, la sensación de agarrar la mano de un ser querido, la gloria de una canción nueva, y todas las demás alegrías imaginables tienen su hogar en la eternidad con Dios. Aquellos que desprecian el cielo y no les importa su lugar de descanso eterno no saben lo que se están perdiendo; si lo hicieran, su actitud sería muy diferente.

Es hermoso saber que Jesús está preparando un lugar para nosotros. Él nos ama tiernamente y, a pesar de nuestros pecados y errores, quiere darnos un buen hogar junto a Él y al Padre. Que bendición es tener un Salvador que nos ama tan incondicionalmente a pesar de nuestros pecados y nuestro pasado malvado. Nada se compara con sus bendiciones.

Oh Señor Jesús, no soy un hombre puro. Soy pecador. Es cierto, pero dependeré de tu gracia y tu perdón hoy y por toda la eternidad.

DEBILIDAD RECONOCIDA

Si necesitan sabiduría, pídansela
a nuestro generoso Dios,
y él se la dará; no los reprenderá por pedirla.

SANTIAGO 1:5

Una debilidad reconocida es una debilidad de camino a convertirse en una fortaleza. Cuando somos ciegos a una debilidad, entonces más fuerte es. Estar cegados a nuestra necesidad de sabiduría es una de las mayores amenazas para nuestra fe, porque nuestra arrogancia puede convencer a otros de que somos más sabios de lo que realmente somos. A la luz de la profundidad y la anchura infinita de los pensamientos de Dios, es inútil pensar que somos sabios. Nunca habrá un momento en el que entendamos ni siquiera un porcentaje de la sabiduría de Jesús.

Santiago seguramente se refiere en este pasaje a los momentos en que carecemos de sabiduría específica para enfrentar una situación concreta. Tal vez es una mudanza, la opción de un trabajo o una relación, pero muchas veces nos falta conocimiento para una situación concreta. En esos momentos en los que necesitamos sabiduría, deberíamos simplemente pedirla. No hay duda de que Jesús nos bendecirá con la sabiduría que necesitamos.

Querido Jesús, por favor dame la sabiduría que me falta para la situación que ronda mi mente. Quiero evitar consecuencias no deseadas en mi propia vida y en las vidas de otros.

AMISTAD FRATERNAL

Y no dejemos de congregarnos, como lo hacen algunos, sino animémonos unos a otros, sobre todo ahora que el día de su regreso se acerca.

HEBREOS 10:25

Las amistades entre hombres son cada vez menos frecuentes. Fuera de la universidad y el ejército, hay pocas oportunidades para que los hombres creen amistades duraderas. Los amigos que hacemos en el trabajo o en la iglesia suelen ser amigos por cercanía que van y vienen. La amistad de la que habla el autor de Hebreos, sin embargo, es construida de manera intencional con Jesús en el centro.

Seguramente tengamos alguna amistad en la cual podríamos profundizar. Tal vez se trate de alguien que ni hayamos considerado, como un vecino u otro hombre de la iglesia. Todos los candidatos, mientras tengan la misma fe, pueden convertirse en un amigo fraternal al que rindamos cuentas y que nos anime. El rey David decía que estas amistades masculinas son mejor que el amor de las mujeres. Son increíblemente poderosas en el desarrollo de nuestra fe, y romperlas es una estrategia clave del diablo.

Oh Señor, por favor, fortalece mis amistades masculinas y ayúdame a cultivar otras nuevas. Que sean para ánimo mutuo y rendir cuentas en un contexto cristiano. Que fortalezcan mi fe y que yo pueda fortalecer su fe a cambio.

AGRADECIDO POR TODO

Y den gracias por todo a Dios el Padre
en el nombre de nuestro Señor Jesucristo.

Efesios 5:20

Los estadounidenses tienen un día feriado para dar gracias, y es una de las pocas maneras en que la sociedad ha incorporado el agradecimiento a su cultura. Dios no necesita que seamos agradecidos para sentirse mejor consigo mismo, pero nosotros debemos dar gracias para crecer en gratitud y humildad. El agradecimiento es una de las formas más fáciles de hacernos más humildes sin tener que experimentar dolor o fracaso. También es una expresión saludable de nuestra reverencia por lo que Dios ha hecho por nosotros.

Pablo nos amonesta a que «[demos] gracias por todo a Dios». Esta es una tarea ardua si pensamos en todas las cosas por las que podemos estar agradecidos. Mientras haya aire en nuestros pulmones y pensamientos en nuestra mente, tenemos razones para ser agradecidos. Si clasificáramos los mandamientos, el más ignorado seguramente sería el de ser agradecidos. Pero podemos cambiar eso comenzando desde hoy.

Querido Jesús, por favor trabaja en mi corazón para renovarme. Dame una mentalidad de gratitud que te honre, Señor, por todas las maneras en que he sido bendecido.

SUAVIZADO POR LA SABIDURÍA

Qué maravilloso es ser sabio,
poder analizar e interpretar las cosas.
La sabiduría ilumina el rostro de una persona;
suaviza la dureza de sus facciones.

ECLESIASTÉS 8:1

Los sabios suelen ser retratados como cínicos. Si la oscuridad del mundo es su característica más importante, como muchos creen, cuanto más sepamos más nos desanimaremos. Esto es una verdad a medias. Los sabios ven y entienden mejor el mal que los necios, pero también pueden ver la bondad en el mundo y apreciarla. Las cosas que «analizan e interpretan» no son todas malas; las promesas y la santidad de Dios también merecen nuestro análisis e interpretación.

Si queremos que la carga sea quitada de nuestros corazones y el peso de nuestras conciencias se levante, deberíamos buscar la sabiduría. La sabiduría es la virtud perfeccionadora que nos lleva a un nuevo capítulo y una nueva manera de ver la vida. La sabiduría toma a un hombre viejo y cansado y le da esperanza y optimismo para enfrentar el día. Solo un Dios cruel crearía la sabiduría para causar desánimo, y podemos estar agradecidos porque ese no es el caso.

Amado Jesús, recuérdame cuán buena es la sabiduría. Es recta y me ayudará a entender las cosas mejor de lo que ahora mismo las entiendo. Tengo mucho que aprender.

CAMINAR AL LADO

Sean comprensivos con las faltas de los demás
y perdonen a todo el que los ofenda.
Recuerden que el Señor los perdonó a ustedes,
así que ustedes deben perdonar a otros.

Colosenses 3:13

Los cristianos suelen tener la mentalidad de corregir a los demás. Ven un problema y lo único que pueden pensar es cómo resolverlo. Lo que ocurre con esto es que sabemos, por experiencia propia, que esa no es la mejor manera de lidiar con nuestros fallos personales. Ninguno de nosotros se hizo perfecto de la noche a la mañana. Tuvimos que aprender que siempre tendremos defectos y fallos, y que lo mejor que podemos hacer es caminar con Cristo mientras Él poco a poco los va eliminando.

Ser comprensivos con los fallos de los demás requiere práctica y meticulosidad. Debemos ver nuestra propia tendencia a echar en cara las cosas a los demás, y debemos reconocer cuando estamos intentando solucionar los problemas de la gente. Muchas veces, solo necesitan a alguien que esté con ellos o escuche del modo en que Jesús escucha nuestras oraciones.

Querido Jesús, enséñame a ser comprensivo con los fallos de los demás. Yo no soy perfecto, pero convivo conmigo mismo y con mis fallos. Quiero tener la misma actitud para con los demás.

SUFRIR PACIENTEMENTE

Así pues, los que sufren según la voluntad de Dios, confíen en su fiel Creador y sigan practicando el bien.

1 Pedro 4:19 NVI

Este versículo de Pedro coloca alto el listón del sufrimiento. Sufrir según la voluntad de Dios es un concepto difícil de entender. Sabemos en nuestra mente que es posible, pero en nuestros corazones nos resulta difíci ver cómo un Dios que nos ama nos haría pasar por las cosas que a veces nos ocurren o que vemos ocurrir. ¿Por qué un creador fiel y lleno de amor nos haría daño?

Cristo permite que suframos para que nuestras almas sean perfeccionadas. Él mismo no es quien nos aflige; simplemente permite que el sufrimiento se produzca, y nunca nos haría sufrir de una manera que Él mismo no entienda. Vivió y murió para poder identificarse con todos los niveles de sufrimiento. No hay dolor que nuestro Salvador Jesucristo no haya sentido. No existe un nivel de traición que Cristo no haya experimentado en su plenitud. Podemos sufrir con paciencia, porque Él sufrió con paciencia y sabe cuánto podemos aguantar.

Amado Jesús, por favor dame un espíritu paciente que sufra según tu voluntad. Enséñame a ponerme en tus manos en esos tiempos.

EL PESO DE LA GLORIA

Pues esta aflicción leve y pasajera nos produce un eterno peso de gloria que sobrepasa toda comparación.

2 Corintios 4:17 NBLA

¿Y si te quedaras toda la eternidad como el hombre que eres hoy? Si todas las oportunidades de mejorar ya no existieran, ¿estarías contento con quién eres? Tal vez no deberíamos despreciar la «aflicción leve» que nos hace mejores versiones de nosotros mismos. Jesús utiliza el tiempo que tenemos sobre la tierra para transformarnos de criaturas egoístas y presuntuosas a hijos de Dios santos y nobles. Él nos prepara para el cielo aclimatándonos al «peso de gloria» que nos espera.

Pablo describe este peso de gloria diciendo que «sobrepasa toda comparación». Cuando decimos que el cielo es mejor de lo que pudiéramos imaginar, nos estamos quedando cortos. Es imposible saber la gloria de Dios que nos espera, y solo podemos tener destellos de ella a través de experiencias puntuales. Esta promesa de gloria futura es nuestra mayor bendición que ilumina nuestro camino y nos da esperanza en la oscuridad.

Querido Jesús, por favor prepárame para el peso de gloria que me espera. Recuérdame todo lo magnífico que hay por delante; que pueda opacar mi aflicción leve.

ESCONDERSE EN HUMILDAD

Así que humíllense ante el gran poder de Dios y, a su debido tiempo, él los levantará con honor.

1 Pedro 5:6

La humildad no se muestra a sí misma. Alcanza su máximo potencial cuando crece dentro de nosotros sin que otros lo sepan o se den cuenta. La humildad no reclama alabanza o atención porque nos hace entender que no somos el protagonista de la historia. Nos muestra quiénes somos realmente: seres pequeños eclipsados por un Dios magnífico y poderoso. A pesar de esto, Dios se hace humilde y los exalta. A Dios le encanta la humildad porque es una de las mayores virtudes, y quiere que sea vista y modelada.

No nos hacemos más humildes en los momentos de paz y satisfacción. Según Pedro, crecemos en humildad «ante el gran poder de Dios». Después de haber cejado de pelear y resistirnos, nos damos cuenta de que somos débiles y que Jesús es el protagonista. Comprendemos que no vale la pena luchar contra Jesús, y nos rendimos ofreciendo nuestros cuerpos y almas por completo a Él en gloria y alabanza.

Oh Señor, recuérdame tu valor. Tú eres digno de amor y adoración; por favor, toma el trono de mi corazón y ocúpalo. Me entrego a ti, Dios, para poder adorarte en humildad.

TEMER A LA SITUACIÓN

Pero cuando tenga miedo,
en ti pondré mi confianza.

Salmos 56:3

La vida está llena de situaciones que dan miedo; perder un trabajo, perder a un amante, mudarse, enfrentar problemas de salud y la tentación son solo algunas de ellas. En estas situaciones, solemos tenerle miedo a la incertidumbre. ¿Y si no encontramos trabajo? ¿Y si no nos recuperamos? También tememos al dolor de la pérdida. No pasa nada por tener miedo mientras podamos convertir ese miedo en confianza. Jesús no pone en nuestras vidas circunstancias que den miedo para incapacitarnos, sino para recordarnos nuestra fragilidad y que así podamos crecer en nuestra fe.

El salmista dice: «en ti pondré mi confianza». Es más fácil decirlo que hacerlo. Poner nuestra confianza en Cristo significa no hacer de la comodidad o la seguridad nuestra meta, sino solo Cristo y su reino. Debemos llegar a poder ver el dolor y la incertidumbre como parte de una vida impredecible. Podemos confiar en que Cristo sí será constante.

Señor, dame fe hoy para dejar a un lado el temor. Toma la situación en la que estoy, que me da miedo, y utilízala para hacer crecer mi confianza en ti.

NOVEDAD

Esto significa que todo el que pertenece a Cristo
se ha convertido en una persona nueva.
La vida antigua ha pasado;
¡una nueva vida ha comenzado!

2 Corintios 5:17

El bautismo es una ceremonia tradicional que celebra el arrepentimiento y la salvación. Sería un malentendido, sin embargo, considerarlo solamente un símbolo de que nuestros pecados son lavados. El bautismo es un poderoso sacramento en el que Dios nos adopta en su familia. El bautismo es muerte y resurrección. Simboliza que no solo somos redimidos, sino también hechos nuevos por la sangre de Jesús. Él toma nuestro viejo yo y lo sustituye por el nuevo yo.

¿Es posible negar esta verdad? Cuando aceptamos a Cristo en nuestros corazones, morimos a la inmoralidad sexual y a todo tipo de pecado insidioso, pero esos pecados suelen regresar a nuestras vidas y, lo peor de todo, es que lo permitimos. Dejamos que nuestros antiguos hábitos muertos vuelvan a la vida y, como consecuencia, morimos a Cristo. Esto está mal y además es insensato. Los placeres de nuestros antiguos caminos no se comparan con la gloria de ser un hijo de Dios.

Querido Jesús, por favor perdóname cuando se me olvida que soy nuevo en ti. Mi viejo yo ha muerto y tú, Señor, me haces nuevo.

LA FUENTE DE BIEN

El esplendor y la majestad son sus heraldos;
hay poder y alegría en su morada.

1 Crónicas 16:27 NVI

Nadie puede darle nada a Dios; Él es el dador de todo. Si ofrecemos todo lo que tenemos a los pobres, Él es quien nos dio la idea y la humildad para hacerlo. Por muy impresionante o noble que sea un acto, es Dios quien lo completa. Incluso alguien que no ha recibido salvación le debe este tipo de conducta al Dios que lo bendice con virtud aun cuando se revela contra Él en su corazón.

«El esplendor y la majestad son sus heraldos», declara este versículo. «Hay poder y alegría en su morada». Dios está sentado en medio de la perfección de todo lo bueno que hayamos conocido jamás. Él es la fuente de todo bien y de Él fluyen la belleza y las riquezas de todo lo que conocemos. Lo único que podemos hacer es vivir adorándolo a Él y su gloria. Le entregamos nuestros corazones y nuestro servicio en humilde gratitud por la gracia y el amor que derrama sobre nosotros.

Oh Jesús, ¡cuán magnífico eres sentado en tu trono! Nada ni nadie se compara a ti, y mereces todo mi honor.

CUBIERTO POR EL AMOR

Sobre todo, ámense los unos a los otros profundamente, porque el amor cubre muchísimos pecados.

1 Pedro 4:8 nvi

No es común que los hombres muestren amor. El amor ha sido retratado por nuestra sociedad como algo femenino, y eso hace que no tenga el significado holístico que la Biblia le otorga. Pocos de nosotros sabemos lo que significa que los hombres se amen «los unos a los otros profundamente» o muestren ese amor en el trabajo o en la sociedad. ¿Cómo íbamos a saberlo cuando el mundo lo rechaza continuamente? La mejor manera en que el mundo puede hacer que el pecado se multiplique es trayendo vergüenza sobre él porque, donde abunda el amor, «el amor cubre muchísimos pecados».

¿Cómo podemos demostrar amor a los demás de manera apropiada y sincera? El amor no es cursi ni obsceno. No atrae la atención hacia sí mismo o sus acciones, sino que en humildad busca que los demás mejoren. Amar es bendecir a otros del modo que podamos. Es un acto poderoso y que produce humildad. Quita la atención de nosotros mismos y la pone en los demás para la gloria de Dios.

Oh Señor, por favor lléname de amor. Que los pecados de mi pasado sean cubiertos por el amor que muestre hoy, Dios. Solo puedo hacerlo por medio de ti.

NADA DESPRECIABLE

Porque todo lo que Dios ha creado es bueno y nada es despreciable si se recibe con acción de gracias.

1 Timoteo 4:4 NVI

Nuestras vidas son inherentemente corruptas. El cinismo y la apatía se cuelan en nuestra manera de ver el mundo. Nos decimos a nosotros mismos que las cosas no saldrán bien, que las personas no son tan buenas como pensamos, y preferimos escuchar siempre a los pesimistas antes que a los optimistas. Es más fácil no decepcionarnos si tenemos expectativas bajas, y nadie puede negarlo; pero eso no nos hace mejores, y el pesimismo nos hace mirar con apatía mientras el mundo arde.

Dios es ferozmente optimista. Él amaba a su pueblo, recibió su desprecio, sufrió su crucifixión, y aun así decidió ser el rey de la esperanza. Él está por encima de la mezquindad del pesimismo, y quiere ver transformado el mundo mediante la esperanza y la aceptación de la verdad y la belleza. Como dice Pablo: «todo lo que Dios ha creado es bueno». ¿Vivimos sinceramente en esta verdad? ¿Somos agradecidos por este mundo, o nos burlamos de él junto al resto? Ha llegado el momento de ensuciarnos las manos y plantar esperanza en lugar de quebranto.

Oh Dios, dame una esperanza feroz como la tuya. Hazme fuerte como tú. Estoy dispuesto a dejar a un lado mi cinismo por ti, Jesús.

PROVEEDOR PERFECTO

No seas como ellos, porque tu Padre sabe exactamente lo que necesitas, incluso antes de que se lo pidas.

MATEO 6:8

Este versículo contiene un regalo de valor incalculable. No tenemos que negociar con Dios. A pesar de que nuestros defectos y debilidades requieren de su atención todos los días, seguimos recibiendo sus mayores bendiciones. Su capacidad para proveer en todas nuestras necesidades es mayor que las propias necesidades. Él no toma su trascendencia como una razón para mirarnos desde arriba con desprecio; en cambio, se rebaja a nuestro nivel para que nos sintamos cuidados y amados.

Dios es nuestro proveedor perfecto, y no hay otro lugar en el que encontraremos una combinación similar de capacidad y disposición para suplir nuestras necesidades. Hay muchas cosas que creemos que necesitamos y que parece que Dios descuida, pero la mayoría de las veces nos está enseñando a vivir sin ellas. El hombre no vive solo de pan, y Dios provee para nuestras necesidades espirituales más regularmente de lo que nuestra carne desea.

Querido Señor, por favor dame fe para creer hoy en tu provisión. Gracias por ser generoso conmigo cuando no lo merecía. Quiero mostrar el mismo amor a aquellos que me rodean.

APTITUD VERDADERA

No es que creamos que estamos capacitados
para hacer algo en nuestras fuerzas,
ya que nuestra verdadera aptitud proviene
de la presencia de Dios que nos da poder.

2 Corintios 3:5 tpt (Traducción libre)

Según Pablo, «nuestra verdadera aptitud proviene de la presencia de Dios que nos da poder». Todas nuestras habilidades, títulos o cualquier otro recurso que pongamos sobre la mesa lo hemos recibido por la presencia de Dios que nos da poder. Solo con estar cerca de nosotros, Dios nos da oportunidades y la disposición para hacernos más fuertes. En nuestras propias fuerzas, como dice Pablo, no podemos hacer nada; nuestras fuerzas no son suficientes para hacer alguna tarea significativa.

El corazón de la humildad es el realismo. Es la disposición de ver las cosas como realmente son, y nos demuestra que somos débiles. El realismo comprende que nuestra aptitud verdadera viene solo de Dios y que nosotros no valemos nada. No es autodegradación sino la hermosa verdad de nuestra existencia. A pesar de las presiones que el mundo coloca sobre nosotros para ser hombres responsables, íntegros, compasivos y justos, podemos descansar en la verdad de que no somos ninguna de esas cosas, pero podemos serlas a través de nuestra aptitud verdadera en Cristo.

Oh Jesús, toda mi fuerza está en ti. Sin ti no tengo nada, y te alabo por todas las bendiciones que me has dado en este día. Gracias por tu presencia que me da poder.

COMPLETAMENTE FORTALECIDO

El Señor Yahvé siempre es fiel para ponerte sobre un fundamento sólido y guardarte del maligno.

2 Tesalonicenses 3:3 tpt (Traducción libre)

Es fácil olvidar que Dios es fiel no solo en proveer para nuestras necesidades físicas, sino también para nuestras necesidades espirituales. No tenemos por qué resistir la tentación solos. La depresión y la ansiedad también son demasiado fuertes para que las enfrentemos solos. Nuestra capacidad para encarar cualquier tipo de dificultad en nuestras vidas es fruto de la providencia de Dios. Cuando ponemos a Jesús primero entre nosotros y las dificultades que enfrentamos, nuestras pruebas no tienen nada que hacer.

Pablo dice: «El Señor Yahvé siempre es fiel para ponerte sobre un fundamento sólido». ¿Es una descripción acertada de nuestra propia vida? ¿Nos sentimos más sacudidos que firmes? Muchas veces, confundimos nuestras circunstancias con nuestro fundamento. Nuestro trabajo, nuestra salud e incluso nuestras comunidades no siempre son fieles. No son nuestro fundamento; nuestro fundamento es nuestra relación con Jesús. Él es el fundamento firme que nunca nos decepcionará. Jesús es siempre fiel independientemente del caos de la vida.

Oh Yahvé, tú eres fiel. Eres verdadero. Sé hoy mi fundamento espiritual. Por favor, no me dejes resbalar y sostenme en medio de cada tribulación.

ATRAPADO POR LA IGNORANCIA

Cuídense de que nadie los cautive con la vana y engañosa filosofía que sigue tradiciones humanas, la que está de acuerdo con los principios de este mundo y no conforme a Cristo.

COLOSENSES 2:8 NVI

La mente de un hombre es una fortaleza. Cuando Cristo toma el control, esta fortaleza está protegida por su fuerza y poder, y las grietas en los muros son reparadas una a una. El enemigo, que constantemente ataca los muros, lo sabe, y a veces intenta entrar por la puerta principal. Si no tenemos la protección del conocimiento, bajaremos la guardia y dejaremos entrar a las personas equivocadas y sus ideas. Estas filosofías huecas son atractivas para los ingenuos, y solo podremos ver más allá de ellas si afilamos nuestras mentes con la Palabra de Dios.

Según este pasaje, las únicas filosofías en las que vale la pena creer están fundamentadas en Cristo. Una filosofía que depende de Cristo piensa en las necesidades de sus hijos y en lidiar con ellas con amabilidad y respeto. Su verdad es absoluta y no la diluye para ganar un argumento. Las filosofías huecas no tienen nada de esto.

Oh Jesús, lléname de tu verdad. Que tus filosofías fuertes y llenas de compasión me protejan de las palabras huecas del enemigo. Solo tú puedes defenderme, Dios.

ROCA FIRME

Él es la Roca, sus obras son perfectas,
y todos sus caminos son justos.
Dios es fiel; no practica la injusticia. Él es recto y justo.

DEUTERONOMIO 32:4 NVI

Jesús es perfecto en historial y en corazón. No ha cometido errores, ni tampoco tiene un pasado oscuro, y en su corazón conviven el orgullo santo y la humildad perfecta. Él puede sentirse identificado con el más sucio de los pecadores y aun así permanecer puro. Jesús no solo es perfecto, sino que todo lo que ha hecho también lo es. El versículo dice: «sus obras son perfectas, y todos sus caminos son justos», y lo vemos a nuestro alrededor. Si no fuera por la caída, la bondad que vemos en todos y en todo lo que nos rodea habría alcanzado la madurez completa y sería hermosa y perfecta.

Como hombres, somos llamados a ser rocas firmes para nuestra comunidad. Somos llamados a ser una fuente de seguridad y firmeza y a permanecer quietos cuando las situaciones se vuelven caóticas. Teniendo en mente el ejemplo de Cristo, buscamos paz cuando hay rabia y paciencia cuando hay ansiedad. Cada situación es una oportunidad para ser un ejemplo del carácter de Cristo ante los demás.

Señor, eres perfecto en firmeza y justicia. Recuérdame hoy que tú sigues conmigo cuando todo lo demás falla. Sé que siempre puedo confiar en ti.

EL PROBLEMA HUMANO

Dios lo hizo todo hermoso para el momento apropiado. Él sembró la eternidad en el corazón humano, pero aun así el ser humano no puede comprender todo el alcance de lo que Dios ha hecho desde el principio hasta el fin.

ECLESIASTÉS 3:11

Todos y cada uno de los seres humanos enfrentan el mismo problema. Dios creó al hombre como un ser tanto físico como espiritual, y esto lo deja dividido entre dos realidades. Como señala aquí Salomón, estamos limitados por el tiempo, y nuestras experiencias con la belleza no perduran; sin embargo, también tenemos plantada en nuestros corazones la semilla de la eternidad y, de alguna manera, a diferencia de cualquier animal, en el fondo sabemos que lo correcto sería vivir para siempre. Los momentos importantes y significativos que experimentamos nos dicen que hay algo más allá, pero no sabemos exactamente qué.

Solo Dios puede llenar el vacío en nuestros corazones. Podemos anestesiar el dolor con placer y otros dolores, pero en el fondo todo hombre y toda mujer sabe que hay algo que falta. Hay miles de religiones en el mundo que buscan la respuesta a este problema humano, pero solo Cristo puede responder. Él reconoce que «el ser humano no puede comprender todo el alcance de lo que Dios ha hecho», pero un día, si pone su confianza en Él, lo hará.

Oh Señor, ¿por qué busco respuestas tan desesperadamente? Por favor, Dios, dame fe para creer en tus respuestas.

LIBRE DE LAS ATADURAS

Este es el mensaje que hemos oído de él
y que anunciamos: Dios es luz y en él
no hay ninguna oscuridad.

1 Juan 1:5 NVI

La oscuridad es un mundo de ataduras. El mayor deseo de Satanás es que seamos esclavos. Él quisiera apropiarse de nosotros, y le da igual que sea a través del orgullo religioso o la lujuria avariciosa. Muchos hombres han considerado la luz como un lugar de normas y expectativas. Esto hizo que la oscuridad pareciera un lugar de libertad del legalismo. La realidad es que tanto el legalismo como la carnalidad son formas de esclavitud. Vivir en la luz significa hacerse esclavo de la justicia no por medio de leyes sino deseando a Dios más que nada.

Dios es el único dueño que tendremos en nuestra vida con un espíritu completamente bueno y puro, y por eso debemos alabarlo. Juan dice: «Dios es luz y en él no hay ninguna oscuridad». Si hubiera puntos de oscuridad en nuestro Señor, no podríamos confiar en su carácter. Sería impredecible y estaría constantemente en guerra con su propio carácter. Sin embargo, la realidad es que Él es completamente justo y alumbra cualquier lugar donde va. ¿Cómo podemos nosotros tener el mismo espíritu y sacar todos los resquicios de oscuridad de nuestras almas?

Querido Jesús, por favor hazme libre de toda atadura. Haz que mi carácter sea como el tuyo para que pueda caminar en la luz.

DESTINO MAGNÍFICO

Nos hemos convertido en su poesía, un pueblo creado de nuevo que cumplirá el destino que Él nos ha dado a cada uno porque estamos unidos a Jesús, el Ungido. Aún antes de que naciéramos, ¡Dios planeó nuestro destino por adelantado y las buenas obras que haríamos para cumplirlo!

Efesios 2:10 TPT (Traducción libre)

Todos los hombres tienen un destino magnífico que Dios ha planeado para su vida. Ninguno está condenado a vivir una vida insignificante o aburrida; sus vidas son herramientas únicas que Dios quiere usar para dar gloria y honor a su nombre. Pablo dice: «Nos hemos convertido en su poesía». Somos expresiones hermosas de la Palabra de Dios. «Aburrida» no es una de las palabras que se usan para describir la vida de los hijos de Dios.

Según Pablo, somos «un pueblo creado de nuevo que cumplirá el destino que Él nos ha dado a cada uno». ¿Cuál es el destino que hemos tenido miedo a aceptar? ¿Qué es aquello en lo que nos ha dado tanto miedo fracasar que ni lo hemos intentado? Dios está con nosotros para hacer frente a cada aventura. Él quiere que seamos hombres llenos de pasión, acción y sentimientos, y no hombres que se sientan en el sofá a ver la vida pasar.

Amado Jesús, antes de nacer tú ya habías planeado las cosas grandes que haría a través de ti. Por favor, haz algo increíble en mi mente y en mi corazón hoy.

DOLOR SIN FRUTO

Si el Señor no edifica la casa,
en vano se esfuerzan los albañiles.
Si el Señor no cuida la ciudad,
en vano hacen guardia los vigilantes.

Salmos 127:1 NVI

Si vamos a atravesar tribulación o pruebas, que sea por una buena razón. Experimentar dolor sin recoger una recompensa de fe es una pérdida doble, pero suele ser el dilema en el que nos encontramos muchas veces. Edificamos nuestras casas frágiles y cuidamos nuestras ciudades inseguras como si nuestros esfuerzos pudieran conseguir algo. No podemos conseguir nada si no es por el poder de Dios, y el dolor de hacer las cosas solos no es un dolor que Él quiso que experimentáramos.

El salmista dice: «Si el Señor no cuida la ciudad, en vano hacen guardia los vigilantes». Esto también es cierto para el corazón, la mente y el alma. Si no confiamos en el Señor en fe, nuestros intentos de resistir la tentación, buscar honor y ganar sabiduría no tendrán fruto. Esto lo podremos conseguir solo por fe y no por nuestros esfuerzos o por nuestra vigilancia. Jesús quiere nuestros esfuerzos solamente mientras los ofrezcamos a Él.

Oh Jesús, ¿por qué intento hacer por mi cuenta lo que solo tú puedes hacer? Enséñame a entregar mi trabajo como una ofrenda a ti. Por favor, bendícelo y guárdalo.

APLASTADOS POR EL PECADO

Cristo nos libertó para que vivamos en libertad. Por lo tanto, manténganse firmes y no se sometan nuevamente al yugo de esclavitud.

GÁLATAS 5:1 NVI

El pecado no es libertad. Abandonar los planes que Dios tiene para nosotros y ceder a la tentación no es libertad. Es el peso más pesado del yugo de la esclavitud que podemos cargar, y somos demasiados débiles para llevarlo sin que nos aplaste. Cuando un hombre cede a la tentación, el enemigo lo hace sentir como si estuviera alcanzando su mayor destino; sin embargo, lo que está haciendo realmente ese hombre es rendirse a su enemigo para ser despedazado y destruido.

Pablo nos ha amonesta, diciéndonos: «manténganse firmes». Debemos estar firmes hoy contra la esclavitud. Tal vez eso implique resistir la tentación sexual o alguna antigua vía de escape, pero también podría ser otra cosa. Tal vez nuestra tentación es acceder ante el legalismo y apartarnos de la fe. Tal vez somos tentados con el orgullo, y el yugo de esclavitud que queremos es el de un estatus superior o respeto. Fija tus ojos en Jesús de nuevo; Él es el único yugo ligero y bueno.

Oh Señor Jesús, por favor dame la fuerza para mantenerme firme contra las obras del diablo. Él acecha mi vida, y no quiero escuchar sus mentiras.

VIVA Y EFICAZ

Sin duda, la palabra de Dios es viva, eficaz
y más cortante que cualquier espada de dos filos.
Penetra hasta lo más profundo del alma y del espíritu,
hasta la médula de los huesos, y juzga los pensamientos
y las intenciones del corazón.

Hebreos 4:12

El autor de Hebreos describe la Palabra de Dios como un arma cortante y afilada. Dice que «penetra hasta lo más profundo del alma y del espíritu, hasta la médula de los huesos». Estamos hablando de un poder increíble; mucho más allá del poder que la mayoría de personas le atribuirían a la Escritura. Hace falta pararse un momento para procesar y apreciar realmente el significado de estas palabras y el cambio monumental que puede ocurrir a través de la Palabra de Dios. ¿Qué significa que la Palabra de Dios sea «viva y eficaz»?

Cuando interactuamos con la Palabra de Dios, hacemos algo más que solo leer un libro. Estamos leyendo un material vivo y eficaz que puede comunicarse con nosotros más allá del contexto de su audiencia original. Podemos decidir leer la Escritura por obligación, marcando los capítulos como completados, o podemos profundizar en la riqueza de lo que Dios tiene que decirnos. A Él le gustaría poder equiparnos con su conocimiento cortante e incisivo si tan solo lo escuchamos.

Querido Jesús, por favor trabaja en mí a través de tu santa Palabra. Toma los capítulos y los libros de la Biblia y haz de ellos mis fieles compañeros.

MAYO

«El Señor mismo peleará por ustedes.
Solo quédense tranquilos».

Éxodo 14:14

LLAMADOS A VIVIR EN PAZ

Y que la paz que viene de Cristo
gobierne en sus corazones.
Pues, como miembros de un mismo cuerpo,
ustedes son llamados a vivir en paz.
Y sean siempre agradecidos.

COLOSENSES 3:15

Sin Dios, nuestro mundo es un mundo sin paz. Está dividido y fracturado. Antes de que Dios entrara en nuestros corazones, vivíamos en dolor y con dificultades; no estábamos en paz. Milagrosamente, Él nos llamó a su paz aunque no la merecíamos y no teníamos derecho a reclamarla. La paz que Cristo da es un bálsamo sanador que cura todas las heridas. Deberíamos apreciarlo más que cualquier placer de esta tierra.

Esta amonestación de Pablo va acompañada de un mandamiento: «sean siempre agradecidos». La clave para dejar que la paz controle nuestros pensamientos se encuentra en el agradecimiento. Si somos agradecidos por lo que tenemos, no estaremos molestos por lo que no tenemos. Si somos agradecidos, no tendremos la necesidad de quejarnos o perder los papeles. Un hombre de paz es un hombre que tiene un corazón agradecido y ojos enfocados en lo que tiene en lugar de lo que le falta.

Querido Jesús, gracias por el aire que respiro y la vida que me has dado. Hazme un hombre de paz por el bien de aquellos que me rodean.

PAZ Y JUSTICIA

Y los que procuran la paz sembrarán semillas de paz
y recogerán una cosecha de justicia.

Santiago 3:18

No sabemos cuán valiosas son la paz y la justicia hasta que las experimentamos. Cuando ya no nos rodea el conflicto y no tenemos que batallar con el caos en nuestras interacciones, la vida es más saludable. Esto no es solo por nuestro bien, sino también por el de aquellos que nos rodean. La paz y la justicia le dan a la gente espacio para crecer. Dentro de la familia de Cristo debería haber un ambiente de apoyo y relaciones saludables.

Fuera de la iglesia, es de esperar que haya falta de paz y justicia porque no se practica la verdad del evangelio. Al actuar de manera que este ambiente de paz sea una realidad también fuera de la iglesia, avanzamos el evangelio. Al ser hombres de paz, nos convertimos en promotores del evangelio de paz. Esto, a su vez, produce la cosecha de justicia de la que habla Santiago.

Amado Jesús, por favor hazme promotor de la paz en el mundo. Ayúdame a mostrar esta paz a los demás en mi vida personal también.

CORAZÓN DIVIDIDO

Me buscarán y me encontrarán
cuando me busquen de todo corazón.

JEREMÍAS 29:13 NVI

Si divides tu corazón entre metas que compiten entre sí, Jesús no participará de esa competición. Él no compartirá el trono de tu corazón con otros dioses y no permitirá que lo encuentres mientras buscas otra cosa al mismo tiempo. Jesús no está buscando un corazón dividido, sino un corazón que solo anhela una cosa: al Salvador. Jesús promete entregarse a las personas que tengan un corazón así. Él promete entregar todo de sí mismo sin costo o sacrificio por nuestra parte.

¡Qué bendición es recibir lo que pedimos! No somos como aquellos que dan a luz viento o persiguen fantasmas. Somos parte de un sacerdocio que busca y encuentra lo que busca. Nuestra meta no es cuestionable en su naturaleza ni está sujeta al cambio; está siempre disponible y desea que la persigamos de todo corazón. En este día, dale gracias a Dios por el gozo de vivir con propósito en lugar de confusión.

Querido Jesús, por favor acepta mi corazón al completo. Tómalo y úsalo para tu gloria. Lo único que quiero, Señor, es honrarte y adorarte en todo lo que pueda.

CUIDADOR SANTO

Me diste vida y me mostraste tu amor inagotable,
y con tu cuidado preservaste mi vida.

Job 10:12

A los soldados heridos se les asignan médicos que los atiendan. No se espera que se curen y sanen sus propios cuerpos, sino que el cuidado se le confía a un experto. Jesús es nuestro médico experto. Como hombres cristianos, la tentación y las dificultades nos sacuden, y nuestra fuerza es minúscula en comparación con las luchas que enfrentamos. Necesitamos un cuidador santo que sea lo suficientemente bueno y poderoso para sanar nuestras heridas y cuidar nuestras vidas.

Todos los hombres tienen heridas. Para algunos, son expectativas inalcanzables de sus seres queridos; para otros es el autodesprecio que sienten por sus errores y pecados. Estas heridas pueden ser santificadas, y no tienen por qué ser reprimidas u olvidadas. Jesús puede utilizar estas heridas y ayudarnos a entenderlas en lugar de temerlas. Él puede darnos la sanidad que casi ni nos hemos atrevido a imaginar.

Señor, hace mucho tiempo que necesito a alguien que sienta mi dolor y me sane. Sé esa persona, mi Señor y cuidador santo.

PRUEBAS

Te daré los tesoros de las tinieblas
y las riquezas guardadas en lugares secretos,
para que sepas que yo soy el Señor,
el Dios de Israel, que te llama por tu nombre.

Isaías 45:3 NVI

Dios se ocupa de darnos confianza en nuestra fe. Él nos da experiencias y testimonios que no se pueden explicar sin reconocer la obra de su mano todopoderosa. Isaías declara: «Te daré los tesoros de las tinieblas y las riquezas guardadas en lugares secretos». ¿Qué son estos tesoros y riquezas escondidas? ¿Qué las hace tan valiosas, y por qué Dios nos las da?

Estos tesoros y riquezas antiguas son las bendiciones que recibimos al caminar fielmente con Dios. En este versículo Dios se dirigía a Ciro, su conquistador ungido. Dios le prometió éxito en sus hazañas y estuvo dispuesto a demostrar que la fe de Ciro no era en vano por medio de pequeños éxitos. En nuestra vida, nos damos cuenta de que Dios nos bendice con sus tesoros y riquezas para confirmar nuestra fe, pero no siempre será como esperamos. Podrían ser pequeños momentos de paz o provisiones sencillas que necesitamos desesperadamente.

Querido Señor, por favor dame fe en el camino que tú has trazado para mi vida. Gracias especialmente por las pruebas de confirmación que encuentro por el camino. Que mis ojos estén abiertos para verlas.

SECRETOS SUCIOS

Pues todo lo secreto tarde o temprano se descubrirá,
y todo lo oculto saldrá a la luz
y se dará a conocer a todos.

Lucas 8:17

Un peligro común para los hombres cristianos es poner una fachada. Sí, hemos sido salvos por fe y gracia de todos nuestros pecados, pero es mucho más fácil hablar de la teoría sin mencionar los pecados que hemos cometido en privado. Eso sería demasiado desagradable, nos decimos a nosotros mismos, así que metemos el pecado en el armario para lidiar con él a solas en lugar de dejar que moleste a las personas que nos rodean.

Nuestro pecado, sin embargo, les molestará igualmente. Si nuestros corazones tienen pecado, aquellos que nos aman lo notarán y les preocupará. Si nuestro pasado tiene pecados, aquellos que nos aman seguramente quisieran saberlo y no nos rechazarán por ello. Jesús nos advierte que «todo lo secreto tarde o temprano se descubrirá», pero ¿cuán difícil es vivir a la luz de la verdad? ¿Cuántos de nosotros estamos dispuestos a sacar a la luz nuestros secretos sucios para sanar y cambiar?

Amado Jesús, dame la valentía de no vivir en privado. Dame la fuerza para reconocer mis pecados y errores con aquellos que me aman. Quiero conquistarlos en la luz.

FE CONSTANTE

Esta es la oración al Dios de mi vida:
que de día el Señor envíe su amor
y de noche su canto me acompañe.

Salmos 42:8 NVI

Las inhibiciones del hombre se debilitan de modo natural cuando se cansa y se acerca la noche. Esta es la razón detrás de muchas de las cosas lamentables que hacemos en las tardes y en la noche. Cuando el alcohol o el cansancio hacen su efecto, las cosas que sabemos que no debemos hacer a la luz del sol comienzan a parecer moralmente neutras. El hecho de que nuestras inhibiciones se debiliten por cualquier razón no significa, sin embargo, que estemos atados al pecado. Solo significa que debemos actuar como este salmo nos aconseja que actuemos.

Este salmo de los hijos de Coré pide «que de día el Señor envíe su amor y de noche su canto me acompañe». El salmista está diciendo que el amor de Dios es enviado a través de acciones y planes, y en la noche mientras descansamos, el salmista sigue con el Señor en espíritu. Los cantos y las oraciones del salmista mantienen su mente centrada en Dios en lugar de vagar a temas oscuros que no merecen su atención.

Oh Señor, por favor trabaja en mí mientras camino y mientras duermo. Enséñame a ser fiel en todo tiempo y especialmente cuando no sea así por el momento del día.

IDENTIDAD

Si tratas de aferrarte a la vida, la perderás,
pero si entregas tu vida por mi causa, la salvarás.

MATEO 16:25

Los hombres con la seguridad más firme de quiénes son en Cristo normalmente dejaron atrás su ego hace mucho tiempo. No dejaron de ser asertivos ni se volvieron tímidos, pero se entregaron por la causa de Cristo. Cristo quiere que encontremos nuestra identidad en Él, pero esto no es posible cuando nos aferramos a una imagen inflexible de quiénes creemos que somos. Si nos ponemos a la defensiva cuando alguien cuestiona nuestra identidad o la insulta, entonces no hemos cedido verdaderamente el control de nuestras vidas por causa de Cristo.

La identidad no es algo que deba ser ignorado. Hacen falta oración y fe para confiar en la identidad de Dios para nosotros en lugar de la nuestra propia. Nadie puede vivir sin saber quién es, y adoptar una nueva identidad en Cristo suele ser un proceso arduo y largo lleno de dudas y revelaciones. No pasa nada por estar incómodos y tomarnos nuestro tiempo para alcanzar a Cristo.

Oh Señor, mi identidad está en ti. Muéstrame lo que esto significa y guíame mientras suelto mi propia versión de mí mismo.

ESPERAR Y ESTAR LISTO

Pues todo lo puedo hacer por medio de Cristo, quien me da las fuerzas.

FILIPENSES 4:13

La mayoría de los hombres cristianos reconocen que pueden hacer cualquier cosa por medio de Cristo, pero pocos de ellos están dispuestos. Si poder hacer todo por medio de Cristo significa dolor y sacrificio, ¿seguimos estando dispuestos a hacerlo? ¿Sigue siendo inspiracional el versículo cuando pensamos en los sacrificios que tenemos que hacer para que se cumpla la totalidad de la verdad que encierra? Sí, podemos hacer cualquier cosa por medio de Cristo, pero el camino es angosto y difícil.

Dios quiere hombres que no se dejen controlar por la comodidad, sino que sean dueños de su dolor y sufrimiento. Esto solo es posible confiando en el plan de Cristo y sabiendo que todo saldrá bien incluso cuando las cosas se pongan difíciles. Él no necesita que seamos superhéroes que esperan listos para actuar cuando Él llame. Solo necesita nuestra confianza; Él nos dará la fuerza que necesitamos para cumplir las tareas que tenemos por delante.

Querido Jesús, el camino que tengo por delante es duro, y no estoy seguro de si podré tomar la decisión de seguir adelante. Ayúdame a tomarla, Señor, y dame la fuerza que necesito.

SABIDURÍA Y TRABAJO

Las palabras sabias producen muchos beneficios,
y el arduo trabajo trae recompensas.

PROVERBIOS 12:14

Un buen hombre cuida su mente y su cuerpo por medio de la sabiduría y el trabajo. Se apoya en la sabiduría en muchos sentidos. Por medio de la sabiduría, impide que su mente caiga en esclavitud. La sabiduría lo ayuda a ver el camino que el Señor ha abierto, manteniendo sus ojos enfocados en su Salvador. Por medio de la sabiduría, un hombre puede entender todo aquello que lo rodea, incluidas las personas. Como dice el versículo: «Las palabras sabias producen muchos beneficios», y cualquier hombre que acepte esto se dará cuenta de que es verdad.

Los beneficios del trabajo duro están reservados para los indomables. Si estamos dispuestos a morir a nosotros mismos y levantarnos cada mañana listos para enfrentar el día, obtendremos una resiliencia mental que va más allá de la fuerza física. En lugar de ser blandos y fácilmente influenciables, nuestras mentes se afilarán como espadas listas para hacer frente a cualquier adversario y cualquier reto terrenal. El trabajo duro es más un regalo para nosotros que para las personas a las que apoyamos por medio de él.

Oh Señor soberano y grande, gracias por los regalos de sabiduría y trabajo. Te alabo en este día por los retos que tienen la finalidad de fortalecerme.

LLENO DE GOZO

Pero que se alegren todos los que en ti se refugian;
que canten alegres alabanzas por siempre.
Cúbrelos con tu protección,
para que todos los que aman tu nombre
estén llenos de alegría.

Salmos 5:11

Podemos vivir vidas de paz y gozo. No tenemos por qué vivir en culpabilidad y vergüenza por nuestro pasado, sino que podemos regocijarnos plenamente en la redención de nuestro Salvador. Todo el mal que les hicimos a los demás y a nosotros mismos ha sido perdonado. Nuestro pasado ha sido borrado. Las peores cosas que hicimos ya no nos definen porque hemos sido hechos nuevos en Cristo. Podemos glorificarlo y adorarlo con gozo en nuestra nueva identidad. Sí, las bendiciones que el salmista proclama en este versículo son ciertas para todos y cada uno de nosotros.

El salmista le pide al Señor: «Cúbrelos con tu protección». Pide protección porque no puede regocijarse o cantar de alegría si no está seguro de estar a salvo. Pero sabe que está a merced de Dios y que un sinfín de cosas podrían aplastarlo si Dios lo permitiera. Nosotros deberíamos tener la misma mentalidad, sabiendo que nuestra seguridad no depende de nosotros sino del Señor.

Oh Señor, por favor lléname de gozo. Recuérdame la gloria de ser un hijo de Dios, y te glorificaré por ello.

SIN EXCUSAS

Pues, desde la creación del mundo, todos han visto los cielos y la tierra. Por medio de todo lo que Dios hizo, ellos pueden ver a simple vista las cualidades invisibles de Dios: su poder eterno y su naturaleza divina. Así que no tienen ninguna excusa para no conocer a Dios.

ROMANOS 1:20

No hay excusa para aquellos que rechazan la oferta de Dios de salvación. Incluso cuando el testimonio humano falla y los cristianos difaman el nombre de Dios, «los cielos y la tierra» están ahí para dar testimonio de su amor. La existencia continuada del mundo es un testimonio del poder eterno y la naturaleza divina de Dios. Él se ha hecho visible a través de la creación de maneras muchas veces más claras que las palabras de los hombres.

Después de aceptar a Cristo en nuestros corazones, aún ponemos excusas para el fracaso. Cuando pedimos perdón, muchas veces solo le pedimos a Dios que nos perdone porque no supimos hacerlo mejor. Pero Dios, más que excusas, quiere cambio. Quiere hombres que no se conformen con su estado falible, sino que busquen la perfección. ¿Estamos listos para ser hombres que no ponen excusas? Es un estándar elevado al que acogerse, pero hace que la gracia de Dios sea aún más preciosa para nosotros.

Querido Jesús, por favor perdóname por las veces que he puesto excusas en lugar de arrepentirme. Me niego a vivir con mi pecado.

AMOR PELIGROSO

Grábame como un sello sobre tu corazón;
llévame como una marca sobre tu brazo.
Fuerte es el amor, como la muerte;
el celo, inconmovible como el sepulcro.
Como llama divina es el fuego ardiente del amor.

CANTARES 8:6 NVI

El amor puede causar niveles extremos de euforia y destrucción. Puede tomar a los más abatidos y convertirlos en reyes, pero también puede romper familias y destruir la paz. El amor es una decisión radical de poner las necesidades de otro por encima de las nuestras, y está acompañada de niveles emocionales poderosos que queman «como llama divina». Es imposible saber hasta dónde pueden llegar esas emociones cuando no permitimos a Dios entrar en nuestro amor.

La novia de Salomón le canta un canto de devoción e intimidad tierna. Quiere estar atada a su novio mediante una promesa duradera. Sus palabras están llenas de pasión, sí, pero también de una fidelidad muy distinta a la mayoría de ejemplos de amor romántico que vemos hoy en día. ¿Cómo sería si nos entregáramos de este modo a nuestras relaciones románticas? ¿Cómo sería tener tal pasión por nuestras esposas o incluso por la vida misma?

Querido Jesús, hazme un hombre de amor. Hazme un hombre que vive con pasión y celo inquebrantables por tu plan para que pueda conocer tu corazón.

DESCANSO EN LA ADVERSIDAD

Dios es tu confianza en momentos de crisis,
el que da descanso a tu corazón en cualquier situación.

PROVERBIOS 3:26 TPT (TRADUCCIÓN LIBRE)

La mayoría de nosotros evita la adversidad. Cuando no estamos cómodos buscamos estarlo, pero acostumbrarnos a lo cómodo puede llevarnos a temer la adversidad o hacer que cualquier tipo de incomodidad nos resulte insoportable. Tal vez pensemos que no nos importan las dificultades, pero aquellos a nuestro alrededor podrían decir que nuestro carácter fuerte y nuestras quejas dicen lo contrario. Tener «descanso [en] tu corazón en cualquier situación» implica tener un espíritu de contentamiento que dé testimonio de la esperanza en nuestro interior.

¿En qué clase de dificultad o adversidad no estamos contentos? Podría ser cualquier cosa, pero lo más seguro es que sea algo que nos frustra o que arruina nuestro día. En esas situaciones, debemos orar para que Dios sea nuestra confianza y que Él nos dé descanso en cualquier situación. Necesitamos que Dios nos transforme en hombres que gobiernan sobre su mal genio en lugar de ser dominados por él.

Querido Jesús, por favor trabaja en mi corazón para darme contentamiento en cualquier situación. Sé mi paz y mi confianza.

PROMESA

Las promesas del Señor son puras
como la plata refinada en el horno,
purificada siete veces.

Salmos 12:6

A diferencia de las promesas humanas, las promesas de Dios son tan perfectas como la fidelidad de su provisión sobre la tierra. Cada día que sale el sol en la tierra es una renovación de la fidelidad de Dios, por lo que cada promesa de la Escritura es indestructible. Este es el mismo nivel de verdad resiliente que encontramos en el Señor, quien en la eternidad ha sentido el dolor continuo de la infidelidad del hombre.

El salmista dice: «como la plata refinada en el horno, purificada siete veces». En las promesas del Señor no hay ningún error. Ni siquiera a nivel microscópico hay algún resquicio de engaño. Sus promesas son puras, confiables sin medida, y debemos confiar en ellas. Para creer en ellas, sin embargo, debemos conocerlas; y para conocerlas debemos leer su Palabra. ¿Qué nos detiene de habitar diariamente en las promesas del Señor?

Amado Dios, ¡tú eres fuerte y puro! Gracias por la salvación, la seguridad y el amor que me has prometido.

LAS ACCIONES HABLAN POR SÍ MISMAS

«Así es, de la misma manera que puedes identificar un árbol por su fruto, puedes identificar a la gente por sus acciones».

MATEO 7:20

Si solo tuviéramos nuestras acciones para demostrar nuestro amor, ¿cómo actuaríamos? Sin palabras de afirmación o cumplidos que ofrecer, tendríamos que ser creativos. La verdad es que nuestras acciones son nuestra manera principal de demostrar nuestro carácter. En el versículo de hoy, Jesús dice que podemos «identificar a la gente por sus acciones», y sus palabras son igual de ciertas hoy que antiguamente. Es inútil crear un personaje mediante nuestras palabras y comportamientos si nuestras acciones y nuestros corazones no están en el lugar correcto.

Hoy, pídeles a aquellos más cercanos a ti que te digan qué les dicen tus acciones. A menudo, no nos conocemos a nosotros mismos, ni la mitad de lo que creemos, y por esa razón las opiniones externas tienen mucho valor. Nuestras palabras, acciones y opiniones de nosotros mismos deberían coincidir. Solo entonces podemos ser modelos de justicia para quienes nos rodean.

Querido Jesús, sé que nunca podré llegar a alcanzar tu concepto perfecto de justicia, pero quiero producir los frutos de justicia que surgen del arrepentimiento y una vida de fe. Hazme más parecido a ti en pensamiento, palabra y hecho.

DIGNOS DE AMOR

«Yo los amo a cada uno de ustedes con el mismo amor con que el Padre me ama a mí. Deben dejar que mi amor alimente sus corazones sin cesar».

JUAN 15:9 TLP

Los hombres no reciben suficiente amor tierno en nuestra sociedad. Algunos podrían pensar que nuestra sociedad es demasiado blanda, pero lo contrario es cierto. Las personas nos desprecian por nuestros defectos o nos muestran un amor falso al que no le importa nuestro pecado y que nos deja sintiéndonos perdidos y sin poder crecer. El amor que Jesús tiene por nosotros rebosa de compasión y aceptación por quienes realmente somos, y aparta todo el pecado que está incrustado en nuestras almas.

Uno de los principales obstáculos para nuestro crecimiento cristiano es pensar que no somos dignos de amor. Sí, hemos oído que Jesús nos ama, pero a la luz de nuestra vergüenza y las imágenes repulsivas de nuestro pasado en nuestra mente, ¿quién podría amarnos de verdad? Decimos que Jesús nos ama, pero en secreto lo dudamos. La mejor manera de crecer y convertirnos en los hombres que nuestro mundo necesita es saber que somos dignos de amor y que Jesús nos ama.

Querido Jesús, arranca la corteza de pecado que ahoga mi corazón. Hazme saber, en lo profundo de mi ser, que tú me amas aun estando quebrado.

SÉ EXALTADO

Humíllense delante del Señor
y él los exaltará.

SANTIAGO 4:10 NVI

Al humillarnos, exaltamos a Cristo. Cuando dejamos a un lado nuestra propia fama, proclamamos la suya. Él merece la alabanza y la gloria, y cuando aprendemos esto aprendemos el contentamiento. Nuestro mayor gozo no se encuentra en que Dios nos exalte, sino en que nos humille para poder disfrutar de su exaltación. Si Él nos exaltara sin humillarnos, nuestro gozo estaría contaminado por el orgullo y por ideas equivocadas.

¿Qué significa humillarnos? ¿Qué podemos hacer para ser más humildes hoy? Podría ser ir a la casa de al lado para ayudar a un vecino o responder amablemente a un correo electrónico maleducado. Para algunos hombres implica aprender a escuchar más que hablar. Sea lo que sea, las maneras en que podemos humillarnos son nuestro camino hacia la exaltación y el gozo.

Oh Dios, solo tú puedes exaltarme. Por favor, no me exaltes antes de enseñarme a ser un hombre de humildad y servicio. Enséñame a vivir en humildad delante de ti.

RÍO DE DIOS

Pues estoy a punto de hacer algo nuevo.
¡Mira, ya he comenzado! ¿No lo ves?
Haré un camino a través del desierto;
crearé ríos en la tierra árida y baldía.

Isaías 43:19

Hay muchas razones por la que los ríos no fluyen por tierras áridas y baldías. El agua que lleva el río podría perderse por la evaporación o hundirse en la arena dejando sin agua el final del cauce del río. Para que un río pueda correr por un desierto, el agua que fluye de la fuente del río debe sobreabundar. Isaías declara que Dios creará uno de esos ríos y que traerá una abundancia de «algo nuevo» a los lugares en los que solo hay cosas viejas y desolación.

Cuando Dios nos bendice, a menudo lo hace en las áreas que más lo necesitamos; bendice nuestros desiertos trayendo agua. Trae sanidad a las partes más quebradas de nuestros corazones. Trae comida a los que tienen más hambre. Él trae compañía y consuelo al hombre que se siente solo e incomprendido. Dios es un Dios de cosas nuevas que está listo para actuar de maneras que no esperamos.

Oh Dios del cielo, dame fe para los ríos venideros. Dame confianza en tu camino y en tus obras. Estoy seguro de que harás lo que has prometido; solo tengo que esperar.

AMOR APASIONADO

Mostraré mi amor a aquellos que me aman apasionadamente, porque ellos buscarán y buscarán hasta que me encuentren.

PROVERBIOS 8:17 TPT (TRADUCCIÓN LIBRE)

El amor de Dios se revela a «aquellos que… aman apasionadamente» a su Dios. Hay pocas cosas que Cristo aborrezca más que las personas tibias. Si vamos a hacer algo, Él quiere que invirtamos la totalidad de nuestra hombría en la tarea. Quiere que sus hijos busquen y busquen hasta que lo encuentren. ¿En qué situaciones hemos llegado a este estándar de vida, pasión o propósito?

Si deseamos ver y comprender el amor de Dios, solo tenemos que buscarlo. Es un camino recto pero es difícil. Hace falta valentía, determinación, y un impulso infinito basado en una profunda apreciación del Señor. Ser un hombre cristiano es ser un creyente de todo corazón con quien los demás pueden contar. Ser hombre es buscar continuamente.

Oh Dios de la vida, en este día lléname para enfrentar la batalla. Sin ti no soy nada, y necesito tu sangre en mis venas.

A NUESTRO LADO

Mi confianza no será movida,
porque tú estás cerca de mí y siempre estás disponible.
Tu presencia me envuelve en todo momento.

Salmos 16:8 TPT (Traducción libre)

Los Salmos son un tesoro de oraciones íntimas entre el hombre y Dios, y el versículo de hoy no es una excepción. El salmista alaba a Dios por su cercanía o su «presencia que envuelve». Dios está cerca de nosotros y siempre está disponible. Él nunca tarda en llegar. Como testifica el salmista, esa es nuestra fuente de confianza. Da igual quién intente hacernos daño o lo fuerte que sea; nada puede separarnos del amor de Dios o hacer menguar su poder.

La otra cara de la presencia de Dios es que a veces nos resulta inconveniente que Él siempre esté cerca. Las cosas que hacemos en la oscuridad o en nuestra mente, cuando creemos que podemos pensar y hacer lo que queramos, siguen estando expuestas al ojo observador de Dios. Los actos de impureza sexual, engaño, y nuestros pensamientos orgullosos nunca pasan desapercibidos para nuestro Señor omnipotente.

Oh Dios, gracias por tu cercanía y fidelidad. Gracias por envolverme siempre con tu protección y provisión. Por favor, despeja hoy la oscuridad de mi mente.

PAZ INTENCIONAL

Esfuércense por vivir en paz con todos
y procuren llevar una vida santa,
porque los que no son santos no verán al Señor.

HEBREOS 12:14

La paz y la santidad no llegan a los que no las quieren. La paz puede ser una realidad en nuestras mentes y en nuestras relaciones interpersonales, y la santidad solo puede verse reflejada en nuestras relaciones cuando existe en nuestros corazones. El autor de Hebreos nos dice: «Esfuércense por vivir en paz», porque la paz es importante para Dios. Él no puede convivir con el pecado, pero sí puede hacerle frente tranquilamente y ganar.

No vivir en santidad es vivir separados de Dios. No podemos estar cerca de Él si no somos santos; toda su esencia rechaza lo que no es santo. En el momento en que buscamos la satisfacción en nuestras adicciones o ídolos es el momento en que perdemos la presencia de Dios de nuestros corazones. Él no vivirá en un corazón que haya puesto otra cosa en su trono, porque su celo por nosotros es santo.

Oh Dios, te entrego mi corazón y mi mente. Hazme santo y utiliza mis palabras para llevar paz a todas las situaciones.

EVIDENCIA

En cambio, la clase de fruto que el Espíritu Santo produce en nuestra vida es: amor, alegría, paz, paciencia, gentileza, bondad, fidelidad.

GÁLATAS 5:22

Ante el mundo podemos mostrar una fe falsa, pero Dios y aquellos más cercanos a nosotros verán la mentira porque no verán amor, alegría, paz, paciencia, gentileza, bondad o fidelidad. Solo la fe genuina puede producir esa evidencia. Sin fe, la lujuria toma el lugar del amor, el placer toma el lugar de la alegría, la apatía el de la paz, y aparecen un sinfín de falsificaciones de las virtudes que Dios nos daría si se lo pidiéramos.

Cuando miramos nuestras vidas, ¿qué fruto del Espíritu nos falta? Todo hombre es la mejor versión de sí mismo cuando tiene en su interior la totalidad del fruto del Espíritu. Cuando es el hombre que Dios quiere que sea, el Espíritu Santo producirá el fruto que falta en su vida para que otros sepan que Dios está actuando en Él.

Oh Jesús, por favor dame una fe sincera que produzca el fruto del Espíritu que no puedo encontrar en ningún otro lugar. No puedo fingir que tengo esas virtudes, así que por favor haz que crezcan en mi interior.

UNA RIQUEZA DIFERENTE

Dios es tan rico en gracia y bondad
que compró nuestra libertad
con la sangre de su Hijo
y perdonó nuestros pecados.

EFESIOS 1:7

Tanto el mundo como la iglesia espera que los hombres acumulen riquezas. Ante los ojos de los demás, somos la mejor versión de nosotros mismos cuando proveemos para nuestra familia, nos ocupamos de su futuro y les damos seguridad financiera. Esta presión puede ser una carga pesada que aplaste al hombre y le quite las ganas de vivir. Jesús mismo sintió la presión de tener que proveer para su familia global, pero decidió proveerlos de una riqueza diferente. Decidió ser rico en bondad y gracia y bendecir a sus hijos con la riqueza de la virtud incluso cuando no les da riqueza material.

¿Cómo sería ir tras una riqueza diferente? ¿Qué pasaría si los demás nos conocieran como hombres ricos en virtudes aunque fuéramos pobres en lo material? Dios nunca nos prometió riquezas materiales, pero sí nos dijo que siempre podríamos contar con las riquezas del Espíritu. Tal vez nuestra ansiedad disminuya cuando dejemos de buscar las riquezas equivocadas.

Oh Dios, ¿por qué he estado buscando la riqueza equivocada? Recuérdame la verdadera riqueza y tu vida de pobreza material.

CON TODA EL ALMA

Espero al Señor, lo espero con toda el alma;
en su palabra he puesto mi esperanza.

Salmos 130:5 NVI

Cuando esperas al Señor, ¿lo esperas con toda tu alma? ¿Llenas tu mente con su Palabra o con tus propias palabras? Esperar en el Señor implica una mentalidad activa y vigilante. No es una tarea fácil; implica fijar nuestra voluntad en el plan futuro de Dios y ver cómo se va cumpliendo. El salmista esperó al Señor con su corazón, su mente y su alma. ¿Están nuestras vidas llenas de oración y paciencia, o de ansiedad e impaciencia?

Todo el mundo tiene algo por lo que debe esperar. Podría ser desde un ascenso en el trabajo hasta un hijo que esté en camino. El mundo no espera que los hombres sean pacientes o que esperen fielmente en el Señor a que se haga su voluntad. Esperan que los hombres sean producto de sus circunstancias, pero la gloria de Dios hace que el hombre esté por encima de eso. Dios quiere hombres que esperen en Él y confíen plenamente en su poder.

Oh Señor, esperaré en ti. Tomaré las cosas que me preocupan y las pondré a tus pies mientras espero que se haga tu voluntad.

UNA SOLA RESPUESTA

¡En ningún otro hay salvación!
Dios no ha dado ningún otro nombre bajo el cielo,
mediante el cual podamos ser salvos.

HECHOS 4:12

Mientras su alma no se haya sumido por completo en la oscuridad, todo el mundo busca lo mismo. Todo el mundo quiere encontrar significado en medio del caos, entender por qué estamos aquí, y encontrar razones para el dolor y la belleza. El mundo está lleno de respuestas que la gente ha dado a esta pregunta; no hay más que ver todas las religiones que no se basan en Cristo. Todos estamos en un barco que se hunde orando desesperadamente que aparezca un bote salvavidas, pero a veces el salvavidas es difícil de aceptar.

¿Estamos dispuestos a negar todo lo que somos para obtener la salvación? Podemos buscar salvación en otros lugares que no implican morir a nosotros mismos. Podemos buscar la salvación en el trabajo, en la lujuria, el alcohol o los estimulantes e incluso en la salud psicológica, pero solo Dios puede satisfacer nuestra sed. Todos los demás mecanismos de afrontamiento disminuyen su respuesta cuanto más preguntamos. Ser salvado es morir a quienes somos y a todo en lo que nos enorgullecemos. Una vez que todo ha sido quitado y solo queda Dios, veremos que no había otra manera.

Dios, gracias por tu salvación que sacia mi sed. Quita todo mi orgullo y mundanalidad, y hazme tu hijo.

FUERTE EN LA DEBILIDAD

Mi debilidad no es mi derrota, ¡es mi delicia! Porque cuando soy consciente de mi debilidad y soporto el maltrato (cuando estoy rodeado de dificultades por todos lados y enfrento persecución por causa de mi amor por Cristo) me hago aún más fuerte. Mi debilidad se convierte en un portal al poder de Dios.

2 Corintios 12:10 TPT (Traducción libre)

Nuestra debilidad es donde Dios puede ser fuerte en nosotros. Cristo comienza donde termina nuestro orgullo egocéntrico. Como dice Pablo: «Mi debilidad no es mi derrota, ¡es mi delicia!». No es una mentalidad común. A los hombres no se les enseña a deleitarse en la debilidad, ni a «soportar el maltrato» para así hacerse más fuertes. Pablo conoce la verdad: la perseverancia es el resultado de muchos fracasos y no de muchos éxitos.

¿Dónde nos sentimos derrotados por nuestras debilidades? ¿En qué ámbitos el amor de Cristo ha hecho que nos odien, nos menosprecien y nos persigan en todos los sentidos? Este es el ámbito que debemos rendir a Dios para que su poder se manifieste en nosotros. Entonces, podremos crecer en resiliencia en ese poder y no sufrir decepción.

Querido Jesús, me deleito en las áreas en las que no tengo razones para estar orgulloso, para así poder enorgullecerme del modo en que actúas en medio de la debilidad.

RIQUEZA EN LA ESPERA

Ahora bien, la verdadera sumisión a Dios
es una gran riqueza en sí misma cuando uno está
contento con lo que tiene.

1 Timoteo 6:6

Nada bueno llega fácil. Siempre hay un precio, y para los seres humanos el precio suele ser la paciencia. Dios ha hecho que la vida sea así a propósito para producir «la verdadera sumisión a Dios… cuando uno está contento con lo que tiene» en sus hijos. Un hombre que no tiene autocontrol es como una ciudad sin muralla (Proverbios 25:28), ¿y cómo puede un hombre controlar sus emociones y planes si no es a través de la espera? El contentamiento es lo más difícil mientras esperamos, porque no tenemos idea de cuándo dará fruto nuestra espera, si es que lo llega a dar. Cuando aprendemos a confiar en Dios independientemente del resultado, llegaremos a tener este contentamiento y a ser los hombres piadosos que Él quiere que seamos.

Si Dios solo quisiera darnos prosperidad material, no necesitaría hacernos esperar. Nos daría todo lo que queremos inmediatamente. Sin embargo, Dios decide darnos riqueza de espíritu y nos bendice con ella a través de nuestra espera. Hay riqueza en la espera; solo tenemos que encontrarla.

Oh Dios, por favor dame contentamiento en lugar de frustración. Dame la piedad que solo puede obtenerse a través de ti.

ICONMOVIBLE Y DULCE

Por lo tanto, mis queridos hermanos, manténganse firmes e inconmovibles, progresando siempre en la obra del Señor, conscientes de que su trabajo en el Señor no es en vano.

1 Corintios 15:58 NVI

¿A cuántos hombres podemos describir como inconmovibles pero dulces? Los hombres que no permiten que nada los mueva suelen ser tercos e ignorantes, ignorando la virtud de la perseverancia. Jesús permanece firme en su santidad y perfección, pero también es el individuo más misericordioso que haya existido jamás. Él demuestra que esta dicotomía no solo es posible sino también gloriosa en su equilibrio entre fuerza y entendimiento.

Este versículo de Pablo es una llamada a ser fuertes, a trabajar y a permanecer firmes. No deja espacio para los que hacen las cosas a medias o los que están dispuestos a rendirse. Exige que estemos «progresando siempre en la obra del Señor». ¿Qué significa eso para nuestras vidas? ¿En qué cosas vemos que el Señor está obrando y en qué cosas nos hemos echado atrás dejando que nuestros hermanos cristianos recojan la cosecha? Tal vez es el momento de participar de la recompensa que espera a aquellos que buscan al Señor con todo su corazón.

Dios de misericordia, este día es precioso para mí porque es una oportunidad de vivir totalmente para ti. Por favor, trabaja en mi mente y produce en mí la firmeza que necesito para permanecer en ti.

MARCADOS POR JESÚS

Queridos hermanos, amémonos los unos a los otros, porque el amor viene de Dios y todo el que ama ha nacido de él y lo conoce.

1 Juan 4:7 NVI

Cuando amamos como Jesús amó, de manera desinteresada y completa, le mostramos al mundo que hemos sido marcados por Jesús. Demostramos que hemos sido tocados por un poder más alto y tenemos las virtudes de nuestro Señor y Salvador. Ya no estamos atados por el egoísmo de este siglo o el corazón cargado de nuestra sociedad; hemos pasado de largo de estas cosas porque hemos sido redimidos en santidad. Como dice Juan, «todo el que ama ha nacido de él y lo conoce».

Juan les dice eso a sus «queridos hermanos». Él amaba a su audiencia independientemente de las circunstancias. Juan había recibido un amor incondicional de parte de su Salvador y, en consecuencia, amaba a sus hermanos y hermanas incondicionalmente. ¿Estamos dispuestos a ser hombres que aman a aquellos que son difíciles de amar? ¿Estamos dispuestos a dejar a un lado nuestras quejas para amar a las personas a nuestro alrededor que están quebradas o que nos han hecho daño? Jesús hizo eso por nosotros, y no podremos tener nada que ver con Él si no hacemos lo mismo.

Oh Dios, ¡cuánto me has amado! Me has hecho un hombre nuevo, y quiero mostrar esto a través del amor que ahora fluye en mí. Te pido que tu amor brille en mí y te dé gloria.

JUNIO

Señor, escucha mi voz por la mañana;
cada mañana llevo a ti mis peticiones y quedo
a la espera.

Salmos 5:3

ESPÍRITU Y CUERPO

Por tanto, no nos desanimamos.
Al contrario, aunque por fuera nos vamos desgastando,
por dentro nos vamos renovando día tras día.

2 Corintios 4:16 NVI

Somos tanto espíritu como cuerpo, y estos dos lados a menudo suelen estar en guerra. Según Pablo, su carne se iba «desgastando», pero el espíritu dentro de él se iba «renovando día tras día». Es más fácil leer acerca de este nivel de perseverancia que practicarlo. Según Mateo 26:41: «el espíritu está dispuesto, pero el cuerpo es débil». Muchas veces estamos listos y dispuestos en espíritu, pero una vez que nuestra carne comienza a cansarse, nos desanimamos. Solo a través del poder del Espíritu Santo nuestro espíritu puede gobernar sobre la carne y sostenerla en medio de las dificultades.

¿Cómo serían nuestras vidas si no nos desanimáramos? ¿En qué áreas nos desanimamos y nos venimos abajo, estando nuestros cuerpos y nuestras mentes demasiado cansados como para pelear? Los hombres fueron creados para quebrantarse ante el Señor, pero nunca para ser quebrantados por el mundo. Fuimos creados para ser faros de esperanza y perseverancia para aquellos que nos rodean, pero eso solo es posible si caminamos en fe en medio de nuestra tribulación.

Señor eterno, por favor dame la fe para no desanimarme. Dame la fortaleza para mantenerme fuerte en ti aunque mi cuerpo se vaya desgastando.

PODER SIN MEDIDA

Pero cuando venga el Espíritu Santo sobre ustedes, recibirán poder y serán mis testigos.

Hechos 1:8 NVI

Esta promesa era la consolación que Jesús les dio a sus discípulos antes de ascender al cielo. Sin la mano de Dios, sus discípulos estaban indefensos como ya habían comprobado en la crucifixión de Jesús. Todos los discípulos menos uno habían abandonado a Cristo como ovejas descarriadas, porque de repente Él ya no estaba a su lado para apoyarles. Necesitaban un amigo aún más íntimo que Cristo que los apoyara y los mantuviera en el camino correcto, y ese amigo era el Espíritu Santo.

El poder del Espíritu Santo nos da la capacidad de llevar a cabo la misión del evangelio con éxito. Él nos empodera para dejar atrás la vergüenza y el remordimiento y comenzar a tener una nueva esperanza y gloria. Nos muestra que nuestras vidas ya no están definidas por nuestros errores, sino por vivir vidas santas y llenas de amor por Jesús. ¿De qué vestigios de nuestra vida pasada debemos despojarnos para dar lugar al poder del Espíritu Santo? ¿Qué nos está apartando de la vida gloriosa que Dios quiere para nosotros?

Oh Jesús, por favor dame poder sin medida para dejar atrás mi vida pasada y aferrarme a ti. Ayúdame a vivir con esperanza y pasión por ti.

SOLTAR

Un tiempo para llorar y un tiempo para reír.
Un tiempo para entristecerse
y un tiempo para bailar.

Eclesiastés 3:4

Aferrarse a Jesús, buscarlo constantemente y ponerlo primero no significa sentirse siempre apasionado o contento. Cristo no diseñó personas unidimensionales, y espera que a lo largo de nuestra vida nos riamos y también lloremos. Lo que le espera a un hombre que solo está cómodo cuando siente que está consiguiendo algo o luchando por algo y nunca descansa es quemarse.

El hombre con más valor para aquellos que lo rodean es el que aprecia las emociones. Dios diseñó nuestros corazones para sentir un amplio espectro de emociones, y el hombre que se niega a ello también lo negará a otros. Es bueno ser misericordioso con uno mismo, porque es la mejor manera de aprender a ser misericordioso con los demás. ¿Qué área de nuestra vida o qué recuerdo nos negamos a procesar? Tal vez nos hemos estado escondiendo de algo por lo que tenemos que llorar.

Oh Señor, por favor, quédate cerca de mí en medio de las experiencias que pongas en mi camino. No sé vivir sin ti, así que por favor dame fuerzas para este día.

FAMILIAS

Dios decidió de antemano adoptarnos como miembros de su familia al acercarnos a sí mismo por medio de Jesucristo. Eso es precisamente lo que él quería hacer, y le dio gran gusto hacerlo.

EFESIOS 1:5

Todos los cristianos son adoptados en la familia de Dios y unidos a través del amor paternal y fraternal de Cristo. Esta familia no ha sido creada por desesperación o por alguna circunstancia imprevista; es una comunidad planeada de creyentes que a Jesús le produce «gran gusto». La gloria de tener una familia de individuos renovados y redimidos era tan atractiva para Jesús, que estuvo dispuesto a morir para conseguirlo. Este plan, esto que «Dios decidió de antemano», requirió un gran sacrificio. La medida de este sacrificio es la medida en la que Dios desea que seamos parte de su familia.

No todos los hombres son llamados a casarse y crear una familia. Para algunos hombres, la familia que crean no está basada en la genética, sino en el amor y el cuidado. Las comunidades que creamos a nuestro alrededor son reflejos de la comunidad familiar que Dios creó. Las familias no oficiales a nuestro alrededor son un gran motivo de gozo, porque así es realmente como Dios trajo a todos los gentiles a su familia.

Señor, gracias por las familias unidas por sangre o por decisión. Muéstrame quién necesita una familia y cómo puedo suplir esa necesidad.

DESCANSO SAGRADO

«Mi presencia irá contigo,
y Yo te daré descanso».

Éxodo 33:14 NBLA

Cualquier hombre que se niega constantemente a descansar no está actuando como la mejor versión de sí mismo. Dios creó un descanso sagrado para sus santos, y este descanso los renueva para que puedan continuar su trabajo fielmente y con energías renovadas. Sin descanso, las dificultades que nos desgastan no cesan nunca. El descanso no es pereza, y negarse a descansar para trabajar un poquito más no es algo glorioso. El descanso es en sí mismo un tipo de trabajo; requiere dedicación y práctica.

En el versículo de hoy de Éxodo, Dios promete: «Mi presencia irá contigo». Su presencia es la fuente de nuestro descanso. Nos da seguridad y protección para que podamos bajar la guardia. Sin la santa presencia de Dios, estamos a merced de las tentaciones y las pruebas que intentan sacarnos del camino angosto; sin embargo, la presencia de Dios nos rodea y eso nos permite descansar en cualquier momento que Jesús crea apropiado.

Jesús, por favor sigue proveyendo para mí por medio de tu descanso sagrado. Regálame siempre tu presencia para que pueda descansar cuando haya paz y cuando haya peligro.

LEY DE AMOR

El amor completa las leyes de Dios. Toda la ley se puede resumir en un gran mandamiento: «muestra amor a tu prójimo de la misma forma en la que te cuidas y amas a ti mismo».

GÁLATAS 5:14 TPT (TRADUCCIÓN LIBRE)

Así sin más, Pablo toma todo el Pentateuco (los cinco primeros libros de la Biblia) y los resume en una sola palabra: amor. Dios es amor. Él es la imagen perfecta de negarse a uno mismo por el bien de los demás. El corazón de Dios arde con amor por sus amados, y escribió toda la ley para que nosotros pudiéramos tener ese mismo amor. Al mostrarnos nuestra impureza, nos reveló lo que significa amarlo y ser como Él. Ser como Dios es amarlo a Él y a nuestro prójimo de la misma manera que Él nos amó a nosotros.

Como cristianos, muchas veces complicamos las cosas más de lo necesario. Convertimos nuestro caminar cristiano en una lista de cosas que se pueden y no se pueden hacer, y nos frustramos con aquellos que hacen las cosas de manera diferente. Esta es la trampa en la que habían caído los gálatas, y es la razón por la que Pablo los llamó insensatos. Lo más peligroso que podemos hacerle a la santificación es añadir o quitar de lo que Dios quiso que fuera: mostrar amor a nuestro Salvador y a nuestro prójimo.

Querido Dios, por favor enséñame a mostrar amor. Enséñame a cumplir tu ley de la manera más sencilla posible.

QUEDARSE ATASCADOS

Ahora es el momento de progresar más allá del mensaje básico de Cristo y avanzar hacia la perfección. El fundamento sobre el que debemos construir ya ha sido puesto: tenemos que apartarnos de nuestras obras muertas y enfocarnos en la fe en Dios.

HEBREOS 6:1 TPT (TRADUCCIÓN LIBRE)

En Mateo 5:48, Jesús nos dijo que fuéramos perfectos. Él sabía que nunca alcanzaríamos este objetivo, pero eso no significa que quisiera que nos rindiéramos o nos conformáramos con menos. La frase que utiliza el autor de Hebreos es «avanzar hacia la perfección». Es una frase agresiva y que pone el énfasis en el esfuerzo. Con la Palabra de Dios como nuestro fundamento, construimos nuestras vidas para que sean templos cada vez mejores para Jesús. No nos detenemos con las ampliaciones y las renovaciones, sino que, en dependencia santa, nos convertimos en templos de reverencia y santidad.

El versículo dice que «ahora es el momento». No es el momento de quedarse atascados, ser hombres de carácter débil o ser hombres que se conforman. Ahora es el momento de progresar y profundizar en el carácter de Dios. No hay mejor momento que el momento presente. ¿A qué estamos esperando? ¿Necesitamos alguna otra razón aparte de agradar a nuestro Señor y Salvador?

Jesús, tú eres perfecto. Transfórmame en el hombre que quieres que sea. No me conformaré con mis errores; te los entregaré para que los soluciones y me hagas justo.

SOLO LOS PACIENTES

Así que el Señor esperará a que ustedes acudan a él
para mostrarles su amor y su compasión.
Pues el Señor es un Dios fiel.
Benditos son los que esperan su ayuda.

Isaías 30:18

La paciencia es una virtud muy valiosa para Dios; por eso, Él la perfecciona en nosotros a través de tanta espera. Él también espera por nosotros, como dice el versículo de hoy. Una vez que nos apartamos de nuestro orgullo y esperamos en Él, Él estará listo para derramar sus bendiciones sobre nosotros. Su amor y compasión nos esperan, pero debemos apartarnos de nuestro deseo de gratificación instantánea. Su amor y compasión tampoco dejarán de esperar; el Señor es fiel y esperará a que nos volvamos a Él sin importar quiénes seamos.

Teniendo un Dios que abunda en paciencia y fidelidad, somos ricos sin medida. Ninguna persona sobre la tierra nos tuvo en mente durante milenios o vio nuestra existencia desde hace siglos. Nadie más nos ha visto pecar y engañarlo y nos ha seguido amando igual. ¡Dios es rico en amor y paciencia! Él ha preparado sus bendiciones, pero solo para los pacientes de corazón.

Querido Señor Jesús, ¡cuán grande eres en paciencia! Por favor, hazme un hombre lento para la ira que abunda en amor y fidelidad.

ACÉRCATE

Acérquense a Dios
y Dios se acercará a ustedes.

SANTIAGO 4:8

Dios no puede acercarse a un corazón que es hostil hacia Él. No hará las paces con un hombre que no es pacífico. Antes de poder ser redimidos, solemos ser quebrantados y humillados hasta que nuestro orgullo es quitado y estamos dispuestos a acercarnos a Dios. El hombre cómodo y satisfecho no se acerca a Dios. Santiago también dice que Dios nunca rechaza a un pecador penitente. «Dios se acercará a ustedes», dice el versículo. Dios lo hará incondicionalmente.

¿A qué nos estamos acercando? ¿Qué ídolos están sentados en el lugar que le corresponde a la santa presencia de Dios? Podría ser un mecanismo de afrontamiento como el alcohol, o algo más oscuro como la depresión. Sea lo que sea a lo que nos acerquemos, nos amoldaremos a su imagen. Aquello a lo que nos acerquemos nos consumirá, así que es importante que nos acerquemos a lo correcto.

Amado Señor, enséñame a acercarme a ti cada día. Hazme un hombre consumido por tu pasión y tu voluntad en lugar de las mías.

CONFIANZA

Bendito el hombre que confía en el SEÑOR
y pone su confianza en él.

JEREMÍAS 17:7 NVI

Para un hombre, la vida es un juego de confianza. Los hombres que nos rodean nos presionan a estar seguros de nosotros mismos, y sin embargo otras personas nos ridiculizan por ello. Nuestra confianza en nosotros mismos a veces es la clave del éxito, y otras veces lo arruina todo. ¿Cuál es el plan de Dios para la confianza y cómo podemos honrarlo en el modo en que actuamos con los demás?

La confianza de la que habla el profeta Jeremías es una confianza puesta en el Señor. Confía en el Señor igual que un hijo pone su confianza en la grandeza de su padre. Jeremías es valiente y está preparado para cualquier situación, porque sabe que está en manos del Señor, y confía en Él. Para honrar a aquellos que nos rodean, nuestra confianza no puede depender de nuestros éxitos o nuestro nivel de fuerza. Debe ser tan constante como la providencia del Señor y su fidelidad hacia nosotros.

Oh Señor, tú sabes lo mucho que te necesito. Por favor, trabaja en mí en este día y dame la confianza que viene solamente de ti.

A LA ESPERA

¡Ah, que se otorgara mi petición!
¡Que Dios me concediera mi deseo!

Job 6:8

Dios les ha dado a todos los hombres una gran cantidad de deseos que Él deja sin satisfacer. Puede ser por periodos cortos o largos de tiempo, pero otras veces es para siempre. Hay algunos hombres que nunca avanzarán en el escalafón de su empresa u otros que nunca tendrán una relación romántica. Dios no se ha equivocado al poner estos deseos en un corazón que se queda a la espera. Job estaba a la espera cuando clamó a Dios y recibió una respuesta completa.

Después de todo su dolor, Job no recibió una felicitación de parte del Señor. Dios lo reprendió por su impaciencia y el orgullo que había mostrado incluso mientras se retorcía en el polvo con llagas abiertas y enfermedades. No nos corresponde frustrarnos o enojarnos por las decisiones de Dios. Él nos da deseos para perfeccionar nuestra paciencia, e independientemente de las decisiones que Él tome en base a los tiempos, solo debemos depender de Él y orar a Él en dependencia santa.

Oh Dios, a veces siento que la espera me está matando. Por favor, perfecciónamé a través de mis peticiones y mis esperanzas cuando quedo a la espera.

EL SEÑOR ES SIEMPRE

El Señor es siempre bueno y está listo para recibirte.
Está tan lleno de amor que te asombrarás;
¡es tan bueno que te sorprenderás!
Es famoso por su fidelidad para con todos.
Todos saben que se puede confiar en nuestro Dios,
porque Él cumple sus promesas
a todas las generaciones.

SALMOS 100:5 TPT (TRADUCCIÓN LIBRE)

Es fácil cuestionar la naturaleza confiable de Dios. Estamos rodeados de personas que no son confiables, se comportan mal sin previo aviso, y cambian su comportamiento predecible. Justamente cuando creemos que sabemos qué esperar, nos damos cuenta de que estamos equivocados. Esto nos condiciona para pensar que nadie es constante o confiable y que nunca podremos estar seguros de lo que alguien va a hacer. Pero este no es el caso.

Cristo es la perfección de todas las emociones humanas. «Está tan lleno de amor que te asombrarás; ¡es tan bueno que te sorprenderás!», escribe el salmista. Más específicamente, dice: «El Señor es siempre bueno». Siempre. Pase lo que pase. Podemos confiar en el Señor y en su brazo extendido que nunca falla, y hemos de imitar su confiabilidad. ¿Cuántos de nosotros aspiramos a ser hombres predecibles, buenos y confiables?

Oh Dios, ojalá pudiera ser como tú en fidelidad y constancia. Mantenme siempre a tu lado para que pueda llegar a ser como tú.

GRACIA INFINITA

De su plenitud todos recibimos
gracia sobre gracia.

Juan 1:16 NVI

¿Qué hombre ha considerado plenamente la gracia de Dios hacia él? ¿Podemos apreciar lo mucho que Él nos ha cambiado en la profundidad de quienes somos o los muchos pecados que Él cubre cada día? Los hombres nacen rebeldes contra Dios, y la maldad en su interior está profundamente arraigada en sus corazones. No hay nada bueno en nosotros aparte de lo que Dios nos ha concedido en su misericordia; por medio de su muerte que nos redime, Él renueva todo lo que somos.

Incluso después de la redención, seguimos pecando constantemente. Piensa en todos los pensamientos infectados de lujuria, cada momento de orgullo, cada mota de egoísmo, y recuerda que cualquiera de esas cosas por sí misma es suficiente para separarnos del amor de Dios. ¡Qué bendición recibir la gracia de Dios Su gracia nos redime y también nos sostiene. Este mundo no tiene nada que ofrecer si no tenemos esto.

Señor, gracias por la gracia que me has dado a través de tu muerte y resurrección. Gracias por el amor y la gracia que derramas sobre mí cada día.

EL ESTÁNDAR MÁS ALTO

Ustedes, por el contrario, amen a sus enemigos, háganles bien y denles prestado sin esperar nada a cambio.
Así tendrán una gran recompensa y serán hijos del Altísimo, porque él es bondadoso con los ingratos y malvados.

Lucas 6:35 NVI

Ser hijo de algo es ser semejante a ello. El camino de la fe es un proceso de convertirnos más en hijos de Dios todos los días. No podemos seguir creciendo si obviamos el estándar de Dios para establecer el nuestro propio. Una vez que decidimos que su perfección es demasiado elevada y que no podemos alcanzarla o que sus requisitos son demasiado grandes, dejaremos de crecer a su imagen. Lucas 6 es donde Jesús rechaza el estándar humano de excelencia. Cualquier cosa que pensemos que es suficiente no es suficiente, dice Jesús, y solo la perfección es válida.

Como hombres, somos llamados a llegar a un estándar que sabemos que nunca alcanzaremos en esta vida. Somos llamados no solo a ser buenos padres, hermanos, líderes y seguidores, sino a ser perfectos. Cuando dejamos de mejorar, retrocedemos. Con Dios, solo hay una dirección en la que podemos avanzar de manera saludable, y es hacia Él.

Oh Dios, transfórmame a tu imagen. Santifícame en las áreas en las que lo necesito y lléname de tu pasión para correr esta carrera.

NATURALEZA ENSEÑABLE

«Escuchen esta verdad: cualquiera que no abra sus brazos para recibir el reino de Dios como un niño enseñable no entrará en él».

Marcos 10:15 tpt (Traducción libre)

No es común tener como objetivo ser enseñable. Es algo de lo que la gente no suele presumir. ¿Cuántos de nosotros tenemos la humildad para querer aprender siempre de los demás en lugar de enseñarles? Cuando se trata del reino de Dios, Jesús dice que una naturaleza enseñable no es negociable. Dice que debemos tener la humildad de los niños y brazos abiertos para recibir.

Como hombres, Jesús nos llama a ser excelentes como líderes y como seguidores por medio del camino de la humildad, y a poner a los demás por delante de nosotros. Si queremos ser como Jesús, tenemos que deshacernos de nuestro orgullo. Ser humildes no significa que debemos ser trapos que otros pisen, pero sí significa que debemos deshacernos de cualquier cosa que consideremos que es nuestra. Esto nos permite enfrentar cualquier situación que Jesús ponga delante de nosotros, desde el liderazgo hasta el servicio, sin reclamar nuestros derechos. Este es el mismo camino que tomó Jesús.

Oh Señor, recuérdame la verdad que hablaste a tus discípulos. Recuérdame lo poco que importa mi orgullo y hazme enseñable.

SIEMPRE LLENOS

Que estén siempre llenos
del fruto de la salvación—es decir,
el carácter justo que Jesucristo
produce en su vida— porque
esto traerá mucha gloria y alabanza a Dios.

FILIPENSES 1:11

Muchos describirían la vida como una serie de valles y montañas. No parece haber mucha continuidad entre las sombras de muerte y las montañas del Señor. Sin embargo, la continuidad es exactamente lo que el apóstol Pablo desea para sus lectores en Filipos. «Que estén siempre llenos del fruto de la salvación», declara. Esto no significa necesariamente sentir gozo y euforia. El fruto es el resultado de una relación que pone a Jesús primero en la vida del creyente.

Las cosas que Pablo desea que sus lectores tengan continuamente no son emociones, sino «el carácter justo que Jesucristo produce en su vida». No siempre podemos contar con la satisfacción, y muchas veces parece que nuestro carácter está siendo probado mucho más de lo que es expuesto. Aun así, esto le da gloria y alabanza a Dios, y Él recibe la máxima honra cuando nuestro carácter es fuerte sea cual sea la situación.

Señor, lléname continuamente. Santifícame independientemente de las circunstancias, y que sea confiable. En tu nombre te lo pido.

FIJA LA VISTA

Pon la mirada en lo que tienes delante;
fija la vista en lo que está frente a ti.

Proverbios 4:25 NVI

Muchos hombres permiten que sus mentes tomen el rumbo que quieran. No tienen control sobre sus pensamientos y, como resultado, tampoco sobre sus acciones. Permiten que sus ojos miren de un lado a otro a todas las distracciones, ya sean buenas o malas. Esto no es poco común; todos caemos en ello de vez en cuando. Solo podemos aprender a controlarnos a nosotros mismos por medio de Cristo y una fe activa.

El autor dice: «fija la vista en lo que está frente a ti». Esto solo funciona si Jesús está frente a nosotros. Si vamos en la dirección equivocada, el camino frente a nosotros es venenoso. Fijar la vista en lo que tenemos delante sería un desastre. La libertad del autocontrol y el enfoque solo se consigue cuando avanzamos en la dirección correcta. Solo Jesús puede completar esta obra en nosotros, y solo lo hará cuando le ponemos a Él primero en nuestras vidas.

Oh Señor, por favor, haz en mí una gran obra hoy. Colócame en el camino que lleva a ti y restaura mi control sobre mi mente, mis pensamientos y mi mirada. Dame el autocontrol que me falta si no te tengo a ti.

REFUGIO

Protégeme, oh Dios,
porque en ti busco refugio.

SALMOS 16:1 NVI

El salmista es un hombre entregado por completo a su Señor y Salvador. Ha puesto a Jesús primero y ha rechazado cualquier otra fuente de refugio y seguridad. El mundo está en su contra y Dios está a su favor. Clama: «Protégeme, oh Dios». Sí, puede referirse a Dios de esta manera, porque ha dejado a un lado el placer de los ídolos y el ídolo del placer por conocer a Jehová como única deidad.

¿Nos refugiamos nosotros en Dios? Si hoy nos despidieran del trabajo, ¿qué haríamos primero? Seguramente gritar, llamar a alguien, o mirar anuncios de puestos de trabajo. Pocos de nosotros reaccionaríamos orando inmediatamente. El problema que solemos tener es que no nos refugiamos en Dios pero esperamos que Él nos ayude. El Señor no sostendrá a aquellos que no dependen de Él. Aquello de lo que dependamos en los tiempos de dificultad será de lo que podamos esperar ayuda.

Oh Señor, no hay deidad como tú. Por favor, sostenme. No tengo nada más sobre lo que apoyarme, y te necesito en este momento.

BIEN PLANEADO

Pon todo lo que hagas en manos del Señor,
y tus planes tendrán éxito.

Proverbios 16:3

¿Qué hace que un plan sea bueno? Hay miles de libros que anuncian tener la clave para planear con éxito y ejecutar esos planes. Hay infinidad de estrategias, tácticas y cualquier otra cosa entre medias para asegurarnos de que nuestros frágiles planes humanos cumplan con lo que esperamos de ellos. Pero la Biblia dice: «Si el Señor no construye la casa, el trabajo de los constructores es una pérdida de tiempo» (Salmos 127:1). Sin Dios, no hay seguridad de que nuestro plan tendrá éxito. Él quiere que nuestros planes sean conformes a su voluntad que nunca falla.

El autor dice: «Pon todo lo que hagas en manos del Señor». La clave de nuestro éxito se encuentra en los pasos y acciones más pequeños. Cuando rendimos a Dios incluso las partes más pequeñas de nuestras vidas, entramos en armonía con su plan. Nuestros pensamientos, acciones y sentimientos deben estar rendidos ante el Señor de señores si queremos que Él nos use conforme a su voluntad.

Querido Dios, gracias por tu cuidado y tu amor. Te entrego hoy mis acciones; por favor, santifícalas así como mis planes terrenales para tu voluntad.

NUESTRO ORGULLO

Y bienaventurado es el que no se escandaliza de Mí.

MATEO 11:6 NBLA

Ofenderse es natural. En el fondo, los hombres saben que son débiles y están sujetos a injuria, así que se defienden de los insultos. Esta defensividad nace de un temor a ser destruidos por nuestros enemigos. Dios, sin embargo, no quiere ser nuestro enemigo. Arrepentirnos de nuestros pecados significa ver lo que pensábamos que eran ofensas de un enemigo y darnos cuenta de que son las observaciones de alguien que nos ama.

Jesús dice: «Bienaventurado es el que no se escandaliza de Mí». De las muchas cosas que Jesús dijo, no hay ninguna que podamos descartar. Debemos tomar todas las observaciones que hizo y tenerlas como verdades del evangelio incluso cuando estén en conflicto con nuestra opinión más profunda; en ese caso, nuestra opinión debe ceder. Solo entonces podremos recibir las bendiciones que Jesús promete. Solo entonces El dejará de ser el enemigo que nos ofende para comenzar a ser nuestro amigo más cercano.

Querido Señor, por favor trabaja en mi corazón. Dame la fe para dejar ir mis ofensas y aceptar tus palabras. Son verdad.

CONSTANTES EN LA ORACIÓN

Señor, escucha mi voz por la mañana;
cada mañana llevo a ti mis peticiones
y quedo a la espera.

Salmos 5:3

Poner a Jesús primero significa que Él sea nuestro primer pensamiento y nuestro primer aliento en la mañana. Significa entregarle nuestras ansiedades al Señor en lugar de enfocarnos en ellas. Poner a Jesús primero es un compromiso de la mente que nace de una dependencia santa y de ser constantes en la oración. David presentaba sus peticiones «cada mañana», y esperaba a que el Señor respondiera. Su oración era una conversación activa y no solo un podio para sus temores y ansiedades.

Todos los cristianos son llamados a poner a Jesús primero, y para los hombres esto implica morir a nosotros mismos de una manera concreta. Debemos aprender a darle a Dios el control de las cosas que nos han sido dadas para controlar y aprender a reconocer que solo somos administradores de su mundo. Las responsabilidades que Él nos da son una bendición que debe moldearnos, y Él aún espera que le pidamos todo lo que necesitemos.

Oh Dios, te necesito desesperadamente. Escucha mi clamor en la mañana y respóndeme. ¿Qué soy sin ti, Jesús?

PROPÓSITO

Estamos convencidos de que cada detalle de nuestras vidas está siendo entretejido para encajar en el plan perfecto de Dios de hacer que todo obre para nuestro bien, porque somos sus amados y hemos sido llamados a cumplir su propósito.

Romanos 8:28 TPT (Traducción libre)

Normalmente no podemos ver el progreso del plan de Dios, y eso puede hacer que la vida sea difícil. Es difícil porque empieza a parecer que las piezas están dando forma a un plan diferente que termina con nuestra destrucción, y comenzamos a dudar si la mano de Dios está actuando entre bambalinas. Sin embargo, ver la forma en que Dios está obrando en nuestras vidas no es tan importante mientras estemos convencidos de que Él está obrando. ¿Cómo sería poner a un lado nuestra preocupación a la luz de esta verdad?

Este versículo dice que somos amados y que hemos sido llamados con un propósito. Dios ya tiene un propósito para todo lo que ocurre en nuestras vidas, y solo tenemos que esperar hasta poder verlo. Él tiene un propósito para nosotros también, y cumplirá ese propósito a pesar de que las circunstancias a nuestro alrededor sean inciertas.

Querido Señor, por favor, convénceme hoy de que tienes un propósito para todo lo que está ocurriendo ahora mismo. Algún día tendrá sentido. En medio de la incertidumbre, convénceme de que tu propósito y tu plan permanecen.

PROGRESO DIFÍCIL

Y estoy seguro de que Dios, quien comenzó la buena obra en ustedes, la continuará hasta que quede completamente terminada el día que Cristo Jesús vuelva.

Filipenses 1:6

Esta exhortación de Pablo es un consuelo para cualquier persona que esté enfrentando obstáculos. Dios hizo al hombre con la capacidad de fracasar incluso estando en el camino hacia el éxito, y a menudo los fracasos nos enseñan más sobre resiliencia que el éxito. Lo que tenemos que recordar es que no hay fracaso que pueda anular el poder del arrepentimiento, y apartarnos del pecado no garantiza una fidelidad perfecta ni siquiera para el santo más santo.

Para algunos, el reto es controlar su ira; para otros, podría ser conquistar una adicción sexual o a alguna sustancia. Podría ser cualquier cosa, pero independientemente de cuál sea «la buena obra en ustedes» en la que Dios esté trabajando, Él la completará. Mientras muramos a nosotros mismos todos los días, tenemos la seguridad de santificación y de saber que Dios está actuando en nosotros sin prisa pero sin pausa. En esta vida no veremos el final, pero el día que Cristo Jesús regrese la obra será completada y descansaremos en la paz que produce nuestra santificación.

Amado Jesús, sé que no ganaré todas las batallas, pero por favor dame la fuerza para nunca dejar de intentarlo. Dame la fe para continuar a pesar de cualquier fracaso.

EXISTENCIA FRÁGIL

«Miren los pájaros; ¿creen que se preocupan por su existencia? Ellos no plantan ni cosechan ni almacenan comida, y sin embargo su Padre celestial les provee alimento. ¿Acaso no son ustedes mucho más valiosos para su Padre que ellos?».

MATEO 6:26 TPT (TRADUCCIÓN LIBRE)

Nos preocupamos por nuestra existencia porque es frágil, pero tal vez esa es la razón por la que no deberíamos preocuparnos por ella. La vida es inestable y está siempre al borde de poder terminar en cualquier momento; es solo por la gracia de Dios que seguimos viviendo. Tal vez, si no fuera por su voluntad y el plan que tiene para nosotros, habríamos muerto hace mucho tiempo. A diferencia de los pájaros, nosotros sabemos que la vida es incierta.

No estamos al mismo nivel que los pájaros del aire o de cualquier otro animal. Nosotros fuimos creados a imagen de Dios con la capacidad de sentir el rango completo de emociones. Nosotros le importamos más que cualquier animal porque ellos no tienen la misma armonía con su Espíritu. ¿Por qué iba a interesarse menos por nosotros? Somos sus mayordomos escogidos y no tiene sentido que despreciemos nuestro valor.

Querido Señor, trabaja en mi corazón para poner fin a mi ansiedad y mis miedos. Muéstrame que no tengo razones para temer por mi existencia porque tú te ocupas de ella.

SU BENDITA PRESENCIA

Has hecho de él manantial de bendiciones continuas;
tu presencia lo ha llenado de alegría.

SALMOS 21:6 NVI

David estaba contento porque había recibido los anhelos de su corazón. Las peticiones más importantes que tenía, que había puesto a los pies del Señor, le habían sido concedidas, y el corazón del rey estaba lleno de gozo. Lo más importante es que había recibido lo que tan desesperadamente quería porque había deseado las cosas correctas. No había deseado fama y fortuna sino la presencia de Dios, firme y poderosa. Aun así recibió fama y fortuna, además de «bendiciones continuas», pero estas eran secundarias; lo que más le importaba era el gozo que había recibido al estar cerca de Dios.

¿Qué desea tu corazón? El corazón de un hombre fue diseñado para desear. Tener anhelos no es pecado. Dios quiere que luchemos por nuestros anhelos con todo el corazón, pero también quiere que tengamos anhelos plenos. Quiere que dejemos a un lado nuestros deseos secundarios para recibir su amor noble, puro y completo.

Amado Señor Jesús, que tu bendita presencia sea mi mayor deseo. Que sea aquello que anhelo y busco. Gracias por las bendiciones que me has dado en este día.

EL AMOR APASIONADO DE DIOS

¡Cristo demostró el amor apasionado de Dios
por nosotros al morir en nuestro lugar
mientras estábamos perdidos y alejados de Él!

ROMANOS 5:8 TPT (TRADUCCIÓN LIBRE)

El amor de Dios por nosotros es como un fuego que no se puede apagar o como aguas profundas que no se pueden contener. Su amor por nosotros es apasionado e imparable ante cualquier fuerza humana o infernal. Él consigue lo que desea. Nosotros no escogimos a Dios, sino que Él nos escogió por amor. El amor perfecto es más que una emoción; es una decisión desinteresada. El amor está presente cuando alguien pone las necesidades de otro por delante de las suyas sin importar lo que sienta en ese momento.

¿Qué clase de amor mostramos? ¿Diría el mundo que somos hombres de amor? Cuando nuestros compañeros de trabajo o amigos están perdidos o alejados de Dios, debemos tener la valentía de amarlos desinteresadamente y apasionadamente. Debemos tener la valentía de amar como Jesús nos amó. En caso contrario, no tendremos ni idea de cómo es el amor que Él tiene por nosotros.

Querido Dios, gracias por amarme aunque yo era difícil de amar. Gracias por darme valor incluso siendo un pecador despreciable y adoptarme en tu familia. Nada ni nadie se compara a ti.

TRABAJO INÚTIL

Es inútil que te esfuerces tanto,
desde temprano en la mañana hasta tarde en la noche,
y te preocupes por conseguir alimento;
porque Dios da descanso a sus amados.

SALMOS 127:2

Es fácil relacionar nuestros éxitos con nuestro nivel de esfuerzo. ¿Cuánto estamos dispuestos a sacrificar? ¿Cuánto estamos dispuestos a dar? En nuestras mentes funcionalmente ateas sacamos a Dios de nuestros planes. Se nos olvida que, si Dios no construye la casa, en vano trabajan los obreros. Lo que Dios quiere de nosotros no es determinados logros sino un espíritu humilde.

En el corazón del trabajo excesivo hay dos cosas: orgullo y una mentalidad equivocada. El orgullo nos hace pensar que nuestros esfuerzos sirven para algo. Creemos que podemos alcanzar la gloria por medio de nuestra fuerza minúscula. Pero eso no es todo; también nos equivocamos al confundir la devoción santa con la obsesión. Dios quiere que estemos plenamente comprometidos con Él, no con el trabajo que Él nos ha dado. Según el versículo, «Dios da descanso a sus amados», porque conoce nuestros límites humanos y no necesita que nuestro trabajo físico demuestre nuestra devoción.

Señor, recuérdame los límites de mis capacidades. Dame una medida plena de devoción santa y no solo una devoción por el trabajo.

LO QUE HAY EN EL INTERIOR

Por sobre todas las cosas cuida tu corazón,
porque de él mana la vida.

PROVERBIOS 4:23 NVI

El mundo e incluso las personas más cercanas a nosotros solo ven nuestro exterior: lo que decimos y hacemos. Construyen una imagen de quiénes somos basada en lo que saben, pero la mayoría de las veces no saben por qué somos como somos. No saben exactamente lo que hay en nuestro interior y las dificultades que enfrentamos cada día y cada momento. Solo Dios conoce el corazón de todos los hombres.

El autor comienza con «por sobre todas las cosas». El asunto que tiene entre manos es sumamente importante, y todo lo demás debe dejarse a un lado. Las acciones y las palabras que la gente ve nacen de nuestro corazón como un huerto, y al igual que en un huerto, debemos impedir que crezcan las malas hierbas y proteger todas las cosas buenas que estamos cultivando. Los hombres buenos no llegan a ser buenos de manera pasiva; son el resultado de guardar activamente el corazón y cultivarlo. Si queremos ser mejores versiones de nosotros mismos y acercarnos más a Dios, debemos cuidar nuestros corazones por sobre todas las cosas.

Señor, sé la valla alrededor de mi corazón que protege mi huerto y lo guarda para ti y para tus propósitos. Usa mi corazón para todo lo que has planeado.

DERROTAR DEMONIOS

Les he dicho todo lo anterior
para que en mí tengan paz.
Aquí en el mundo tendrán muchas pruebas y tristezas;
pero anímense, porque yo he vencido al mundo.

Juan 16:33

Jesús nos advierte: «Aquí en el mundo tendrán muchas pruebas y tristezas». Él nos advierte porque sabe que estas pruebas y tristezas llegarán. Él no quitará los obstáculos de nuestro camino, pero nos dará lo necesario para superarlos y no dejar que nos aplasten. Por eso dice: «anímense, porque yo he vencido al mundo». La clave no es que podemos conquistarlo todo por medio de Jesús; Jesús mismo ya ha conquistado todo al morir en la cruz.

¿Dónde estamos buscando la paz en nuestras vidas? Podría ser en el trabajo, con la familia o con amigos, pero sea donde sea, Jesús quiere ofrecernos su paz. Quiere que llevemos su carga que es ligera en lugar del peso de la ansiedad que cargamos. Quiere que tengamos paz en Él, porque en este mundo no la tendremos.

Amado Señor, quiero llenarme de ánimo. Ayúdame a no tener miedo cuando ponga mi esperanza en ti en lugar de ponerla en este mundo. Por favor, dame la paz que no puedo encontrar en ningún otro lugar.

SOLO PÍDELE

Pídeme y te daré a conocer secretos sorprendentes que no conoces acerca de lo que está por venir.

JEREMÍAS 33:3

Hay mucho que un hombre debe aprender. Ya sea cómo hacer determinado trabajo o cómo cuidar a la gente que nos rodea, si lo hacemos solos tenemos todas las de perder. Los arrogantes creerán que lo entienden todo, pero quienes les rodean no estarán de acuerdo. Sin embargo, como dice el Señor a través de su profeta Jeremías, lo único que tenemos que hacer es pedirle a Él. Lo mejor es aceptar nuestra falta de conocimiento y pedirle lo que necesitamos.

La mayoría de las personas aprenden a orar para hablar con Dios, pero orar sin esperar una respuesta es orar en vano. Dios dice: «Pídeme y te daré». Quiere que oremos a Él para que Él pueda responder, y quiere que escuchemos con humildad. Escuchar es mucho más difícil que hablar, pero el hombre que escucha a Dios también aprenderá a escuchar a los demás y tendrá las palabras adecuadas cuando las necesiten. Dios te dará a conocer «secretos sorprendentes que no conoces acerca de lo que está por venir».

Señor, hoy quiero escucharte.

JULIO

Este es el día que hizo el Señor;
nos gozaremos y alegraremos en él.

Salmos 118:24

NUESTRO PODER

La angustia abate el corazón del hombre,
pero una palabra amable lo alegra.

Proverbios 12:25 NVI

Dicen que en los números está la fuerza, pero en las palabras hay poder sea cual sea su número. Nuestras palabras tienen el poder de matar, dar vida, y todo lo que hay entremedias. ¿Nos damos cuenta de esto? La ansiedad aflige a casi todas las personas que vemos a diario, y especialmente a aquellos que están atravesando más dificultades. Este demonio de la ansiedad puede conquistarse a través de una sola palabra amable. ¿No te parece increíble este poder?

Lo que pasa es que la mayoría de nosotros no nos damos cuenta de lo mucho que la gente se toma en serio lo que decimos. Decimos cualquier cosa que pensamos. Nos frustramos con nuestros amigos y familiares y les decimos por qué, pero comprendemos lo mucho que les afecta. ¿Alguien se ha puesto a la defensiva? Seguramente sea porque siente que tiene que hacerlo porque alguien le está criticando. Si no responde, siente que serán aplastado por el peso de sus palabras. Imagina, por el contrario, todo lo que una palabra amable puede conseguir.

Padre celestial, recuérdame el poder que me has dado. Moldéame a tu imagen en fuerza y mansedumbre. Ser manso es decidir no hacer daño a otros, y la fuerza los levanta.

HERECIA INMORTAL

Podrán desfallecer mi cuerpo y mi corazón,
pero Dios es la roca de mi corazón;
él es mi herencia eterna.

Salmos 73:26 NVI

Este salmo de Asaf es la expresión de un hombre cuya alma descansa en su Salvador y en nada menos. Ha dejado atrás todo lo que es de este mundo, incluidos su propio cuerpo y corazón. Nada lo arrastrará de su búsqueda piadosa del Señor, ni lo hará probar suerte para tener posesiones materiales. Puede decir con confianza: «Dios es la roca de mi corazón». Su fuerza, así como su capacidad de actuar y perseverar, no están basadas en las circunstancias sino en Cristo.

Si desfallecieran nuestro cuerpo y nuestro corazón, ¿en qué situación nos encontraríamos? ¿Estaríamos devastados por haber dejado atrás un mundo que lo era todo para nosotros? Espero que lo que más nos costaría dejar atrás serían nuestros seres queridos y no la salud, la riquezas o los placeres. Dios quiere un hombre que encuentra su fuerza en el Señor y cuya herencia está en la eternidad.

Amado Dios, gracias por darme una porción en el cielo y no aquí en la tierra. Gracias por tu fuerza que me sostiene en cada paso.

CONSUELO ETERNO

Y estoy convencido de que nada podrá jamás separarnos del amor de Dios. Ni la muerte ni la vida, ni ángeles ni demonios, ni nuestros temores de hoy ni nuestras preocupaciones de mañana. Ni siquiera los poderes del infierno pueden separarnos del amor de Dios.

ROMANOS 8:38

El temor es muchas veces el resultado de plantearse la posibilidad de una situación indeseable. Cuando el temor no está dirigido a un enemigo actual o a una fuente de dolor, suele intentar que prestemos atención a algo que la razón no ha considerado importante. Por eso Pablo, en la conclusión del capítulo 8, nos da una prueba innegable de que cualquier temor relativo a perder el amor de Dios no tiene fundamento y debería ser descartado. No hay ninguna situación o poder que pueda cambiar nuestra relación con Dios una vez que ha sido establecida.

Pablo pone el foco en todo poder, tanto bueno como malo, y dice que ninguno de ellos puede hacer que ocurra la situación que tememos. Ni los demonios, ni la vida ni el temor mismo pueden cambiar el amor de Dios por nosotros. Eso es lo hermoso. Aunque nos consuma el temor de que algo nos separe del amor de Dios, este amor no nos abandona y siempre está a nuestra disposición.

Amado Jesús, dame hoy seguridad de tu amor. Cuando nadie más esté ahí para mí, tú siempre estarás conmigo.

FE EN LO BUENO

Seguro estoy de que la bondad y el amor
me seguirán todos los días de mi vida;
y en la casa del Señor habitaré para siempre.

Salmos 23:6 NVI

El cinismo puede derrotar hasta al hombre más fuerte. Dejar de ver lo bueno puede destruir a cualquiera. Este versículo, el último del Salmo 23, declara con mucho optimismo que David ciertamente estará rodeado de salvación tanto en la vida como en la muerte. No le teme al Seol, ni al dolor terrenal, y declara que, a pesar de todos ellos, «la bondad y el amor me seguirán todos los días de mi vida». Esta es la promesa en la que David se enfoca en cada valle y tormenta.

En la Biblia está documentado que David tuvo una vida dura. Se enfrentó a la traición, la pérdida de un hijo y su propia apostasía. Su vida demuestra que no hay nivel de maldad que actúe en nuestras vidas sobre el que no podamos declarar la bondad de Dios. Mientras seamos salvos, ese consuelo de redención será suficiente para ver que la bondad pesa más que todas las dificultades.

Querido Señor Jesús, declaro que mi vida es buena. Por favor, hazme un hombre que llena a los demás de la esperanza y el optimismo del evangelio.

HOMBRES QUE CAEN

Tus palabras daban apoyo a los que caían;
animabas a los de rodillas temblorosas.

Job 4:4

Todos los hombres fallarán moralmente a Dios. La creación está quebrada, y nosotros también. No estamos destinados a llevar vidas moralmente perfectas; estamos destinados a ser imperfectos, y eso puede traer consigo vergüenza, amargura y sentimientos de futilidad si no tenemos cuidado. Job no tuvo seguridad moral, ni circunstancial, y aun así alabó a Dios diciéndole: «animabas a los de rodillas temblorosas». Dios se acercó para ayudar a las personas incluso cuando estas no lo merecían.

Job dice: «Tus palabras daban apoyo a los que caían». Cuando caemos o estamos heridos y necesitamos consuelo, el primer lugar al que deberíamos acudir es la Palabra de Dios. Él es nuestro mayor consuelo en medio de la dificultad y la tribulación. Cuando no podemos caminar, mantenernos de pie o avanzar, Él está ahí para sostenernos. Él está ahí para guiarnos en su camino y dar a nuestras piernas fuerza para el viaje.

Oh Señor, por favor, danos consuelo a mí y a quienes me rodean que hemos caído bajo el peso de las dificultades de este mundo. Está cerca de nosotros en nuestras pruebas.

TODO

Jesús dijo:
—¿Cómo que si puedo?
Para el que cree, todo es posible.

MARCOS 9:23 NVI

Es muy fácil caer en la incredulidad. Amamos al Señor y pensamos que creemos en Él, pero parece que nunca podemos contar con que Él intervendrá. Parece que lo que hacemos no importa porque el plan de Jesús no tiene sentido. Jesús vio esto en sus discípulos cuando respondió: «¿Cómo que si puedo?». Con Dios no hay peros. Dios quiere o no quiere, y nuestra tarea es buscar su plan.

Cuando algo está dentro del plan de Dios para nosotros, «todo es posible». Piensa en esto: todas las relaciones difíciles, la enfermedad, o las dificultades de la vida pueden conquistarse por medio de la fe. Si creemos y descansamos en el Señor, veremos cómo nuestras pruebas se desmoronan o cómo Dios nos sostiene en medio de ellas.

Oh Jesús, recuérdame ponerte a ti primero. Cuando tú eres lo primero en mi vida, todo lo demás encaja en su lugar.

MUY BUENO

Entonces Dios miró todo lo que había hecho,
¡y vio que era muy bueno!

GÉNESIS 1:31

¿Has pensado a qué se refería Dios con «todo lo que había hecho»? Todo (sí, todo) era bueno. ¡Dios declaró que cada detalle de la naturaleza y cada parte de la humanidad era «muy bueno»! Toma un momento para pensar en tu trabajo, tu familia y tu corazón. ¿Cuánto de ello crees que es muy bueno? La amargura y el resentimiento carcomen una gran parte del corazón humano. Las heridas y el dolor del pasado nos hacen cuestionar la bondad innata del mundo que Dios creó.

Cuando miramos al interior de nuestros corazones, ¿nos consideramos «muy bueno»? Muchos de nosotros que conocemos el pecado y el arrepentimiento estamos atrapados por una visión negativa de nosotros mismos. Lo único que vemos es pecado, remordimiento y todo lo malo que hemos hecho, pero eso no es el evangelio. Dios nos hizo buenos y nos ha redimido para ser criaturas de bien. Somos intrínsecamente buenos y no malos, y el mal es solo pasajero.

Oh Señor, ¡tú me has hecho bueno! Me has mirado y me has declarado bueno. Gracias.

ACÉRCATE CON CONFIANZA

Así que acerquémonos confiadamente
al trono de la gracia para recibir la misericordia
y encontrar la gracia que
nos ayuden oportunamente.

HEBREOS 4:16 NVI

Dios anhela profundamente hombres valientes y confiados. Quiere hombres que creen con tanta firmeza en la expiación de Jesús y le dan una prioridad tan alta en sus vidas, que saben que ninguna prueba o consuelo se compara con el inmenso amor y poder del Señor.

«Así que acerquémonos confiadamente al trono de la gracia», dice el autor. Estamos hablando del trono del único Dios eterno que ha derribado hombres, porque se acercaron a su altar terrenal con orgullo en sus corazones. ¿Qué clase de obra santificadora hemos recibido y qué clase de apaciguamiento de la ira de Dios debe haberse puesto en marcha para que podamos tener esta confianza? Aun así, este es el único camino. Debemos acercarnos con confianza para «recibir la misericordia y encontrar la gracia que nos ayuden oportunamente».

Dios todopoderoso, recuérdame hoy lo que Jesús hizo por mí. Él experimentó todo tipo de dolor para que yo pudiera tener acceso a tu trono de gracia. Recuérdame de nuevo su sacrificio y el valor que tiene.

CORRE SIN DESCANSO

Pero los que confían en el Señor
renovarán sus fuerzas;
levantarán el vuelo como las águilas,
correrán y no se fatigarán,
caminarán y no se cansarán.

Isaías 40:31 NVI

Dios creó al hombre como una criatura finita. Nuestros cuerpos carnales no pueden vivir para siempre, correr para siempre o trabajar sin dormir. Nuestras pequeñas mentes no pueden almacenar todo el conocimiento o aprender sin hacer descansos. Somos débiles y nos cansamos. Para ser hijos de Dios, sin embargo, tenemos que buscar al Señor sin cansarnos. Debemos correr sin descanso, y para esta tarea Jesús nos ofrece sus propias fuerzas. Él conoce nuestras limitaciones y nos da la fuerza del Señor para poder completar la gran misión de ser hijos de Dios.

Dios quiere que seamos hombres que levantan el vuelo como las águilas y que corren y no se fatigan. Quiere que tengamos pasión y que inspiremos a quienes nos rodean mientras nos acercamos más a su corazón. Quiere que estemos llenos de vida y que no nos dejemos aplastar por el peso de este mundo. Su plan para nosotros no es de fracaso y desánimo, sino de pasión y resistencia.

Oh Jesús, por favor, dame fuerzas cuando siento que no puedo más. Inspírame con tu resiliencia para que pueda volar y correr sin cansarme.

BUENA SABIDURÍA

Sin embargo, la sabiduría que proviene del cielo es,
ante todo, pura y también ama la paz;
siempre es amable y dispuesta a ceder ante los demás.
Está llena de compasión y del fruto de buenas acciones.
No muestra favoritismo y siempre es sincera.

SANTIAGO 3:17

En este versículo, Santiago describe la sabiduría de Dios. La sabiduría de Dios no es neutra, pudiendo ser usada para el bien o para el mal, sino que es obligatoriamente correcta y apoyará el curso de acción correcto. Según Santiago, «no muestra favoritismo y siempre es sincera» y «está llena de compasión». La sabiduría de Dios está por encima de todo orgullo y no existe para ser usada como munición en discusiones. Tomar las palabras de Dios y utilizarlas para nuestros propios propósitos va en contra de su carácter.

¿Cómo podemos nosotros, como hombres de Cristo, actuar sabiamente? En primer lugar, podemos mostrar el carácter de la sabiduría. Podemos ser como ella, que «ama la paz; siempre es amable y dispuesta a ceder ante los demás». Podemos estar listos para ayudar a los demás con una palabra amable cuando están preocupados, y podemos ser justos y sinceros igual que lo es la sabiduría de Dios. Ser un hombre de Dios requiere demostrar sabiduría a través de la bondad y la compasión.

Querido Jesús, por favor lléname de tu sabiduría que es amable y bondadosa. Quiero poder bendecir a los demás con mi conocimiento y soplar vida en medio de sus dificultades y desafíos.

RESISTENTE A LAS OFENSAS

El buen juicio hace al hombre paciente;
su gloria es pasar por alto la ofensa.

PROVERBIOS 19:11 NVI

¿Cuán fácilmente nos ofendemos? ¿Qué tan rápido se lastima nuestro ego? Esta es la medida de nuestro orgullo. Cuanto más dejamos de pensar en nosotros mismos y nos rendimos a la identidad del Señor, más fácilmente resistimos a las ofensas. No sentimos la necesidad de defendernos de los demás o aferrarnos a las ofensas. A medida que crecemos en sabiduría divina, crecemos también en paciencia y en confianza.

En 2 Crónicas, el rey Senaquerib de Asiria sitió Israel y comenzó a provocar al Dios de Judá. El rey Ezequías, que era un hombre piadoso, se ofendió mucho por eso. Para él era más que una desgracia y puso su enojo ante el Señor, quien como consecuencia destruyó a decenas de miles de soldados asirios en la noche. Debemos aprender a ofendernos en nombre de los demás y especialmente de Dios. Pasar por alto nuestras propias ofensas es admirable, pero cuando alguien más débil que nosotros está siendo ofendido, eso merece nuestra defensa.

Querido Señor, por favor, enséñame a dejar ir mi orgullo y a pasar por alto las ofensas. Enséñame también a defender tu nombre y a defender a los débiles y a los pobres.

HOMBRES CONFIADOS

Aun cuando yo pase por el valle más oscuro,
no temeré, porque tú estás a mi lado.
Tu vara y tu cayado me protegen y me confortan.

SALMOS 23:4

David había visto muchas guerras sangrientas. Era un hombre conforme al corazón de Dios, y su fe había sido probada a través de muchas experiencias que lo habían llevado al borde de la muerte. Para David, tener fe era más que vivir una vida fácil. Significaba confiar en Jesús ante los ejércitos enemigos, confiar en Él en el desierto mientras Saúl lo perseguía, y confiar en Él cuando aún su propio hijo intentaba matarlo. En esos momentos difíciles, David confiaba en la providencia y la sabiduría del Señor.

En medio de sus errores y éxitos, David estableció uno de los ejemplos más claros de masculinidad bíblica. Mostró las dificultades y las pruebas de ser un hombre falible que vivía delante de un Dios perfecto. Ese es el mandamiento que ahora tenemos nosotros: seguir a Dios con confianza a pesar de nuestros errores y pecados, y mostrar compasión y sabiduría al vivir en humildad. Somos como ovejas protegidas y guiadas por la mano de un pastor divino.

Amado Señor, ayúdame a confiar en ti en este día. Enséñame a seguirte con valentía dondequiera que me lleves. Quiero confiar en ti tanto en mis errores como en mis éxitos.

EN TODO

Busca su voluntad en todo lo que hagas,
y él te mostrará cuál camino tomar.

PROVERBIOS 3:6

Aquí, el autor de Proverbios se dirige a personas que no saben qué hacer con su vida. Se dirige al alma en guerra que no sabe por dónde ir o que se pregunta qué camino debe tomar. Sus palabras también aplican a aquellos que tienen metas y caminos trazados: «Busca su voluntad en todo lo que hagas». Muchas veces, a los cristianos los critican por buscar a Cristo en algunas áreas de sus vidas mientras lo ignoran en otras. Esas acusaciones de hipocresía muchas veces están bien fundadas y no deberíamos descartarlas.

Ser fiel en todo requiere mucho esfuerzo, y normalmente no es cómodo o conveniente. Ser un hombre fiel es más que solo conformarse con una rutina regular de asistencia a la iglesia y leer la Escritura, aunque ambas cosas ayudan mucho. Ser fiel significa tomar tiempo de analizar todas las partes de nuestras vidas, someterlas a Cristo y darle gracias. Sí, ser fiel en todo es un trabajo a tiempo completo.

Amado Jesús, por favor, trabaja en todas las áreas de mi vida. Declaro que tú eres Señor de mi vida. Que pueda encontrar tu camino al buscarte en todo lo que haga.

PROTECCIÓN Y VALENTÍA

Pero tú, oh Señor, eres un escudo que me rodea; eres mi gloria, el que sostiene mi cabeza en alto.

Salmos 3:3

David escribió este salmo cuando huía de su hijo Absalón, que intentaba matarlo. Más allá del trauma de que su propio hijo lo quisiera muerto, David tuvo que lidiar con la realidad muy posible de morir si no tenía cuidado en sus próximos pasos. Más que un plan de ataque o defensa, necesitaba valentía para procesar lo que estaba ocurriendo a su alrededor. Necesitaba protección y también valentía.

David alabó a Dios, «[su] gloria», por ser su escudo y su fuente de valentía. Pudo confiar en el Señor, porque Él era un método práctico de defensa y una fuente espiritual de ánimo. El Dios de David realmente era su gloria y su gran amigo cuando aquellos más cercanos a él se volvieron en su contra. Nosotros podemos refugiarnos en ese mismo Dios. Él está ahí para ayudarnos y salvarnos cuando lo necesitamos. Dios está presente siempre, por mucha dificultad o dolor que haya en nuestra vida.

Querido Jesús, por favor, sé mi protección y mi valentía. Que mi confianza sea un testimonio a aquellos que me rodean en el día de hoy.

VIDAS FUERTES

«Sigan apasionados y libres de la ansiedad
y las preocupaciones de esta vida.
Entonces nada de lo que ocurra
los agarrará desprevenidos».

Lucas 21:34 TPT (Traducción libre)

Dios es un dios de gran fuerza y pasión. Diseñó al hombre para ser un instrumento de esa misma pasión, viviendo plenamente «y libre de la ansiedad y las preocupaciones de esta vida». ¡Ojalá pudiéramos ser libres de la ansiedad! Eso sí que nos haría diferentes a la gente que nos rodea. Dios quiere que vivamos por encima de las preocupaciones y las pruebas de este siglo, pero es difícil cuando estamos tan profundamente sumergidos en él.

En este pasaje del Evangelio de Lucas, Jesús advierte a sus discípulos acerca del día en el que Él regrese. Quiere que estén listos, porque así «nada de lo que ocurra los pillará desprevenidos». Dice que la única manera de estar listos es que «sigan apasionados». Jesús quería que sus discípulos, así como todos los hombres y todas las mujeres, desarrollaran las preocupaciones y pasiones correctas. Quiere que estemos llenos de pasión por su evangelio y por buscar y compartir su amor.

Amado Jesús, por favor hazme un hombre apasionado. Disipa mis preocupaciones para que no me distraigan de mi meta de buscarte en todo lo que haga.

16 DE JULIO

TESTIGO VERDADERO

Cuando venga el Espíritu de verdad,
él los guiará a toda la verdad.
Él no hablará por su propia cuenta,
sino que les dirá lo que ha oído
y les contará lo que sucederá en el futuro.

JUAN 16:13

Todo el mundo quiere que lo escuchen, pero no todo el mundo tiene algo que decir. El valor del Espíritu Santo es que Él es pura verdad, y quiere impartirnos esa verdad. Él es un testigo verdadero y no hará que nos desviemos. Como dice el versículo: «Él no hablará por su propia cuenta, sino que les dirá lo que ha oído». Incluso el Espíritu Santo, que es Dios mismo, tiene una actitud humilde. Con este espíritu de humildad nos guía para que no nos desviemos del camino angosto.

Las oraciones son un modo en que podemos hablar con Dios, pero también Él puede hablarnos a nosotros. Es importante reconocer esto en nuestras vidas de oración y pasar tiempo escuchando lo que el Señor quiere decir. Podemos confiar en que Él nos guiará, pero hará falta mucha rendición y escucha por nuestra parte.

Oh Señor, quiero depender de la promesa de que tú me guiarás a toda verdad. Por favor, guíame hoy. No permitas que me desvíe del camino que has trazado para mí.

FIRME

Pues las montañas podrán moverse
y las colinas desaparecer,
pero aun así mi fiel amor por ti permanecerá;
mi pacto de bendición nunca será roto
—dice el Señor, que tiene misericordia de ti—.

Isaías 54:10

Dios ha llenado su Palabra de promesas, y la mayoría de ellas son promesas de fidelidad y constancia. Podemos estar seguros de su amor porque Él lo ha demostrado una y otra vez, y las pruebas que ha atravesado están documentadas por toda la Biblia. Dios dice: «mi pacto de bendición nunca será roto». Cuando Dios hace un pacto, no lo rompe. No puede, porque hacerlo sería una contradicción de su carácter. Su amor es perfecto y está fundamentado en la eternidad.

La primera línea de este versículo de Isaías utiliza imágenes de destrucción física. Es importante saber que las montañas y las colinas están más seguras que la mayoría de las cosas que nos da miedo mover. Es más probable que nuestros trabajos o nuestras casas sean movidos. Sin embargo, aunque las montañas se muevan o se mueva todo el universo, el amor de Dios permanece fiel y firme.

Oh Dios, por favor hazme un hombre que ame la firmeza como tú. Hazme perfecto en tu amor y fidelidad.

UN HOMBRE QUE MOTIVA

Pensemos en maneras de motivarnos unos a otros a realizar actos de amor y buenas acciones.

HEBREOS 10:24

Cualquiera puede motivar a otros cristianos. Como hombres, sin embargo, tenemos la tarea específica de equiparnos unos a otros por medio de afecto fraternal. Podemos motivarnos unos a otros derrotando la presión de grupo negativa y animándonos unos a otros a «realizar actos de amor y buenas acciones». Este ánimo recuerda a los hombres que nos rodean la manera correcta de actuar. Cuando el mundo nos impulsa hacia el odio y el egoísmo, podemos motivarnos unos a otros empujándonos hacia la justicia y la piedad con una sencilla palabra o acto.

La motivación suele requerir medidas creativas. El autor dice: «Pensemos en maneras de motivarnos unos a otros». No siempre sabremos cómo motivar a alguien de la manera correcta, y puede que tengamos que pensar cuál es el mejor modo de animar a nuestros hermanos en Cristo. Todos somos diferentes, así que cada hombre necesitará palabras o actos diferentes que lo impulsen hacia Cristo. Por suerte, el Espíritu Santo nos ayuda en esta obra creativa de motivación.

Querido Jesús, por favor dame las palabras o muéstrame las acciones correctas para animar a mis hermanos y hermanas en Cristo. Hazme un buen hermano que motiva a tus hijos a hacer buenas obras.

LIBRE PARA TRIUNFAR

Pues ustedes, mis hermanos, han sido llamados
a vivir en libertad; pero no usen esa libertad
para satisfacer los deseos de la naturaleza pecaminosa.
Al contrario, usen la libertad
para servirse unos a otros por amor.

GÁLATAS 5:13

Cuando Cristo nos limpia de nuestros pecados, nos libera de nuestra naturaleza pecaminosa. Nos perdona al limpiarnos con su sangre, y la señales de nuestro pasado y futuro también son limpiadas. La naturaleza pecaminosa de la que habla Pablo no es la lujuria o la gula, sino el orgullo y el legalismo. Los deseos de la carne no son todos primitivos. El deseo de estar bajo la ley o alcanzar la salvación a través de ceremonias y sacrificios también es de la carne.

Los gálatas estaban cediendo ante sus deseos legalistas. Estaban destruyendo la fe unos de otros animándose mutuamente a intentar cumplir la antigua ley judía en lugar de enfocarse en la gracia y la fe del evangelio. ¿Estamos escogiendo el camino fácil de las normas en lugar de la fe? Una cosa es poner límites y otra es renunciar a la libertad de la fe para ser encadenados.

Amado Dios, por favor, enséñame a vivir en libertad en lugar de en cautiverio. Que las normas y las leyes estén detrás de mí, la cruz delante, y el fundamento de la fe bajo mis pies.

UN REGALO

Dios los salvó por su gracia cuando creyeron.
Ustedes no tienen ningún mérito en eso;
es un regalo de Dios.

Efesios 2:8

Un hombre que vive satisfecho es un hombre que es consciente de sus bendiciones. Muchas personas que tienen las riquezas y el renombre que deseamos en realidad están malditas y solo ven lo que no tienen. Cuando Jesús nos quita todo lo que tenemos, nos damos cuenta de que tenemos un regalo que vale más que cualquier otro: la salvación. «Ustedes no tienen ningún mérito en eso», dice Pablo. «Es un regalo de Dios». A la luz de este regalo, ¿acaso necesitamos algo más? ¿Pueden las relaciones rotas, la enfermedad o la pérdida disminuir la gloria del amor de Dios por nosotros? Su gracia se extiende más allá de la promesa de gloria eterna; nuestras vidas antes de que esa gloria comience son muy cortas.

Pablo dice que «Dios los salvó por su gracia cuando creyeron». Él nos ha descrito el proceso del viaje de todos los cristianos hacia la cruz. Hemos entrado en relación con Dios por el poder de su gracia, y nuestra tarea en el proceso es la de confiar y tener fe.

Dios generoso, me has amado mucho. Si el mundo no me diera ni una sola bendición, tengo esto; tú me amaste y me escogiste cuando no te merecía.

CAMBIO PROFUNDO

En cambio, quiero ver una tremenda
inundación de justicia
y un río inagotable de rectitud.

Amós 5:24

A los profetas les preocupaba la salvación individual de cada judío, pero sobre todo les preocupaba el estado social de su tierra natal. Los pecados de los individuos se habían combinado para formar un río que fluía lleno de pecados y apostasía. Querían un cambio profundo; querían que ese río de muerte que veían en Israel fuera transformado en un río por el que fluyera la justicia y la rectitud. Querían que el ambiente de la sociedad cambiara y pasara de ser tóxico a ser sanador.

¿Arde en nosotros ese mismo deseo? ¿Los problemas de nuestra sociedad nos rompen el corazón y buscamos el bienestar de nuestra ciudad o nuestro país? Dios quiere que los hombres estén activos en sus comunidades y lleven el evangelio del cambio a todo aquel que conozcan. Quiere que seamos agentes de cambio y trabajemos para que se produzca una inundación de justicia y la rectitud fluya como «un río inagotable».

Oh Dios, por favor renueva este mundo en el que me encuentro. Lleva tu justicia y tu rectitud a aquellos que no la merecen, entre los cuales me incluyo.

PRESUMIR DE LA DEBILIDAD

Cada vez él me dijo: «Mi gracia es todo lo que necesitas;
mi poder actúa mejor en la debilidad».
Así que ahora me alegra jactarme de mis debilidades,
para que el poder de Cristo
pueda actuar a través de mí.

2 Corintios 12:9

Nuestro poder reside en nuestra debilidad. Cuando fracasamos, nos refugiamos en Cristo dependiendo de Él en nuestro quebranto. La vida tiene muchas cargas preparadas para atarlas a nuestras espaldas. Pablo estaba muy familiarizado con estos dolores, y clamó a Cristo en 2 Corintios. Quería que Dios se llevara su dolor y lo confortara, pero no es así como Dios obra. «Mi poder actúa mejor en la debilidad», le dijo a Pablo. Imagina la decepción del apóstol Pablo cuando comprendió que sus cargas habían llegado para quedarse.

¿Somos capaces de alegrarnos por poder presumir de nuestras debilidades? En lugar de alabar aquello en lo que somos buenos, ¿le decimos a la gente todas las maneras en que fracasamos y cómo Dios lo compensa? Una vez que dejemos a un lado nuestros logros y nuestra imagen externa de éxito, podremos reflejar mejor el testimonio del Señor.

Dios de maravillas, tú mereces toda la alabanza. Ayúdame a confiar en ti como mi testimonio y a soltar mis propias fortalezas.

CONVERTIRSE EN UN HOMBRE

Cuando era niño, hablaba de cosas de niños
porque veía las cosas como un niño
y razonaba como niño. Pero llegó el día en el que
maduré y dejé a un lado las cosas de niño.

1 Corintios 13:11 TPT (Traducción libre)

Hay conductas y dificultades propias de diferentes temporadas de la vida. Cuando somos jóvenes, lidiamos con cosas como que los mayores nos miren por encima del hombro, intentar controlar nuestro temperamento o descubrir la sexualidad. Cuando maduramos, poco a poco dejamos a un lado «las cosas de niño». Si seguimos batallando con las cosas de niño, éstas nos irán controlando cada vez más.

Pablo dice: «veía las cosas como un niño y razonaba como niño». Sabe que no es justo juzgar a los niños según las normas de los adultos, porque todavía no tienen la mente o el cuerpo de un adulto. No pasa nada por tener dificultades, crecer y desarrollarse mientras no nos atasquemos en algún lugar del camino hacia la perfección. Jesús quiere caminar a nuestro lado a medida que nos convertimos en los hombres que Él visualiza, y su plan no es hacernos perfectos de la noche a la mañana.

Querido Jesús, por favor, trabaja en mí para que pueda madurar y dejar a un lado mis viejos hábitos. Que mis luchas no tengan poder sobre mí; quiero conquistarlas todas en su tiempo por medio de ti.

DIOS CONTESTA

Llevé mis problemas al Señor;
clamé a él, y respondió a mi oración.

Salmos 120:1

Cuando los adoradores de Baal y Asera tomaron el control de la religión en Israel, no hubo respuestas. Estos dioses falsos estaban hechos de madera y piedra, y por mucho que los sacerdotes paganos se cortaron, gritaron o sacrificaron, lo único que recibieron fue silencio. Nuestro Dios es único porque Él responde. Hay momentos difíciles de silencio en los que sentimos que Él no está ahí, pero los momentos de hermosa comunión que tenemos con Dios cuando Él nos habla en la quietud de nuestras almas los contrarrestan.

Deberíamos orar como si Dios respondiera. Él no es una deidad callada o pasiva. No quiere que oremos solo para que nos oigamos hablar a nosotros mismos; quiere que oremos con la mente lista para escuchar. ¿Por qué clamaríamos a alguien que no responde? Puede que responda de maneras que no esperamos, pero responderá.

Dios todopoderoso, gracias por ser un Dios que responde. Gracias por cuidarme en los momentos más oscuros. Te doy toda la gloria y la alabanza.

MIRAR ATRÁS

Sucederá en un instante, en un abrir
y cerrar de ojos, cuando se toque la trompeta final.
Pues, cuando suene la trompeta, los que hayan muerto
resucitarán para vivir por siempre.
Y nosotros, los que estemos vivos,
también seremos transformados.

1 Corintios 15:52

El trabajo y el placer son las principales motivaciones del hombre del mundo. Su propósito de vida es despertar cada mañana para trabajar y buscar el placer después de miles de formas diferentes. Sin embargo, nos espera una eternidad en la que lidiaremos con las consecuencias de nuestras decisiones. Tendremos que enfrentar el modo en que vivimos nuestras vidas y si estábamos realmente viviendo o solo sobreviviendo. ¿De qué nos arrepentiremos y que desearíamos que hubiera sido diferente?

Si Dios quiere, llegaremos a la resurrección con gozo por la manera en que Jesús nos usó como agentes de cambio. Si Dios quiere, miraremos atrás a nuestras vidas y veremos hombres que vivieron por lo correcto e hicieron sacrificios por aquellos que amaban. El cansancio del trabajo y los placeres de los que disfrutamos sin ser agradecidos no nos importarán en ese momento, y lo único que nos quedará será el trabajo o el placer que entregamos a Dios.

Querido Dios, por favor, toma cada hora de mi día y santifícala para tus propósitos. Quiero vivir para ti en cada momento y no solo por el placer o la necesidad.

OJOS PUESTOS EN EL CIELO

Pero según su promesa,
nosotros esperamos un cielo nuevo
y una tierra nueva,
en los que habita la justicia.

2 Pedro 3:13 NVI

¿Dónde está puesto nuestro enfoque y qué esperamos? El apóstol Pedro les dice a sus lectores que sigan esperando «un cielo nuevo y una tierra nueva». Todos tenemos pasados y recuerdos que muestran el peor lado de nuestro carácter. Ningún hombre puede decir que no tiene remordimientos ni fallos, y algunos de ellos pueden ser debilitantes. Pero Pedro no quiere que miremos a nuestro pasado y nos vengamos abajo; quiere que miremos al futuro y recibamos ánimo.

Cuán hermoso es nuestro futuro, en el que «habita la justicia» y ya no hay llanto ni sufrimiento. El nuevo cielo y la nueva tierra serán un lugar de descanso después de nuestro largo viaje, y podremos olvidarnos de una vez por todas de nuestros dolores y nuestro remordimiento. Ese es el futuro que esperamos con anhelo. Y, lo que es mejor, es el futuro que Cristo nos ha prometido, así que es un plan que no puede fallar.

Amado Dios, gracias por el futuro hacia el que puedo mirar con expectativa. Gracias por tu nuevo cielo y nueva tierra y las promesas que traen consigo.

CORAZÓN DE ADORADOR

¡Que todo lo que respira
cante alabanzas al Señor!
¡Alabado sea el Señor!

Salmos 150:6

La vida está llena de dificultades. La suma de las responsabilidades del trabajo, las dificultades de las relaciones y el agotamiento físico es demasiado como para que cualquier hombre pueda manejarlo solo. Demasiado a menudo lo único que conseguimos hacer es ser insensibles al dolor. Lo mejor que podemos hacer, sin embargo, es abrazar esa dificultad alabando al Señor en medio de ella. Al entregar nuestros corazones en alabanza a nuestro Creador y Redentor, nos liberamos mucho de la ansiedad que intenta aplastarnos.

Cristo ha sentido todo el dolor que podamos imaginar. Se ha dicho que la única forma de sanar nuestras heridas es mirar las suyas. Adorar a Jesús es poner nuestra mirada en Él en amor, honor y adoración. Nadie más es digno de entronarse en nuestro corazón. Él es perfecto en humildad y fuerza, y es el mayor ejemplo de masculinidad que tenemos. Alabémosle hoy.

Amado Jesús, anhelo adorarte solo a ti. Nadie más es digno de mi alabanza o mi más grande adoración. Toma el trono de mi corazón; te pertenece.

INDEPENDIENTE EN VIRTUD

Si somos infieles, él permanece fiel,
pues él no puede negar quién es.

2 Timoteo 2:13

Las virtudes de Dios no dependen de nosotros. Pablo testifica aquí que la fidelidad de Dios no depende de que nosotros también seamos fieles, y lo mismo es cierto de cualquier otro aspecto de Dios. Él no necesita que el mundo esté contento, en paz o cualquier otra cosa para que su carácter siga siendo bueno. Cuando Israel estaba en su momento más agnóstico y el sacrificio de niños había sustituido a la religión, Dios siguió siendo el mismo. Aunque nadie excepto unos pocos recordaban el nombre de Jehová, Él seguía siendo el mismo Dios de siempre.

Dios quiere que nosotros tengamos el mismo espíritu. Quiere hombres que no necesiten familias felices, trabajos satisfactorios o cualquier otra cosa que no sea Jesús. Quiere que sigamos siendo fieles y buenos aunque las circunstancias causen aflicción o pena, como les pasó a los profetas. Para poder dar el testimonio más claro, debemos ser independientes en nuestras virtudes y libres de las estructuras de este mundo.

Amado Jesús, por favor, hazme un hombre con un claro testimonio de piedad. Dame fe y justicia en todas las circunstancias.

CANTAR VERDADES

Que el mensaje de Cristo, con toda su riqueza, llene sus vidas.
Enséñense y aconséjense unos a otros
con toda la sabiduría que él da.
Canten salmos e himnos y canciones espirituales
a Dios con un corazón agradecido.

Colosenses 3:16

Pablo nos da maneras prácticas de dejar que las enseñanzas de Cristo habiten en nuestro interior. Con todos los pensamientos que nos distraen y las experiencias que procesamos cada día, es fácil olvidarse de las enseñanzas de Cristo hasta que el domingo las recordamos de nuevo. Esta no es una mentalidad de crecimiento espiritual, y a la larga nos impedirá crecer. En cambio, debemos dejar que las enseñanzas de Cristo vivan en nuestro interior en cada momento a través de los métodos que nos resulten más fáciles.

Pablo nos anima a dejar que la sabiduría prolifere a través de nuestros cantos. Pocos de nosotros cantamos fuera de la iglesia, y la razón suele ser que no creemos ser lo suficientemente buenos, pero Dios nunca dijo que necesitaba que los hombres fueran vocalistas talentosos. Él quiere que elevemos nuestros cantos a Él y que quienes nos oigan los escuchen no porque nuestras voces sean angelicales, sino porque cantar es hermoso en sí mismo como manera de expresar verdades.

Amado Jesús, por favor, obra en mi corazón mediante la presencia de tu enseñanza en mí. Que sea la vida en mi interior, y que llegue a ti mediante mi canto.

FORTALECIDOS CON PODER

Pido en oración que, de sus gloriosos
e inagotables recursos,
los fortalezca con poder en el ser interior
por medio de su Espíritu.

Efesios 3:16

Esta bendición del apóstol Pablo tiene un valor incalculable para cualquier hombre hoy en día. Nos recuerda primero los «gloriosos e inagotables recursos» de Dios y después pide que estos recursos nos fortalezcan con poder. No pide que recibamos poder de manera física y exterior, sino en nuestro espíritu por medio de una fortaleza interna. Que bendición por parte de Pablo, y qué bien muestra lo que necesitamos para ser hombres de Dios.

Dios no necesita hombres que tengan solamente fuerza física. Si la necesitara, nos habría prometido fuerza física. Él prometió darnos fuerza interior. Esta fuerza no siempre es visible, pero nos hace hombres que los demás pueden admirar y en los cuales se puede confiar. La fortaleza interna vale mucho más que la externa.

Querido Dios, gracias por tus reservas ilimitadas de bondad y por derramarla sobre mí. Por favor, hazme un hombre de fuerza interior en este día.

PERDONARSE UNOS A OTROS

Por el contrario, sean amables unos con otros, sean de buen corazón, y perdónense unos a otros, tal como Dios los ha perdonado a ustedes por medio de Cristo.

EFESIOS 4:32

El perdón no es una tarea fácil, y definitivamente no es algo que debemos tomar a la ligera. Jesús murió para perdonarnos; no solo «superó» nuestros pecados contra Él u olvidó fácilmente lo que habíamos hecho. Si nos cuesta amar a alguien que nos ofendió, eso es lo normal. Por eso el perdón es tan valioso; porque es difícil. Comienza con lo que dice Pablo, es decir, ser amable y de buen corazón, pero a menudo es un proceso largo y lento que toma tiempo y dedicación.

¿Contra quién tenemos resentimiento? Al no perdonar, estamos permitiendo que esas personas tengan poder sobre nosotros y no al revés. Estamos dejando que las heridas que nos hicieron no sanen, y eso es doloroso. Si queremos sentir gozo y el perdón de Cristo, debemos perdonarlos y soltar sus transgresiones.

Querido Dios, soy un hombre que ha sido ofendido, pero también te he ofendido a ti. Por favor, perdóname y enséñame a perdonar a aquellos que me han herido.

AGOSTO

Pues su ira dura solo un instante,
¡pero su favor perdura toda una vida!
El llanto podrá durar toda la noche,
pero con la mañana llega la alegría.

Salmos 30:5

LA MEJOR RENDICIÓN DE CUENTAS

No hay nada en toda la creación que esté oculto a Dios.
Todo está desnudo y expuesto ante sus ojos;
y es a él a quien rendimos cuentas.

Hebreos 4:13

En la iglesia, los hombres suelen tener amigos a los que les rinden cuentas y que les recuerdan la gracia que Dios ha puesto en sus corazones. Se ven a menudo, hablan de las noticias importantes en sus vidas y se cuidan unos a otros. Sin embargo, Dios, por encima de cualquier otro ser humano, es nuestro mejor compañero de rendición de cuentas. Como dice el versículo: «No hay nada en toda la creación que esté oculto a Dios». Antes de que le digamos las cosas, Él ya las sabe. Sin embargo, le rendimos cuentas precisamente porque lo sabe todo.

Las palabras de Hebreos son gráficas: «Todo está desnudo y expuesto ante sus ojos». Sea cual sea nuestra vergüenza o la naturaleza desagradable de lo que hayamos hecho, Él lo sabe. Lo sabe y solo debemos confesarlo y confiar en su perdón. Ya sea que ocurrió en nuestra mente o en nuestra soledad, esconderlo de Dios no tiene sentido.

Omnipotente Dios, por favor, perdóname por los pecados que intento esconder de ti. Muéstrame qué ves en mí; no puedo esconderme de tu mirada. Quiero aprender a vivir con valentía y fe delante de ti.

TRABAJO Y DESCANSO

El Señor da fuerzas al cansado,
y aumenta el vigor del que desfallece.

ISAÍAS 40:29 RVC

Estar agotado no es pecado. Dios creó al hombre para que trabajara y luchara por sus metas, pero su intención no era que lo hiciera sin interrupción. La vida está llena de ritmos, y uno de esos ritmos principales es el trabajo y el descanso. Como hombres, reconocemos nuestros límites y nuestra dependencia de Dios al dejar de trabajar y descansar en la presencia de Dios. Al descansar cuando estamos cansados, le estamos pidiendo a Dios la fuerza para continuar. Cuando somos débiles, debemos pedirle el vigor que necesitamos en lugar de intentar conseguirlo por nuestros propios medios.

Dios exaltará a los humildes y, como dice el versículo, aumentará el vigor de los que desfallecen. Mientras creamos que somos fuertes, Dios no nos exaltará. Mientras nos llenemos de orgullo por nuestro poder o habilidades, despreciaremos la bendición de Dios. Debemos tener una actitud de humildad y reconocer que nuestro poder es solo una fracción de lo que es posible.

Querido Dios, revela mis debilidades. Hazme lo suficientemente humilde para clamar a ti cuando necesite poder. Cuando mi cuerpo y mi mente fallen, quiero depender de ti.

LLAMADO SANTO

«Todos los que mi Padre me ha dado vendrán. Porque yo recibiré a todos los que vengan a mí y nunca los rechazaré».

JUAN 6:37 TPT (TRADUCCIÓN LIBRE)

Somos ovejas perdidas hasta que Jesús nos incluye en su nueva familia. Además, estamos muertos en nuestros pecados, y los hombres muertos no pueden tomar decisiones. Dependemos completamente de la decisión del Padre de entregar a su Hijo para que Él pudiera recibirnos y acercarnos a su amor. Por suerte, Él promete recibirnos pase lo que pase. Por mucho pecado que haya en nuestro pasado o por muy despreciable que sea el estado de nuestras almas, Jesús ha lidiado con cosas peores.

Todos los hombres buenos se sienten como un monstruo en algún punto de sus vidas. Al ver la suciedad de su alma y de su mente, se pregunta si alguien podría amarlo, pero eso es lo que más gloria le da a Dios. El plan de Dios es amar a los que no son dignos de amor, hacer lo imposible y convertir a inútiles en sabios. No redime a todas las personas que creeríamos que redimiría, y se deleita en lo inesperado.

Buen Pastor, es una bendición encontrar favor ante tus ojos. En este día, oro por todas las personas en mi vida que sienten que están fuera de tu alcance. Por favor, recíbelas, Jesús.

4 DE AGOSTO

TESTIMONIOS ABIERTOS

Nadie enciende una lámpara y luego la cubre con un tazón o la esconde debajo de la cama. Una lámpara se coloca en un lugar alto, donde todos los que entran a la casa puedan ver su luz.

Lucas 8:16 NVI

El pecado es traicionero y se cuela en todas las áreas de la vida como un cáncer. Como hombres de Cristo, somos fundamentalmente diferentes a los hombres que nos rodean y que no tienen al Señor en sus corazones. Si somos de Dios, tenemos una visión diferente de la humildad, la integridad sexual, la honestidad y la mayoría de otras áreas de la vida de la que tienen nuestros contemporáneos. Ellos querrán saber por qué.

Debemos explicar que la luz que ilumina nuestras almas es lo que nos hace diferentes. Cuando la gente pregunta acerca de nuestra conducta, nuestras palabras o nuestras decisiones, Jesús debe estar en el centro de nuestra respuesta. Él es la razón, y debemos darle la gloria que merece. Su testimonio es nuestro gozo, y podemos compartirlo sin temor. Una meta digna para los hombres cristianos es ser una fuente de seguridad y valentía para otros. ¿Cómo podemos reflejar eso con nuestro testimonio? ¿Cómo podemos llegar a compartir nuestra historia cómodamente y sin temor?

Jesús, sé lo primero en mi corazón y en mi conducta. Enséñame a compartir tu testimonio con audacia.

PREPARADO PARA EL ÉXITO

Las esperanzas del justo traen felicidad,
pero las expectativas de los perversos
no resultan en nada.

PROVERBIOS 10:28

Cuando nuestros corazones están lejos de Dios, nuestros planes sin duda nos decepcionarán. El autor de este versículo nos advierte acerca de la completa futilidad de los planes que no son de Dios. La justicia es el resultado de estar cerca de Jesús, y estar cerca de Jesús nos ayuda a entender sus planes para nosotros. En lugar de trazar planes, caminamos con esperanza. Alineamos nuestros corazones con los planes de Dios que siempre se cumplirán, mientras que nuestras ambiciones son como embarcaciones azotadas por las olas que se estrellan contra las piedras.

¿Te estás preparando para el éxito? Ya seas un hombre que planifica demasiado o un hombre que no planifica nada, te estarás preparando para el fracaso, a menos que tus planes estén basados en una esperanza de justicia. Dios no quiere que seamos apáticos, ni que planifiquemos toda nuestra vida; quiere que busquemos sus planes perfectos y vivamos a la luz de ellos.

Querido Jesús, por favor acércame a ti. Al estar cerca de ti, hazme justo y que la justicia me dé esperanza.

BEBE ABUNDANTEMENTE

¡Con alegría ustedes beberán abundantemente de la fuente de la salvación!

Isaías 12:3

La mayoría de los hombres viven a medias. No le ponen corazón a lo que hacen y no tienen ni idea de lo que es el gozo verdadero. El concepto mismo de beber abundantemente es desconocido para ellos. Esa no es la vida a la que Dios llama a los hombres cristianos. Debemos destacar por poner todo el corazón en los esfuerzos que hagamos. Debemos ser diferentes, porque vivimos con pasión.

Como dice este versículo, la fuente que nos sostiene es la salvación. Por mucho dolor o sufrimiento que experimentemos, nadie puede quitarnos nuestra salvación. Un hombre puede regocijarse en cualquier situación porque tiene al Señor, y esa bendición pesará siempre más que cualquier tristeza. Esto no es solo algo para animarnos a nosotros; también es para animar a los que nos rodean si se lo decimos. Podemos ser como puntos de apoyo en las dificultades cuando bebemos abundantemente de la salvación del Señor en los momentos en los que el mundo no nos da nada por lo que gozarnos.

Dios, hazme un hombre que vive la vida con todo el corazón. Que la fuente de mi gozo sea tu salvación, porque nada en este mundo puede quitármela.

MOMENTOS OSCUROS

Sonríe sobre mí porque soy tu siervo.
Que tu amor eterno y gracia gloriosa
me salven de toda esta tristeza.

SALMOS 31:16 TPT (TRADUCCIÓN LIBRE)

Aquellos que conocen la luz sienten la oscuridad del mundo más tangiblemente. David, siendo un hombre conforme al corazón de Dios, estaba familiarizado con la justicia. Le pide a Dios «amor eterno y gracia gloriosa» porque la había probado antes. Sabe cuán agradable es que el Señor te consuele. Hemos sido llamados a comportarnos de la misma manera y dejar que nuestro dolor y nuestras pruebas nos acerquen más a Dios y a una dependencia santa. Un hombre solo puede ser independiente si depende del Señor.

Los momentos oscuros siempre llegarán, pero no pasa nada. Está bien sentir la pérdida, la traición, la ansiedad y el dolor si lo sentimos de la mano de nuestro Salvador. Cuando sentimos que Él está lejos, podemos clamar a Él como David y seguir esperando en Él para que la oscuridad no nos ahogue. El hombre se perfecciona en la dificultad, la tristeza, y en no perder la esperanza a pesar de las circunstancias.

Dios de luz, eres mi única esperanza en la oscuridad. No tengo ningún otro plan, y necesito tu salvación. Por favor, sonríe sobre mí y sálvame, oh Señor.

MÁS ALLÁ DE LO VISIBLE

Ustedes lo aman a pesar de no haberlo visto; y aunque no lo ven ahora, creen en él y se alegran con un gozo indescriptible y glorioso.

1 Pedro 1:8 NVI

Los hombres son producto de su entorno. Sus circunstancias pasadas determinan sus actos, porque ejercen influencia sobre ellos en situaciones actuales todos los días. No pueden evitarlo. Cuando la vida o el pasado está lleno de adversidad, tienen dos opciones: se derrumban o buscan propósito más allá de las pruebas que enfrentan. Jesús es el propósito mas allá de nuestras circunstancias visibles. Pedro dice: «Ustedes lo aman a pesar de no haberlo visto». Los hombres de Cristo viven por lo que no ven.

Más adelante, Pedro dice: «creen en él y se alegran con un gozo indescriptible y glorioso». Como hombres de Cristo, debemos ser fuentes de ese gozo glorioso e indescriptible. Es un reto, pero es lo único que nos llevará a cumplir el plan de Dios para nosotros. Podemos reconocer las pruebas del día de hoy y el dolor de nuestro pasado mientras vivimos con gozo alabando al Señor por su luz gloriosa.

Querido Dios, por favor, hazme un hombre que no es dictado por sus circunstancias. Que mi fe esté puesta en lo invisible, y mi fuente de gozo esté en ti.

RESPONDER IGUAL

Pues todas las promesas de Dios se cumplieron
en Cristo con un resonante «¡sí!»,
y por medio de Cristo, nuestro «amén»
(que significa «sí») se eleva a Dios para su gloria.

2 Corintios 1:20

En Cristo tenemos la respuesta a todas nuestras peticiones. Él nos ha dado lo que deseábamos en lo profundo de nuestros corazones. Él es la promesa cumplida de Dios «con un resonante "¡sí!"». En un mundo de rechazo y desánimo, Dios contiene la marea de nuestras dudas y críticas con la obra que completó: enviar a su Hijo en semejanza a la carne pecaminosa para llevar nuestro orgullo y vergüenza y darnos el poder de vivir otra vez.

¿Cómo respondemos al resonante «¡sí!» de Cristo? Dios creó a los hombres para que le dieran gloria y clamaran «amén» a sus planes. Fuimos creados para guiar a los demás de regreso a los caminos de justicia y acercarlos más a nuestro Dios y Salvador. De la misma forma que Cristo, lleno de pasión y justicia, declaró «¡sí!» a nuestras esperanzas, nosotros respondemos igual. Con esperanza y fuerza, respondemos a Cristo con honor y devoción.

Amado Jesús, recuérdame las promesas gloriosas que han sido cumplidas en ti. Hazme un hombre que vive en tus promesas con gran agradecimiento y pasión.

ESTUDIA SUS PENSAMIENTOS

Sus obras inolvidables y asombrosas revelan su gracia y tierna misericordia.

SALMOS 111:4 TPT (TRADUCCIÓN LIBRE)

En las obras de Dios podemos ver sus pensamientos. El salmista de hoy era un hombre rico en sabiduría y asombro porque estudiaba las obras de su Creador. Según Proverbios 25:2: «La gloria de Dios es ocultar un asunto y la gloria de los reyes es investigarlo» (NVI). ¿Queremos alcanzar la gloria? Lo mejor que podemos hacer es estudiar el mundo que Dios creó y su Palabra en la que escondió su sabiduría. Admirar sus «obras inolvidables y asombrosas» nos llenará y sostendrá nuestros corazones más que cualquier otra cosa.

Muchas veces nuestras vidas acaban orientadas a la tarea, pero en el pico de nuestra productividad deberíamos detenernos para recordar las obras inolvidables de Jesús. Él quiere ser el punto focal de nuestra atención, y deberíamos mirarlo a Él cuando más distraídos estemos. Su gracia y tierna misericordia reorientarán nuestros ojos hacia la cruz y nos recordarán lo que realmente importa.

Querido Jesús, fija mis ojos en lo que tú has hecho. Que pueda ver la gloria de la obra de tus manos que revela tu carácter y sabiduría en la creación y en la Escritura.

PACIENCIA Y CONFIANZA

Pero si deseamos algo que todavía no tenemos, debemos esperar con paciencia y confianza.

ROMANOS 8:25

Cuando los demás vean nuestra manera de actuar y se den cuenta de que destacamos por nuestra pureza religiosa, deberíamos estar preparados para dar una razón. Deberíamos poder apuntar a la cruz de Jesús, diciendo que Él volverá y que deseamos vivir vidas fructíferas para Él. Sí, esperamos «con paciencia y confianza», porque hay muchas razones para esperar. Si gastáramos nuestros días en placer y monotonía, acabaríamos lamentándonos.

¿Cómo podemos fallar en nuestro intento de esperar pacientemente? La vida de un hombre es una vida de negocios y fechas de entrega. Puede ser difícil aprender a tener paciencia en nuestra cultura que está orientada a la productividad. Sin embargo, a nuestro alrededor podemos encontrar todo tipo de oportunidades para crecer en paciencia, como por ejemplo usar las escaleras en lugar del elevador o aprender a mantener la calma cuando nos provoquen. Jesús es un ejemplo perfecto de paciencia; en su vida hay muchas lecciones de lo que significa esperar.

Señor, ayúdame a esperar con confianza y paciencia tu segunda venida. Enséñame a gastar mi vida en lo que es importante para ti.

DIOS DE PODER

El Señor tan solo habló y los cielos fueron creados.
Sopló la palabra, y nacieron todas las estrellas.

Salmos 33:6

A Dios no le supone ningún esfuerzo hacer lo que ni siquiera todas las personas de este mundo trabajando al unísono podrían conseguir. Para Él no es difícil poner las estrellas en su lugar o crear miles de galaxias. Los miles de millones de dólares y de horas de trabajo que dedicamos a proyectos no son nada para Él, y sonríe cuando ve nuestros pequeños planes que a nosotros nos parecen tan ambiciosos. Este salmo nos dice que «el Señor tan solo habló». Piensa un momento en lo poco que podemos conseguir con nuestra propia voz en comparación.

Es fácil para un hombre quedarse atrapado en su orgullo. Lo usamos para abrigarnos en este mundo tan frío, pero no es una fuente de consuelo digna. Nuestros pequeños logros y nuestra fuerza insignificante no son algo de lo que estar orgullosos. Solo con hablar, Dios hace que nazcan galaxias enteras, y quiere que nosotros seamos sus hijos benditos; esa es nuestra fuente de orgullo. Nuestro Dios es más grande que las aspiraciones más nobles y más altas que cualquier hombre haya tenido acerca de sí mismo.

Poderoso Jesús, tú fuiste el Verbo en el principio. Por ti y por medio de ti todo llegó a existir. ¡Te alabo por eso!

PALABRAS PRUDENTES

Cuida tu lengua y mantén la boca cerrada,
y no te meterás en problemas.

PROVERBIOS 21:23

Cualquier hombre acaba metido en problemas mucho más a menudo de lo que le gustaría admitir. Vivimos en un mundo de dificultades rodeados de posibles percances como si fueran cepos para osos. El autor de Proverbios quiere ayudarnos a evitar algunas de estas situaciones poco deseables. La comunicación es el lugar de nacimiento de muchos problemas, especialmente la mala comunicación, y esto ocurre la mayoría de las veces a través de nuestras palabras. Tener cuidado con lo que decimos es la mejor manera de mantenernos alejados de los problemas.

Hay pocos hombres en este mundo que tengan cuidado con lo que dicen. Aún dentro de la iglesia, la mayoría de los hombres intentan ser buenas personas, pero no reconocen el efecto que tienen sus palabras sobre los demás. Tener cuidado con lo que decimos aplica cada vez que nos comunicamos. Ya sea que nos sintamos espiritualmente fuertes o espiritualmente decaídos, es imposible saber el impacto que nuestras palabras negativas pueden tener sobre los demás. Si no cuidamos nuestras palabras, haremos daño a otros sin importar cuáles sean las razones que tengamos por no haber tenido un buen día.

Dios, independientemente de la situación o de mi estado espiritual, por favor ayúdame a tener cuidado con lo que digo. Ayúdame a cuidar mi lengua para no desanimar a mi comunidad.

TE HA DADO A CONOCER

¡Hombre! El Señor te ha dado a conocer lo que es bueno, y lo que él espera de ti, y que no es otra cosa que hacer justicia, amar la misericordia, y humillarte ante tu Dios.

Miqueas 6:8 RVC

El propósito de un hombre es vivir en el amor de Dios y aprender cada día a disfrutar de Él. Lo cierto es que, cuando un hombre está en su mejor momento, los demás pueden depender de él espiritualmente y de otras maneras. El versículo dice que debemos «amar la misericordia, y humillarte ante tu Dios». Si tenemos misericordia con los demás y nos humillamos ante Dios, no hay lugar para el orgullo. Nuestra capacidad para servir viene de nuestra renovación en Cristo así que no es un logro nuestro.

No hay excusa para ser desobedientes. A todos nos ocurre, pero eso no significa que sea excusable. No tenemos nunca una buena razón para fracasar, porque «el Señor te ha dado a conocer lo que es bueno». Cada vez que tenemos un fallo moral la gracia de Dios nos cubre, y nunca debemos olvidar eso.

Oh Señor, gracias por escribir tu Palabra en mi corazón. Gracias por estar presente conmigo y darme el privilegio de ser una bendición para los demás. Enséñame a caminar en humildad.

TRAYECTORIA

En ti confían los que conocen tu nombre,
porque tú, Señor, jamás abandonas a los que te buscan.

Salmos 9:10 NVI

Todo el mundo tiene una reputación. Ya sea buena o mala, las personas nos conocen por nuestra reputación. Cuanto más tiempo llevemos en la fe, más fuerte se hace esta reputación y más demuestra que somos hijos del Señor. Él tiene una trayectoria perfecta de fidelidad, y nunca ha abandonado a quienes lo buscan. El salmista celebra esto declarando que, en un mundo lleno de incertidumbre, se puede confiar en Dios.

¿Confiaremos en el único ser que es perfecto y nunca falla? ¿Estamos dispuestos a no confiar en nosotros mismos y dejar que nos sostenga el único fundamento firme? Cualquier día que pasemos buscando otra cosa que no sea el Señor es un día perdido. Lo único que podemos hacer es dejar a un lado todas las distracciones que intentan llamar nuestra atención. En cambio, debemos depender del Señor y buscar su rostro.

Oh Dios, por favor sé el centro de mi búsqueda. Sé aquel que necesito y aquel en el que me apoyo. Nadie más es perfecto en fidelidad, así que enséñame a poner mi fe en ti.

CONSCIENTE DE DIOS

Nunca olvido el fiel amor que me tienes;
tu fidelidad guía mis pasos.

SALMOS 26:3 PDT

¿Cuántos hombres dirían que son conscientes de Dios? El salmista que escribió el Salmo 26 es un hombre consciente de Dios que dice: «tu fidelidad guía mis pasos». Para los demás podría parecer fuerte, independiente y enfocado en su situación, pero él mantiene su mente centrada en el amor de Dios más que en su situación. Su independencia externa nace de haber dejado que el Dios de promesas y fe guíe sus pasos. Todos los hombres de Dios que tenemos a nuestro alrededor y que proyectan inteligencia y una confianza verdadera las han encontrado al ser quebrantados por el Señor para confiar y depender de Él.

Fiel es la palabra que el autor utiliza para describir el amor de Dios. Más que simplemente no traicionarnos, su amor es constante. Es como una viga de madera que ha recibido golpes, que ha sido forzada y que ha cargado mucho peso pero sigue sosteniendo la casa. El alma humana es esa casa. Si queremos pasar la prueba del tiempo, Dios debe ser la viga que nos sostiene.

Oh Señor, solo tú eres constante en amor y fe. Te entrego mi vida a ti, Señor. Solo al depender de ti tendré nuevas fuerzas.

UN SOLO CAMINO

«Yo soy el camino, la verdad y la vida;
nadie puede ir al Padre si no es por medio de mí».

JUAN 14:6

Cuando Jesús dijo que Él era el único camino, no solo estaba refiriéndose a otras religiones. El budismo, el islam y otras religiones no nos acercarán al Padre, pero tampoco lo harán la autosuperación, la resistencia estoica o cualquier otra filosofía interna en la que pongamos nuestra confianza. Jesús es el único camino. Si queremos perdón, una conciencia limpia, o cualquier tipo de sanidad de parte del Padre, debemos aprender a abandonarnos a nosotros mismos y aferrarnos a Jesús. Él es el único camino que vale la pena tomar.

¿Qué otros caminos estamos intentando tomar? ¿Qué disciplina o práctica espiritual ha sustituido la presencia de Jesús en nuestros corazones? Una relación con Jesús es complicada, humilla hasta al hombre más orgulloso y no es fácil. Implica pedir perdón a personas que nos gustaría no volver a ver, y reconciliarnos con muchas cosas que no son fáciles de manejar. Un hombre nunca será la persona que fue destinada a ser mientras se niegue a tener una relación con Cristo.

Querido Jesús, tú eres el único camino hacia la novedad de vida. Nadie más puede sanar mi corazón roto y transformarme en una persona nueva.

MISERICORDIA Y COMPASIÓN

«Muestra misericordia y compasión a los demás del mismo modo que tu Padre celestial sobreabunda en misericordia y compasión para con todos».

Lucas 6:36 TPT (Traducción libre)

Todos los hombres tienen poder. Cuando alguien les hace mal, deben escoger entre la misericordia o el juicio. Un hombre de Cristo sabe que ha recibido misericordia y compasión por parte de su Salvador, así que es rápido para mostrar la misma misericordia y compasión a los demás. Esto lo hace diferente de las personas que lo rodean y que no tienen una manera fácil de lidiar con el mal que reciben.

Ser misericordioso y compasivo no es algo natural. Cuando alguien nos ofende, lo natural es defendernos y hacer daño al que nos dañó. Esto no nos hace más fuertes, pero pareciera que sí. Para ser fuertes debemos ser como Cristo y sobreabundar en algo que el mundo no espera: misericordia y compasión. Hace falta mucha fuerza para mirar nuestras heridas y aflicciones y entregarle a Dios su sanidad en humildad y entendimiento.

Dios misericordioso, por favor trabaja hoy en mi corazón. Quiero ser un hombre de misericordia que no se deja aplastar por sus aflicciones y heridas.

BUEN LIDERAZGO

Carguen con mi yugo y aprendan de mí,
pues yo soy apacible y humilde de corazón,
y encontrarán descanso para sus almas.

MATEO 11:29 NVI

Cristo tiene derecho a ser cruel con nosotros. Tiene derecho a no ser amable, pero nos muestra humildad y comprensión porque su corazón rebosa de bondad. Hay muchos hombres que son crueles y no tienen humildad. No tienen derecho a ejercer su autoritarismo, pero lo hacen igualmente por orgullo e impaciencia.

¿Cómo sería si siguiéramos el ejemplo de Jesús de liderazgo y masculinidad? Jesús quiere enseñarnos y guiarnos con gracia y bondad en su corazón dándonos descanso. Nosotros también nos encontraremos algunas veces en posiciones de autoridad, y esa es la actitud que deberíamos tener hacia aquellos que nos han sido confiados. Deberíamos buscar ser amables en nuestra enseñanza y humildes en toda circunstancia. Esta es la única mentalidad que podemos tener, porque es una mentalidad justa que refleja a Cristo.

Querido Dios, por favor, hazme un buen líder como tú. Quiero enseñar a otros con amabilidad y darles descanso como tú me das descanso.

DESEOS SANTOS

Que te conceda lo que tu corazón desea;
que haga que se cumplan todos tus planes.

SALMOS 20:4 NVI

Si nuestros planes o nuestros deseos son malvados, Dios no nos los dará. Él no honrará un corazón pecaminoso cumpliéndolos, porque no puede negar su propio carácter. El primer paso para recibir los deseos de nuestros corazones es tener deseos santos. De la misma manera, el primer paso para ver realizados nuestros planes es tener planes en consonancia con la voluntad de Dios. Él se deleita en conceder bendiciones a sus hijos y nos bendecirá sin medida.

Un incrédulo se decepciona cuando se le niegan las cosas que desea y cuando ve que sus planes se desmoronan. Un hombre que intenta seguir a Dios mientras hace sus propios planes y vive con deseos de la vieja naturaleza también se decepcionará. Si queremos felicidad, debemos dejar a un lado nuestros antiguos caminos. Debemos poner el fundamento de nuestros planes en los planes que Cristo tiene para nosotros y buscar su voluntad en cada paso.

Querido Dios, gracias por tener un plan bueno para mí. Por favor, revélamelo; ayúdame a buscar tu voluntad en cada paso. Que mi corazón, como el tuyo, desee las cosas del cielo.

VIVIR EN TEMOR

Pues su amor inagotable hacia los que le temen es tan inmenso como la altura de los cielos sobre la tierra.

SALMOS 103:11

Cuando el salmista exalta a aquellos que «temen» al Señor, no está pensando en un temor primitivo parecido al terror. Primera de Juan 4:18 condena este tipo de temor cuando dice: «En el amor no hay temor, sino que el amor perfecto echa fuera el temor» (NVI). El temor que alaba el salmista es un temor reverente. Se parece al temor porque dirige nuestra atención hacia algo y hace que reconozcamos su poder y capacidad para destruirnos, pero es un temor santo y no un temor al castigo (1 Juan 4:19), y produce asombro y maravilla.

Dios reserva este amor ilimitado para aquellos que lo temen. Está listo para bendecir a todos los que se acercan a Él en humildad. Está más que dispuesto a derramar su amor sobre nosotros, y lo único que pide es que reconozcamos su lugar y nuestra pequeñez. Esto no siempre es fácil para los hombres, ya que somos criaturas orgullosas. Pero es la única manera de que podamos acercarnos a nuestro Salvador que nos ama.

Querido Dios, por favor, lléname de reverencia y un temor santo por quién eres tú. Quiero ser un hombre justo que no se cree mucho, ni se exalta; prefiero exaltarte a ti.

NUESTRA PRIMERA META

Busquen el reino de Dios por encima de todo lo demás y lleven una vida justa, y él les dará todo lo que necesiten.

MATEO 6:33

Para tener un matrimonio exitoso, un trabajo, vida en comunidad o cualquier otra cosa buena que deseemos, tenemos que buscar primero el reino de Dios. Si buscamos el amor, la fama o la riqueza, no las recibiremos. Nuestras relaciones interpersonales se desintegrarán y nuestras carreras profesionales se degradarán por la falta de sinceridad y la falsedad. Solo podremos cumplir nuestras metas si hacemos que Dios sea nuestra meta primordial y más importante. El trono de nuestras vidas solo debe pertenecer a Cristo, y Él no permitirá que lo coloquen en segundo lugar.

En este pasaje, Jesús dice: «lleven una vida justa, y él les dará todo lo que necesiten». El éxito que Jesús nos da podría no ser el éxito que esperamos. Puede que nuestras metas y aspiraciones se esfumen a la luz del plan que Jesús tenía para nosotros desde el principio. Al final, nos daremos cuenta de que su camino es mejor que el nuestro, pero podríamos tardar tiempo en verlo.

Querido Señor, por favor, trabaja en mi corazón. Quiero ser un hombre que busque tu reino primero y te ponga siempre en primer lugar.

ACEPTACIÓN

Pues todo el que pide, recibe;
todo el que busca, encuentra;
y a todo el que llama, se le abrirá la puerta.

Lucas 11:10

Recibir aquello por lo que trabajamos es algo grandioso y glorioso, pero invertir tiempo y energía en algo y no recibir nada a cambio es una gran pérdida con la que es difícil lidiar. Los seres humanos tienen por naturaleza el deseo de buscar y encontrar. Este deseo nos lleva a Dios, y Jesús en este versículo nos invita abiertamente a buscarlo a Él y ser recibidos con aceptación. Si buscamos, hallaremos. Si llamamos a la puerta, se nos abrirá. Lo que le pidamos, recibiremos.

Jesús desea nuestra sanidad y redención; lo desea más de lo que podríamos entender. Cada promesa de aceptación es una razón que nos da para que nos acerquemos a Él. ¿A qué estamos esperando? ¿Qué orgullo o temor se ha interpuesto entre nosotros y una redención completa y entregada?

Querido Jesús, hoy te buscaré. Te buscaré en los pequeños y grandes momentos de esta vida. Buscaré tu rostro sabiendo que has prometido aceptarme.

AMOR SACRIFICIAL

Yo soy el buen pastor. El buen pastor da su vida en sacrificio por las ovejas.

JUAN 10:11

El amor encuentra su significado en el sacrificio. La única manera de saber cuánto amamos verdaderamente a alguien es poner sus necesidades por delante de las nuestras. En esencia, el amor es una decisión que muchas veces va acompañada de emoción. El amor es la decisión de sacrificar nuestro tiempo y nuestras necesidades a favor de las de alguien más, y eso es difícil de hacer. Se hace más fácil cuando vemos el amor sacrificial que Cristo mostró por nosotros en la cruz.

En nuestras vidas, ¿cómo podemos decidir amar a otros mejor de lo que ya lo hacemos? Las parejas románticas, los amigos y los extraños son todos buenos candidatos a recibir el amor sacrificial de un hombre. Como hombres, debemos aprender a convertirnos en modelos de este amor para que otros puedan seguir nuestro ejemplo. Nuestro mundo no prioriza el amor como lo hace la Biblia, pero nosotros no somos de este mundo y no tenemos por qué seguir el modelo vacío de la sociedad en cuanto a la masculinidad.

Amoroso Jesús, necesito ser sacrificial como tú. Recuérdame lo que hace un buen pastor y cómo puedo hacer lo mismo por aquellos que me rodean.

SOLTAR

Olviden las cosas de antaño;
ya no vivan en el pasado.

Isaías 43:18 NVI

El pasado puede ser un ancla que nos arrastre a las profundidades oceánicas de nuestras emociones. El mundo está lleno de experiencias adversas, y estas se acumulan en nuestros recuerdos. Ahí se amontonan, y si cargamos con el pasado a nuestras espaldas, este acabará aplastándonos. Isaías dice con mucha sabiduría: «Olviden las cosas de antaño; ya no vivan en el pasado». Hay momentos para reflexionar, pero no es una actividad que debamos realizar constantemente.

Una de las verdades principales del cristianismo es que Dios olvida nuestros pecados. En un sentido, es el proceso mediante el cual Él aparta la mirada de nuestros errores. En su perdón perfecto, Dios está listo para olvidar las cosas de antaño por nuestro propio bien cuando se lo pedimos. En realidad, la pregunta es si nosotros estamos listos para olvidarlas. Tal vez seguimos aferrados al pasado y no estamos dispuestos a dejarlo ir tan rápidamente como Jesús.

Querido Jesús, ayúdame a soltar. No quiero que las cosas de antaño me impidan avanzar. Es difícil, y no puedo hacerlo sin ti.

SEGUIR

Perseverar con paciencia es lo que necesitan ahora
para seguir haciendo la voluntad de Dios.
Entonces recibirán todo lo que él ha prometido.

Hebreos 10:36

La parte más fácil de todas las carreras es el principio y el final. Al principio estamos llenos de energía y emoción. Al haber decidido llevar a cabo la tarea que tenemos entre manos, estamos ansiosos por completarla, y la fatiga y el dolor todavía no han llegado. Al final de la carrera podemos ver la línea de meta y, por lo tanto, la culminación de nuestros esfuerzos. La promesa de alivio está a la mano y nuestro agotamiento físico hace que pensar en ella sea aún más agradable. Sin embargo, entre esos dos momentos de emoción está el medio.

El medio de la carrera es donde comienzan a llegar las dudas. Empezamos a preguntarnos qué estamos haciendo y anhelamos el alivio de darnos por vencidos. Nos impacientamos con el dolor que estamos experimentando. El autor de Hebreos nos anima en esos momentos. «Perseverar con paciencia es lo que necesitan ahora». Si queremos llegar a la meta, debemos continuar. Si lo único que podemos hacer es seguir, eso es suficiente.

Señor, dame las fuerzas para seguir hoy en la fe. Necesito tu ayuda para aguantar en esta fase difícil de la carrera en la que me encuentro.

ESPERANZA EN LAS PRUEBAS

Pero de una cosa estoy seguro:
he de ver la bondad del Señor
en esta tierra de los vivientes.

Salmos 27:13 NVI

Tener esperanza es algo valiente y casi peligroso. Cuando la oscuridad nos asalta y nos abate, dejándonos quebrados y sin poder respirar, recordar la luz es un acto de valentía. Para David, es una fuente de confianza. Es más fácil rendirse y reconocer la derrota, pero eso le roba el significado a nuestro sufrimiento. Hace que no haya valido la pena. Solo si perseveramos con esperanza podemos conquistar nuestro sufrimiento en lugar de dejar que éste nos conquiste a nosotros.

Jesús quiere hombres que sufran bien. Quiere hombres que puedan aferrarse a las promesas de Dios sin soltarse. Quiere hombres que puedan liderar en medio del sufrimiento, pararse en medio de la oscuridad arrolladora, y animar a aquellos que les rodean. Es un estándar abrumador al que apuntar, pero tenemos las fuerzas del Dios todopoderoso que está de nuestro lado. Tenemos el apoyo de un Dios que no permitirá que suframos para siempre.

Brillante Jesús, dame esperanza en las dificultades. Veré de nuevo la bondad del Señor. De eso estoy seguro.

YA SOMOS PERFECTOS

Pues mediante esa única ofrenda, él perfeccionó para siempre a los que está haciendo santos.

Hebreos 10:14

¿Puede ser cierto que ya somos perfectos? Es difícil de imaginar, pero a través de la muerte de Cristo somos perfectos. Nuestras deudas han sido perdonadas y hemos sido hecho justos ante Dios. Dios no aceptará una medida de justicia a medias, así que ante sus ojos somos perfectos en justicia gracias a la muerte de su Hijo. También es cierto que estamos siendo hechos santos. Seguimos aprendiendo acerca del carácter de Dios y cómo honrarlo con nuestros corazones y nuestra conducta.

La muerte de Cristo fue la ofrenda suprema. Él no tuvo que ofrecerse repetidamente como las ofrendas que se sacrificaban en el Antiguo Testamento. Fue una vez y fue para siempre. Nadie puede cuestionar la eficacia de este sacrificio, porque Cristo fue y es el perfecto Cordero de Dios. Él ha demostrado ser objeto digno de adoración y objeto digno de sacrificio.

Cordero de Dios, no merezco el sacrificio que hiciste por mí. Gracias por arreglarlo todo y por perdonar mis pecados. Por favor, sigue haciéndome santo.

RENDIDO

Sigan caminando rendidos al amor extravagante
de Cristo, porque Él rindió su vida
como sacrificio por nosotros.
Su gran amor por nosotros agradó a Dios
como un aroma de adoración;
una fragancia dulce de sanidad.

EFESIOS 5:2 TPT (TRADUCCIÓN LIBRE)

Ser hombre es una dicotomía de rendición y negarse a rendirse. Ante la oscuridad y la tentación, aprendemos a permanecer firmes y nunca rendirnos. Ante el extravagante amor de Cristo, sin embargo, aprendemos a bajar nuestra guardia y rendirnos. Aprendemos a soltar nuestro orgullo e identidad y a aceptar el amor de Dios. Este amor, esta «fragancia dulce de sanidad», tiene el poder para transformarnos.

Si nos desanimamos a menudo por no poder llegar a los estándares que tenemos para nosotros mismos, lo más probable es que no nos hayamos rendido totalmente a Cristo. Tal vez aún estemos intentando hacer las cosas en nuestras propias fuerzas y no hemos aprendido cuán inútil es intentarlo. Dios no necesita un reino de personas que intentan hacer las cosas solas. Necesita personas que se rindan ante su poder supremo y lleno de amor para sus vidas.

Querido Jesús, tu amor extravagante es glorioso. Que su fragancia sane las heridas que he recibido en esta vida de tribulación.

ESPÍRITU INCONTROLADO

No permitas que el enojo domine tu espíritu,
porque el enojo se aloja en lo íntimo de los necios.

ECLESIASTÉS 7:9 NVI

Eclesiastés es un libro de sabiduría bastante sombrío. Salomón no mide sus palabras, y está dispuesto a inclinarse hacia el pesimismo para poder retratar de manera realista la tristeza del mundo en el que vivimos. En su análisis del espíritu humano, decide señalar el enojo y nos advierte de sus peligros. Lo relaciona con la falta de conocimiento, diciendo: «el enojo se aloja en lo íntimo de los necios». Esta es una advertencia seria y no debemos tomarla a la ligera.

Nos advierte: «no permitas que el enojo domine tu espíritu». Muchas veces la búsqueda del éxito, el amor o el propósito nos hace impacientes cuando las cosas no van como queremos. Al intentar controlar las circunstancias, perdemos el control de nuestros espíritus, y terminan siendo controlados por nuestra sensación de no saber si tenemos el control. Dios nos está advirtiendo a través de este versículo que lo único que podemos controlar es nuestro espíritu y no el mundo que nos rodea; eso le corresponde a Él controlarlo y no es una razón legítima para que nos enojemos.

Oh Señor, por favor, hazme un hombre paciente que intenta controlarse a sí mismo antes de controlar cualquier otra cosa.

NUESTRO TRIUNFO FINAL

Los que con lágrimas siembran,
con regocijo cosechan.

SALMOS 126:5 NVI

Puede que nunca veamos salir el sol sobre nuestra alegría en esta vida. Puede que estemos rodeados de sufrimiento o que recibamos amor solo para que después nos sea arrebatado. La vida puede ser más difícil de lo que podamos imaginar y quebrarnos de manera inconcebible. Cada momento puede ser una decisión entre la amargura y la esperanza; escoger la esperanza puede llegar a ser una lucha cada vez. Puede que no recibamos muchas bendiciones mientras estemos vivos en esta tierra, pero «los que con lágrimas siembran, con regocijo cosechan».

Sí, por mucho dolor que tengamos en esta vida, nuestro triunfo final llegará con la muerte. Si seguimos esperando en el Señor, nos uniremos al Padre y tendremos un gozo inimaginable. Recibiremos un lugar en la familia del reino a la que pertenecemos, y toda lágrima será secada. El dolor de la vida terminará, y por primera vez tendremos paz completa.

Querido Señor, por favor, dame esperanza para el triunfo final que me espera. Ayúdame a ver que las circunstancias de esta vida son pasajeras y no continuarán por la eternidad.

SEPTIEMBRE

Día tras día emite justicia;
él nunca falla.

Sofonías 3:5

HOMBRES VIGILANTES

Dedíquense a la oración con una mente alerta y un corazón agradecido.

COLOSENSES 4:2

Dios quiere que estemos vigilantes. Quiere que lo busquemos a Él en nuestras oraciones y con nuestro corazón y que deseemos el reino como nuestro primer y más grande amor. Quiere que estemos entregados a Él con las intenciones más nobles y que busquemos su gloria más que los placeres de servirlo. Por eso Pablo les dice a los colosenses: «Dedíquense a la oración con una mente alerta y un corazón agradecido».

¿Qué significa tener una mente alerta y un corazón agradecido? ¿Qué clase de transformación debemos experimentar para que nuestros corazones sean agradecidos? Tal vez haya algo en nuestro pasado que aún le recriminamos a Dios, porque no entendemos cómo Él permitió que ocurriera. Sea cual sea el muro entre nosotros y el agradecimiento y una mente alerta, debemos ponerlo ante Dios. Él es perfecto en su entendimiento y no nos rechazará por nuestras quejas.

Querido Señor, por favor, ayúdame a estar atento a tu voluntad en mis oraciones. Que mi corazón sea perfecto en agradecimiento.

PROTECCIÓN SANTA

Es él quien me arma de valor
y hace perfecto mi camino.

Salmos 18:32 NVI

¿Dónde acudimos cuando tenemos miedo? ¿Dónde buscamos consuelo y también fortaleza? Tal vez tengamos muchos mecanismos de afrontamiento como la comida, la televisión o nuestros teléfonos. Quizá anestesiamos el dolor y las dificultades en lugar de dejar que nos hagan crecer. Dios nos arma de valor y hace perfecto nuestro camino, pero solo puede hacerlo si tomamos la tribulación y la convertimos en oración.

Jesús es nuestra protección santa. Él está ahí para protegernos cuando todos nuestros amigos nos abandonan y no nos queda nada más que nuestra conciencia. Él hace perfecto nuestro camino tal como ve lo que es conveniente. Está dispuesto a trabajar en nosotros, pero solo si estamos dispuestos a aceptar su ayuda. Mientras lo apartemos o intentemos hacer las cosas en nuestras propias fuerzas, Él nos dejará tropezar.

Querido Jesús, no quiero que este sea otro día en el que dependo de mis propias fuerzas o me anestesio ante las dificultades de la vida. Por favor, usa las dificultades para acercarme a ti y a tu fortaleza.

HOMBRES SABIOS

Escucha el consejo, acepta la corrección
y llegarás a ser sabio.

PROVERBIOS 19:20 NVI

Cuando llegamos al punto en el que preferimos dar respuestas en lugar de recibirlas, estamos en peligro. Habremos llegado a un punto de arrogancia ciega en el que el amor de Dios y las pruebas es lo único que pueden llevarnos de regreso a la humildad. Para poder llegar a ser los hombres que creemos que somos en nuestra arrogancia, debemos aceptar la corrección. La corrección de nuestros amigos es la más valiosa, pero la corrección vindicativa de nuestros enemigos también tiene algo de verdad.

El autor dice: «llegarás a ser sabio». Al final de una conversación habremos ganado sabiduría si escuchamos. Al final de un desacuerdo podemos ganar sabiduría si somos humildes. Finalmente, en el día del juicio podremos mirar hacia atrás y ver una vida llena de sabiduría y humildad o una vida malgastada por la estupidez arrogante.

Querido Dios, por favor, abre mis oídos a lo que otros tienen que decir hoy. Quiero ser un hombre sabio que prefiere escuchar antes que hablar y acepta la corrección en lugar de desecharla.

VICTORIOSO

Porque el Señor se complace en su pueblo;
a los humildes concede el honor de la victoria.

Salmos 149:4 NVI

El hombre que tiene sed de victoria por encima de todo no la recibirá. Recibirá decepción y estará aplastado continuamente. Jesús ha decidido darles victoria a quienes se sienten menos dignos de ella. El cristiano humilde que pone su mayor esfuerzo en todo lo que hace por la única razón de agradar a su Salvador es aquel a quien Dios da el mayor honor. Él desea exaltar al espíritu humilde para que otros lo vean y aprecien su justicia.

Es extraño pensar en que Dios se deleita en nosotros. Solo somos instrumentos en su mano, pero nuestra justicia le agrada y le encanta llamarnos suyos cuando reflejamos su carácter y justicia. La verdadera masculinidad, arraigada en la humildad y la fortaleza, es algo que agrada a Cristo que está sentado en el trono.

Querido Jesús, hazme humilde en la derrota y también en la victoria. Hazme justo, Señor, igual que tú eres justo, y que otros puedan verme como un modelo de masculinidad cristiana.

MENTALIDAD DE PERFECCIÓN

No se amolden al mundo actual,
sino sean transformados
mediante la renovación de su mente.
Así podrán comprobar cómo es la voluntad de Dios:
buena, agradable y perfecta.

ROMANOS 12:2

A la mentalidad de este mundo no le molesta la imperfección y la maldad. Los hombres del mundo se conforman con una medida mediocre de pureza, propósito y honor. No malgastan tiempo en aquello que creen que es idealista. Sin embargo, Pablo nos advierte: «No se amolden al mundo actual, sino sean transformados mediante la renovación de su mente». ¿Qué es la renovación de la mente a la que nos empuja Pablo?

Pablo quiere que tengamos en mente la perfección. Quiere que seamos hombres que no se conforman con una pureza o una justicia imperfectas, sino que se sumergen más profundamente en el corazón de Dios. También quiere que dejemos a un lado una religión basada en las obras y reconozcamos que nuestros mejores esfuerzos están muy lejos de ser perfectos; solo la sangre de Jesús es suficiente. Sí, Pablo quiere que tengamos una mentalidad de perfección.

Oh Jesús, por favor, no permitas que este mundo me moldee a su imagen. Transfórmame desde el interior y conviérteme en el hombre que tienes en mente. Moldéame a tu imagen de justicia y tierna humildad para que los demás te den la gloria al mirarme.

6 DE SEPTIEMBRE

EL PRECIO DEL PECADO

Que mi pasión por la vida sea restaurada,
probando el gozo en cada victoria que me des.
Acércame a ti y dame un espíritu dispuesto
que obedezca cualquier cosa que digas.

SALMOS 51:12 TPT (TRADUCCIÓN LIBRE)

David cantó este verso después de su adulterio manipulativo con Betsabé. Sí, el pecado de David no destruyó su salvación. Él siguió siendo un hombre conforme al corazón de Dios; sin embargo, en este versículo vemos uno de los precios que David pagó por su pecado. Su «pasión por la vida», su «gozo» y su «espíritu dispuesto» lo abandonaron y podía sentir cómo la indiferencia y la apatía entraban en su alma. Se había envenenado a sí mismo, y aunque seguía vivo en el Espíritu, estaba tremendamente dañado.

Vivimos en un mundo de tentación. Somos tentados a ceder a falsos deseos con la promesa de que no nos separarán del amor de Dios; por lo tanto, ¿qué daño pueden hacer? Sin embargo, cada vez que cedemos, nuestra capacidad de resistir se debilita y nuestra pasión por Dios es aplastada. Los deseos malvados transforman nuestra mente con cada error que cometemos.

Oh Señor, que mi pasión por la vida sea restaurada. Por favor, renueva mi mente y guárdame del mundo de la tentación. Hazme justo más allá de mi propia capacidad para que pueda permanecer firme contra las asechanzas del diablo.

SER CONSCIENTES

«Les digo la verdad, cuando hicieron
alguna de estas cosas
al más insignificante de estos, mis hermanos,
¡me lo hicieron a mí!».

MATEO 25:40 NVI

¿Somos conscientes o simplemente vivimos un sueño? Al diablo le gustaría que nos olvidáramos de la compasión, la misericordia y el amor a los olvidados y desfavorecidos. Quiere que quedemos atrapados en el engaño de las metas vacías, el dinero o los placeres terrenales. Pero este no es el mundo real. El mundo real está hecho de obras significativas, crecimiento espiritual y una vida centrada en Cristo. Cuando vivimos por la verdad del evangelio, somos conscientes del mundo real.

Jesús dice en este versículo: «Les digo la verdad». Debemos recordar que Él nos dice la verdad a lo largo de toda la Escritura. Predica un estilo de vida de amor radical, altruismo y perdón. El nivel de devoción al que Jesús nos llama no encaja convenientemente en nuestro modelo de día normal. Implica restructurar cómo pasamos nuestro tiempo y cómo gestionamos nuestras emociones, y esto solo es posible por medio de la fe, la devoción y la confianza.

Amado Dios, ayúdame a ser consciente de lo que importa en esta vida. No quiero desperdiciar oportunidades para avanzar tu reino. Ayúdame a mostrar tu amor a aquellos que me rodean.

NO ES PARA SIEMPRE

Ahora están tristes, pero cuando vuelva a verlos se alegrarán y nadie les va a quitar esa alegría.

JUAN 16:22 NVI

La promesa que Jesús nos da en este versículo es que «nadie les va a quitar esa alegría». Esta promesa es importante. La muerte de alguien cercano a nosotros, la pérdida de una amistad que valorábamos, o el diagnóstico de una enfermedad grave tienen el poder de aplastar nuestro espíritu y robar nuestro gozo. Jesús nos promete lo contrario, y explorar esta promesa es nuestra bendición.

Por fortuna, Jesús no es ciego a nuestro dolor. Él no pasa por alto la importancia del duelo, sino que le da su lugar. Dice: «Ahora están tristes». Está bien vivir con dolor y experimentar toda la tristeza que las circunstancias de la vida puedan presentarnos. Estar en duelo o sentirse desesperanzado no es anticristiano. Son emociones naturales, y Jesús mismo las sintió. Sin embargo, independientemente de cuán oscura se vuelva la vida, Jesús quiere caminar con nosotros. Quiere estar a nuestro lado para poder recordarnos que nuestro duelo no es para siempre y que su amor por nosotros permanece.

Querido Señor, te pido por quienes están lidiando con una carga pesada de dolor. Está cerca de ellos y camina con ellos en su tribulación.

EL MEJOR HOMBRE

Él fue traspasado por nuestras rebeliones
y molido por nuestras iniquidades.
Sobre él recayó el castigo, precio de nuestra paz
y gracias a sus heridas fuimos sanados.

Isaías 53:5 NVI

Un hombre es percibido como noble cuando lleva las cargas de otros. Cuando un padre asume la responsabilidad de su familia o un hombre soltero ayuda con las cargas de su comunidad, obtiene respeto por esa virtud. Jesús llevó la carga más grande de todas. Tomó nuestras heridas, iniquidades y castigo sobre sí mismo. Con el corazón atribulado emanando amor divino, recorrió la senda de dolor que debíamos recorrer nosotros. No hay hombre que haya demostrado compasión masculina mejor que Jesucristo.

Tenemos un modelo perfecto en el cual fijarnos. Como Él es perfecto, es imposible llegar a la altura de su estándar. Él merece ser exaltado en nuestros corazones para siempre como nuestra norma de perfección. Debemos aspirar a seguir su ejemplo cada día, pero también descansar en la seguridad de que Él cubre nuestra imperfección.

Amado Jesús, gracias por colgar en la cruz para derrotar mis pecados. Gracias por tu gran compasión. Nada puede compararse al precio que pagaste por mí. Quiero exaltarte por ello por siempre.

SOSTENIDO EN CRISTO

El Señor es mi pastor;
tengo todo lo que necesito.

Salmos 23:1

La autosuficiencia suele ser aclamada como una característica deseada. Las personas respetan al hombre que puede encontrar trabajo, crear comunidad y comenzar una familia en cualquier lugar. El hombre que depende intensamente del Señor, sin embargo, es mejor que el hombre autosuficiente. Esto no significa que esté inactivo; de hecho, busca el plan del Señor e intenta ser el agente que Jesús usa para sus propósitos. Así es como Dios hace que los hombres sean mejores de lo que podrían ser por su cuenta.

Un pastor protege, sostiene y guía al rebaño. De la misma forma, Cristo contiene los ataques violentos contra nosotros a la vez que nos da el alimento espiritual que necesitamos e ilumina nuestro camino. Él es el mejor pastor, y quiere que tengamos la humildad de las ovejas y la sabiduría de las serpientes. Él quiere personas equipadas para toda buena obra que dependen del Salvador y Redentor de este mundo.

Querido Dios, por favor guíame y sostenme hoy. Estaré atento a tu voluntad.

NO DEFRAUDA

Y esta esperanza no nos defrauda, porque Dios ha derramado su amor en nuestro corazón por el Espíritu Santo que nos ha dado.

ROMANOS 5:5 NVI

Tenemos muchas razones para abandonar nuestra esperanza en el Señor. Los placeres del pecado nos llaman, y los mecanismos de afrontamiento irresponsables siempre nos tientan a refugiarnos en sus brazos. Sin Dios, podríamos poner nuestra esperanza en una carrera profesional o en nuestras propias fuerzas. Podríamos ser nuestros propios dioses y dejar de pelear la buena batalla. Todas estas razones, sin embargo, no son razonables. Como dice Pablo: «esta esperanza no nos defrauda». Cada vez que hacemos a un lado estas tentaciones, nos damos cuenta de que valió la pena. Cada vez que decidamos esperar en el Señor, veremos que Él completa nuestra esperanza.

Ojalá pudiéramos medir el amor de Dios que ahora vive en nuestro interior a través del Espíritu Santo. Ojalá pudiéramos ver en un momento la diferencia de nuestras vidas con y sin Dios. Podemos acercarnos al pozo profundo del amor de Dios cuando deseemos, y este amor asegura la esperanza en nuestro interior.

Querido Jesús, mi esperanza está en ti. Tu amor la ha sellado, y te he confiado mi futuro. Solo tú eres digno de mi confianza.

RECUERDO

No tengas miedo, porque yo estoy contigo;
no te desalientes, porque yo soy tu Dios.
Te daré fuerzas y te ayudaré;
te sostendré con mi mano derecha victoriosa.

Isaías 41:10

¡Qué buena imagen de victoria! Las palabras que Dios habla por medio de Isaías son un recordatorio de las cosas que el Señor ha hecho así como de sus promesas nuevas. Para combatir el temor, Dios nos da su presencia. Para combatir el desánimo, Él se entrega a sí mismo. Promete fortalecer, ayudar y finalmente reinar en victoria sosteniendo al hombre de Dios. Cuando nos asalta la negatividad en todas sus formas y tenemos dificultades, debemos recordar las promesas que Dios nos ha hecho.

Cuando arraigamos nuestra paz en la fuerza de Dios en lugar de hacerlo en nuestras circunstancias, todo cambia. Las preocupaciones de este mundo ya no nos zarandean, y destacamos de entre los hombres que nos rodean por ser inamovibles. La fuerza de Dios es eterna y su victoria es imparable. Cuando estas cosas son la fuente de nuestra paz, no tenemos que preocuparnos por nada. Poner nuestra esperanza y confianza en el Señor nos hace justos y felices.

Dios victorioso, tú reinas con poder en las nubes. Eres eterno en poder. Nada puede hacerte frente, y te exalto con un corazón lleno de asombro.

SIMPLES MORTALES

Así que podemos decir con toda confianza:
«El Señor es quien me ayuda,
por tanto, no temeré.
¿Qué me puede hacer un simple mortal?».

Hebreos 13:6

¿Nos preocupa la opinión que la gente tiene de nosotros? Muchos hombres reflejan con su actitud que no les importa la opinión de nadie, aunque secretamente no es así. A otros hombres les afectan visiblemente las palabras de un amigo insensible. Todos los hombres, independientemente de su personalidad, procesan las opiniones de los demás. El autor de Hebreos lo sabía cuando dijo: «¿Qué me puede hacer un simple mortal?». Y no solo hablamos de la opinión; ahora ni siquiera los actos de los demás tienen poder sobre nosotros. Ni la persecución directa, ni la destrucción de nuestra carne tienen poder para separarnos de nuestro Dios.

¿Sobre qué problema necesitamos declarar esta verdad? ¿Qué pueden hacernos los simples mortales en el trabajo, en la familia o con nuestros amigos? ¿Sobre qué situación deberíamos decir esto con confianza? En este mundo físico no hay nada que pueda quitar del trono al Rey espiritual de verdad. Él no tiene debilidades, puntos vulnerables o inseguridades. Él es perfecto en fuerza y tierno amor.

Oh Señor, declaro tu poder sobre este día con confianza. Te veo a ti, perfecto en poder y bondad, como Rey sobre mi vida.

TOLERAR LAS FALTAS

Sean siempre humildes y amables.
Sean pacientes unos con otros
y tolérense las faltas por amor.

Efesios 4:2

¿Cómo podemos tolerar las faltas de alguien si esa persona está equivocada? ¿Por qué no corregirlo si está equivocado? La verdad es que no podemos forzar que el mal se aparte de nuestros amigos de la misma manera que no podemos sacar la lujuria de nuestras propias mentes por medio del legalismo y el enojo. Solo podemos superar cualquier pecado a través de la rendición a Dios y el poder que Él nos da. En el caso de otras personas y sus faltas, ellas deben tomar la decisión. Podemos animarlos a que sigan caminando en la dirección correcta y orar para que el poder de Dios esté sobre ellos, pero no podemos hacer más que eso.

Pablo dice: «Sean siempre humildes y amables». Es muy importante que nos tomemos en serio este gran mandamiento porque la humildad es una de las virtudes más difíciles de falsificar para cualquier hombre. Podemos ser sumisos o autocríticos, pero es imposible producir una verdadera humildad sin el Espíritu Santo. Cuando las faltas de nuestros hermanos nos molestan, con frecuencia eso dice tanto de nosotros como de ellos

Oh Señor, enséñame a tolerar las faltas de los demás igual que tú toleras las mías.

TODAS LAS ANGUSTIAS

Tú llevas la cuenta de todas mis angustias
y has juntado todas mis lágrimas en tu frasco;
has registrado cada una de ellas en tu libro.

SALMOS 56:8

Todos los hombres están heridos. De una forma o de otra, ya sea que podamos verlo o no, todos llevamos cicatrices en nuestro corazón diferentes a las de los demás. Podría ser la desaprobación de un padre, el rechazo de una pareja, o el dolor de la derrota; todos los hombres tienen alguna herida en lo profundo de su alma. Jesús también carga con estas heridas en su corazón. Cualquier dolor que alguien de su familia espiritual haya experimentado le afecta a Él también, y Él ha derramado las mismas lágrimas que nosotros. Siente nuestro dolor en la misma medida.

Incluso cuando olvidamos un dolor, el Señor no lo olvida. Nadie es tan digno de nuestra confianza, porque nadie nos entiende como lo hace Jesús. Nadie, absolutamente nadie, nos ama como Jesús. Nadie más estuvo dispuesto a llevar sobre sus hombros nuestro dolor para adoptarnos en su familia. Solo Jesús siente nuestras heridas y tiene poder para sanarlas.

Dios amoroso, te necesito desesperadamente. Nadie me conoce como tú. Por favor, muéstrame hoy tu misericordia y tu amor.

VIVIR EN OSCURIDAD

Yo soy la luz del mundo.
El que me sigue no andará en oscuridad,
sino que tendrá la luz de la vida.

JUAN 8:12 NVI

No hay otra manera de ver claramente o ser plenamente conscientes que mediante Cristo. No hay otra manera de razonar que no sea Cristo, ni modo de ver el mundo como realmente es si no es por medio de Cristo. Cuando Él dice «yo soy la luz del mundo», está diciendo que aquellos que no caminan con Él tienen oscurecido su entendimiento y sus corazones. Sus mentes no son certeras por culpa de las mentiras que han aceptado, y sus corazones también están rotos.

¿Dirían quienes nos rodean que somos una luz en su mundo? La luz de Cristo en nuestro interior debería brillar para otros y no estar escondida u oculta. Si actuamos como los hombres de este mundo, hablamos como ellos y escondemos las diferencias que nos hacen más como Cristo, ¿qué impacto tendrán nuestras vidas? La luz de la vida que brilla en nuestro interior debe ser de bendición para el mundo.

Dios de luz, no puedo hacer nada separado de ti. Por favor, alúmbrame y hazme un faro de tu verdad y tu piedad.

EL AMIGO QUE CAMINA CON NOSOTROS

Él no permitirá que tropieces;
el que te cuida no se dormirá.

SALMOS 121:3

El salmo de hoy nos promete que «el que te cuida no se dormirá». Cuando Jesús y los discípulos fueron al huerto de Getsemaní, Él les ordenó a sus discípulos que permanecieran despiertos. Aunque eran los amigos más cercanos de Jesús y aunque era el momento más crucial de la historia, no pudieron mantener sus ojos abiertos. No pudieron evitar dormirse.

Si dependiéramos del apoyo constante de un amigo o de cualquier otro ser humano, no habría esperanza. Por suerte, tenemos al Espíritu Santo que nos cuida. Es imposible escondernos de su mirada. Sin importar cuál sea nuestro estado mental, el Espíritu nos cuida con una atención perfecta y el poder para rescatarnos sea cual sea la situación. Él no duerme, y no permitirá que tropecemos. Como hombres que enfrentan tentaciones y temores constantemente, esto es un gran consuelo.

Espíritu Santo, dependeré de ti cada momento de cada día. Sé que me cuidas incluso cuando duermo.

OPINIONES EXTERNAS

Pero procuren que la paciencia complete su obra,
para que sean perfectos y cabales,
sin que les falta nada.

Santiago 1:4 RVC

¿Quién diría que somos «perfectos y cabales, sin que les falta nada»? Espero que nadie, y si alguien lo hace, probablemente deberíamos hablar con esa persona acerca de nuestros defectos. Santiago no está diciendo que solo por ser pacientes podemos ser perfectos. Nos dice que, si tenemos paciencia en medio de la tribulación, podemos desarrollar todas las virtudes y todos los tipos de piedad. Mientras sigamos enfrentando la tribulación con contentamiento y paciencia, seguiremos creciendo en perfección y cabalidad hasta que lleguemos al cielo y no nos falte nada.

No existe ni un alma en esta tierra que no necesite desarrollar la paciencia. Somos criaturas impacientes, y la paciencia es una disciplina aprendida más que cualquier otra. Santiago nos promete que esta paciencia tiene beneficios increíbles para nuestras almas eternas. Si queremos ser los hombres en los que quienes nos rodean esperan que nos convirtamos, debemos sumergirnos en la paciencia a través de la oración y la meditación.

Querido Jesús, por favor trabaja en mi alma en medio de las pruebas. Hazme paciente y lléname de contentamiento cuando preferiría hacer las cosas a mi manera.

PROMESA DE DISCIPLINA

Ninguna disciplina resulta agradable
a la hora de recibirla.
Al contrario, ¡es dolorosa! Pero después,
produce la apacible cosecha
de una vida recta para los que han sido
entrenados por ella.

HEBREOS 12:11

La promesa de la disciplina es que «produce la apacible cosecha de una vida recta para los que han sido entrenados por ella». Esta es la verdad a la que nos aferramos cuando la mano del Señor descansa con peso sobre nosotros. La disciplina es el Señor probando nuestros espíritus, y existe la posibilidad de quebrarnos en lugar de hacernos más fuertes. Cuando una espada caliente se sumerge en agua, se endurece y se perfecciona o se resquebraja. Si resistimos en la esperanza del Señor, recogeremos una cosecha apacible.

¿Podemos entrenarnos en este tipo de disciplina? ¿Estamos dispuestos a soportar la tristeza del Señor y las pruebas para acercarnos más a Él? Si estamos dispuestos a ser perfeccionados de esta manera, cosecharemos sin medida. Si no estamos dispuestos, sin embargo, nuestras vidas serán pobres.

Oh Señor, perfecciónàme en la esperanza. Dame fuerza para perseverar en tu disciplina, abrazar el dolor y confiar en ti.

RODEADO DE VICTORIA

Pues tú eres mi escondite;
me proteges de las dificultades
y me rodeas con canciones de victoria.

SALMOS 32:7

La vida puede estar llena de derrotas tremendas. Tal vez es un ascenso por el que has luchado durante años y que finalmente te deniegan. Otras veces podría ser por la muerte de un amigo o algo igual de serio. Todos necesitamos «un escondite que nos proteja de las dificultades». Independientemente del número de veces que nos pateen cuando nos caemos o las veces que nos desanimemos, la muerte de Cristo por nuestros pecados nos ha dado victoria. Estamos rodeados de cantos de victoria que fluyen de la cruz.

Tal vez la idea de un protector no nos resulte atractiva. Este mundo anima a los hombres a perseguir la autosuficiencia y apartar la idea de debilidad o ayuda. Cristo, sin embargo, no nos aceptará hasta que nos volvamos como niños. Debemos buscar en Él nuestra protección y hacer de Él nuestro escondite, pero si somos demasiado orgullosos para ello, no podremos tampoco recibir su salvación.

Dios, eres mi refugio. Por favor, protégeme de las tormentas. Sé mi paz en el fracaso y mi victoria en la derrota. Sin ti no soy nada, Señor Jesús.

EL TRABAJO TIENE UN PROPÓSITO

No se desanimen ni se desalienten a la hora de plantar buenas semillas, ¡porque la temporada de recoger la maravillosa cosecha que han plantado se acerca!

GÁLATAS 6:9 TPT (TRADUCCIÓN LIBRE)

Pablo promete que la cosecha está cerca. Para los granjeros, cada año tiene un ciclo de plantar semillas y cosechar el fruto de su trabajo al final de la temporada. Los años que han plantado y cosechado les aseguran que, si plantan semillas en la primavera, estas crecerán. Saben por experiencia que aún en la temporada más incierta no es insensato esperar que de las semillas crezcan plantas. Para los cristianos, sin embargo, la cosecha es menos predecible. Podríamos pasarnos toda la vida plantando semillas y no ver el crecimiento de ninguna.

Por eso es importante la promesa de Pablo para nosotros. Lo que hacemos debemos hacerlo porque es lo correcto y no necesariamente por los frutos que producirá. Debemos ser amables con los demás no para que ellos hagan lo mismo, sino porque es lo que Jesús hizo. Si lo hacemos todo de buena gana, sabiendo que en su momento llegará la cosecha, el desánimo será mucho menor.

Amado Jesús, por favor, dame fe en la cosecha. Aunque el día de hoy esté lleno de decepción, algún día veré el fruto de mi labor.

GLORIA INCALCULABLE

Dios... puede lograr mucho más
de lo que pudiéramos pedir
o incluso imaginar mediante su gran poder,
que actúa en nosotros.

Efesios 3:20

Es imposible saber todo lo que Dios hará con nosotros y a través de nosotros durante nuestra vida. Nadie en este mundo puede predecir lo que Dios hará con los hombres más comunes y más rotos. A Jesús le gusta dejar en ridículo a la sabiduría de este mundo y hacer que su fuerza parezca debilidad. A Él le encanta tomar hombres que la sociedad dice que son ordinarios o que tienen pocas probabilidades de éxito y hacer de ellos casos de éxito extraordinario. Nuestros sentimientos de insuficiencia no lo hacen dudar, pero a nosotros nos dejan claro que el éxito no es nuestro sino de Él.

¿Que hace falta para que «su gran poder... [actúe] en nosotros»? Mientras por nosotros mismos seamos débiles, Jesús será fuerte en nosotros. Mientras más pensemos que no somos suficientes, más probable es que aprendamos a confiar en Dios, porque Él es suficiente. Dios se niega a usar al hombre orgulloso. Aquel que puede mantenerse humilde a pesar del éxito y el triunfo es el hombre a través del cual Dios seguirá trabajando para «lograr mucho más de lo que pudiéramos pedir o incluso imaginar».

Querido Jesús, hazme humilde. Que tu poder actúe a través de mí.

DIOS DE EMPATÍA

Me alegro y me regocijo en tu amor,
porque tú has visto mi aflicción
y conoces las angustias de mi alma.

Salmos 31:7 NVI

Dios no tiene la obligación de ser bondadoso con nosotros en nuestra aflicción. Sin Él, el pecado está arraigado hasta lo más profundo de nuestros huesos, y no hay nada en nosotros que provoque sentimientos de misericordia o amor tierno. Aun así, Dios ha decidido que somos dignos de amor. Él ha decidido, de lo profundo de su corazón, amarnos verdaderamente tal como somos. En su amor y misericordia ha decidido ser bueno con nosotros en nuestra aflicción, mirarnos, y en lugar de despreciarnos acercarse para tocar nuestros corazones.

Adoramos a un Dios que rebosa de empatía. Debemos ser hombres compasivos, porque Él ha sido así con nosotros. Nos ha dado razones para ser amables y para sentir el dolor de los débiles. ¿Estamos dispuestos a actuar de esta forma? ¿Estamos dispuestos a ser amables cuando los demás sean ásperos y groseros? Dios quiere hombres fuertes y tiernos que muestran la empatía que fluye de la cruz del Calvario.

Querido Dios, por favor hazme ser un hombre empático y lleno de misericordia. Dame un corazón que se duela por la aflicción y las dificultades de los demás para que pueda ser más como tú.

PROFUNDIDADES INIMAGINABLES

¡Qué grande es la riqueza, la sabiduría y el conocimiento de Dios! ¡Es realmente imposible para nosotros entender sus decisiones y sus caminos!

Romanos 11:33

Dios es infinito en muchos sentidos. Su existencia es infinita en el tiempo porque no tiene comienzo ni fin. También es infinito en virtud, sabiduría y poder. Cuando lo describimos como tal, sin embargo, no sabemos realmente lo que estamos diciendo. No podemos entender cuán perfecto o glorioso es Él. Pablo dice la verdad cuando afirma: «¡Es realmente imposible para nosotros entender sus decisiones y sus caminos!».

Podemos obtener mucha sabiduría al darnos cuenta de cuán ignorantes somos. Debemos estar dispuestos a aceptar que la sabiduría de Dios es realmente inimaginable y que pasaremos toda la vida intentando entender este mundo y al Dios que lo creó. Ninguno de nosotros debería considerarse sabio mientras las decisiones y los caminos del Señor sigan siendo igual de complejos y hermosos de lo que son ahora mismo.

Querido Jesús, ¡tus caminos son insondables! Que mis interacciones con los demás estén llenas de humildad y pueda reconocer las limitaciones de mi propia sabiduría.

DIOS DE BONDAD

Todo lo que es bueno y perfecto es un regalo que desciende a nosotros de parte de Dios nuestro Padre, quien creó todas las luces de los cielos. Él nunca cambia ni varía como una sombra en movimiento.

SANTIAGO 1:17

El versículo de hoy expresa el misterio de la providencia de Dios. Él no solo provee para nosotros materialmente, sosteniendo nuestros cuerpos físicos, sino que también provee para nosotros moralmente. Santiago dice: «Todo lo que es bueno y perfecto es un regalo que desciende a nosotros de parte de Dios nuestro Padre». Atribuye «todas las luces de los cielos» a Dios que es el Padre de las luces y no varía «como una sombra en movimiento».

En este mundo hay muchas cosas buenas, como la gloria de la creación o la riqueza de culturas de nuestro planeta. Si no reconocemos que todo eso que es bueno tuvo su origen en Dios, será difícil apreciar estas cosas. Por ejemplo, una mujer hermosa no tiene por qué ser un ídolo si podemos apreciar que es una expresión del hermoso diseño de Dios. A través de este versículo de Santiago, tenemos la clave para entender las cosas buenas de esta tierra.

Amado Jesús, gracias por ser un Dios de bondad y por expresar tu bondad de muchas maneras. Gracias por este hermoso mundo lleno de regalos.

DAR EN POBREZA

Hay dolor en nuestro corazón,
pero siempre tenemos alegría.
Somos pobres, pero damos riquezas espirituales a otros.
No poseemos nada, y sin embargo lo tenemos todo.

2 Corintios 6:10

Hay muchos tipos de pobreza. Existe la pobreza material, que los cristianos a menudo buscan remediar, pero también existe la pobreza de espíritu, pobreza en las relaciones interpersonales, pobreza de experiencias y muchas otras versiones. En este versículo de 2 Corintios, Pablo reconoce las riquezas espirituales de su audiencia a pesar de su pobreza física. Declara: «Somos pobres, pero damos riquezas espirituales a otros». La riqueza espiritual que tienen se puede multiplicar y la pueden compartir sin perder nada.

¿En qué sentido somos nosotros ricos? Tal vez tenemos un grupo fuerte de cristianos en el que podemos apoyarnos, un éxito fenomenal en el trabajo, o experiencias que la mayoría de las personas no han tenido. Sea cual sea la forma en que hayamos sido bendecidos, cada uno de nosotros ha recibido algún tipo de riqueza de Jesús para el avance de su reino, y todos debemos buscar las riquezas espirituales de las que habla Pablo.

Amado Dios, gracias por las riquezas espirituales que me has ofrecido. Por favor, hazme un hombre rico espiritualmente aunque sea pobre en otras cosas.

DÉJALO TODO

Derrama todas tus preocupaciones
y estrés sobre Él y déjalo todo allí,
porque Él siempre cuida de ti con ternura.

1 Pedro 5:7 TPT (Traducción libre)

En este versículo está la clave para una relajación santa. Se trata no solo de hablar acerca de nuestras preocupaciones; ni siquiera se trata de entregarlas a Él. Debemos derramarlas. Ese tsunami de temores y ansiedades cae sobre Cristo y Él recibe el impacto sin moverse un solo centímetro. La inundación de nuestra ansiedad y estrés tiene el potencial de aplastarnos, pero contra Cristo no tiene nada que hacer.

Para algunos de nosotros, lo difícil no es entregarle a Cristo nuestro estrés y nuestras preocupaciones, sino dejarlo todo allí con Él. Tendemos a volcar todo nuestro estrés sobre Él, pero una vez que le hemos entregado todas nuestras preocupaciones, las recogemos y las volvemos a guardar en nuestra mente. Para dejar nuestras ansiedades con Jesús hace falta propósito y dedicación. Él las tomará y lidiará con ellas, pero a veces tenemos que soltarlas para que Él pueda actuar. Él no puede hacer nada con aquello que no soltamos.

Jesús, no puedo ser el hombre que debería ser con todas las preocupaciones que tengo. Ayúdame a dejarlas ir. Quiero entregarlas a ti y no aferrarme a ellas.

NUESTRA FE MÁS PURA

Confío solamente en la cruz de Cristo
que es suficiente en todos los sentidos.

1 Corintios 1:17 tpt (Traducción libre)

Si queremos estar felices, contentos y llenos de todas las virtudes que deseamos para nuestro carácter, debemos aprender a hacer caso a las palabras de este versículo. Estas catorce palabras reflejan el estado más puro de nuestra fe. Dejando a un lado las doctrinas, las disciplinas espirituales y los mecanismos de afrontamiento, buscamos nuestro sustento «solamente en la cruz de Cristo que es suficiente en todos los sentidos». El cristiano que ha aprendido a confiar solamente en la cruz de Cristo ha aprendido esta lección a través de muchas tribulaciones y pruebas.

¿Dónde está puesta nuestra confianza? Tal vez hará falta mucha sinceridad para reconocerlo. Quizá el café de la mañana, nuestra seguridad financiera, o algún otro tipo de relajación es tan necesario para tener paz que no imaginamos nuestras vidas sin ello. Sea lo que sea, podemos simplemente decidir reconocerlo y pedirle a Dios que nos ayude a apreciarlo sin necesitarlo como lo necesitamos a Él.

Querido Jesús, enséñame a confiar solamente en tu cruz que es suficiente en todos los sentidos. Hazme un hombre dependiente de ti con una fe pura y sin segundas intenciones. Una vez que no tenga otra cosa a la que aferrarme que tu cruz, tendré plenitud de gozo.

LA OBRA VERDADERA

Aliéntense y edifíquense unos a otros,
tal como ya lo hacen.

1 Tesalonicenses 5:11

Un hombre que pastorea el rebaño de Dios con ira y comentarios desalentadores lo está haciendo peor que el cristiano promedio que anima a otros a lo largo de su día. Esta obra verdadera no es una lista de quehaceres que debe completarse a cualquier costo. La obra verdadera no se trata de la tarea sino del proceso. Jesús no hizo nada de modo eficiente; caminó a todas partes, se detenía en el camino todo el tiempo, y no tuvo un trabajo «normal» después de haber comenzado su ministerio. La obra verdadera está en el proceso y es más satisfactoria que cualquier lista de quehaceres completada.

Cuando animamos a otros, recibimos de ellos ánimo a cambio. Ponen su respeto, confianza y admiración sobre nosotros como túnicas santas. El hombre que aprende a gastar su energía levantando a otros en lugar de enfocarse en sí mismo conseguirá mucho más de lo que podría conseguir solo y recibirá bendición de maneras milagrosas.

Jesús, te pido por aquellos que me rodean hoy. Por favor, bendícelos y anímalos de maneras hermosas. Quiero verlos llenos de vida y abundancia que viene de ti.

FRAGILIDAD BRILLANTE

Ahora tenemos esta luz que brilla en nuestro corazón,
pero nosotros mismos somos como frágiles vasijas
de barro que contienen este gran tesoro.
Esto deja bien claro que nuestro gran poder
proviene de Dios, no de nosotros mismos.

2 Corintios 4:7

La fuerza más auténtica y grandiosa brilla en nuestra debilidad. Los hombres más mayores son más ricos en este tipo de fuerza. Tienen décadas de injusticias que podrían decidir guardar contra la gente, pero en su lugar tienen la gracia necesaria para jugar con los niños y sonreír a sus enemigos. Sus cuerpos están quebrantados y envejecidos, pero sus espíritus están fuertes y llenos de vida en su interior. Dios nos ha hecho sus «frágiles vasijas de barro» para que su poder pueda brillar con más fuerza.

Lo mejor que podemos hacer es dejar que el peso de la gloria de Dios nos aplaste. Cuando sentimos que nuestros corazones desbordan de asombro y aprecio profundo, cuando la gloria de las obras de Dios nos deja preguntándonos cómo podemos vivir a la luz de todo ello, sabemos que estamos donde Dios nos quiere. Dios nos creó para ser moldeados, para crecer, y para que el barro de nuestras vasijas se agriete y su luz pueda brillar a través de ellas.

Gran Creador, es una bendición que tu poder se derrame en mi debilidad. Que mi vida sea un altar en el que tu poder pueda brillar.

OCTUBRE

Bueno es el Señor;
es refugio en el día de la angustia
y conoce a los que en él confían.

Nahúm 1:7 NVI

CONOCER A DIOS

Mediante su divino poder, Dios nos ha dado
todo lo que necesitamos para llevar
una vida de rectitud.
Todo esto lo recibimos al llegar a conocer
a aquel que nos llamó por medio
de su maravillosa gloria y excelencia.

2 Pedro 1:3

«Todo lo que necesitamos para llevar una vida de rectitud». Esa lista es larga. Hay un mar de libros sobre cómo vivir una vida cristiana. Muchos cristianos tienen estanterías llenas de volúmenes que detallan todo tipo de aspectos de nuestro caminar con Cristo. ¿Cómo puede ser que «todo lo que necesitamos para llevar una vida de rectitud» se encuentre en aquello que Pedro expone?

Según el apóstol, obtenemos lo que necesitamos para vivir en rectitud a través del poder divino de Dios y «al llegar a conocer a aquel que nos llamó». Dios es rico sin medida en poder y en sabiduría, y su gracia y excelencia maravillosas sobreabundan. En su gracia infinita, desea que seamos transformados por medio de nuestra relación con Él. Quiere que estemos cerca de Él y así seamos justos y rectos como Él. En esencia, cuanto más conozcamos a Cristo, más nos pareceremos a Él.

Señor, acércame a una relación tierna contigo para que pueda aprender a ser como tú. Me deleitaré en tu gloria y excelencia y me regocijaré en tu gracia.

ÚNICO DESEO

Una sola cosa pido al Señor
y es lo único que persigo:
habitar en la casa del Señor
todos los días de mi vida,
para contemplar la hermosura del Señor
y buscar orientación en su Templo.

Salmos 27:4 NVI

En palabras de David, «lo único que persigo». Él solo quería una cosa: conocer el amor de Dios y deleitarse en su gloria. Si alguien pudiera mirar dentro del corazón de un hombre perfecto, lo único que encontraría sería el deseo de estar cerca de Jesús. Esta pureza no se puede comparar. Es oro perfecto refinado muchas veces en el fuego. El único deseo de David era contemplarlo y buscarlo en lo más profundo de su corazón.

¿Qué le pedimos al Señor? ¿Qué pesa en nuestros corazones y mentes? Tal vez la respuesta a nuestras oraciones no es lo que queremos, sino otra oración. Cuando nuestro deseo es solo estar cerca de Dios y amarlo, tendremos la renovación que anhelamos. Jesús es el bálsamo sanador que nuestras almas anhelan.

Querido Jesús, solo te quiero a ti. Tan solo quiero estar cerca de ti y saber que nunca me dejarás. Quiero ver, de forma auténtica y maravillosa, la gloria de tu rostro por toda la eternidad.

ENCADENADO

No dependo de mi propia fuerza para conseguir esto;
sin embargo sí tengo un enfoque principal:
olvido todo el pasado y en su lugar
anclo mi corazón al futuro.

Filipenses 3:13 TPT (Traducción libre)

Hay mucho ánimo recopilado en este único versículo de Pablo. Comienza recordándonos nuestra dependencia santa del Señor y sigue desacreditando el poder del pasado sobre nosotros. Pablo enfrentó grandes tribulaciones y su fe experimentó más oposición de lo que seguramente cualquiera de nosotros experimentará en su vida. No podía engañarse a sí mismo para pensar que su propia fuerza le era útil; había demasiadas cosas que hacer, y solo una pasión santa ardiendo en su alma podría conseguir algo significativo. Lo mismo es cierto para nosotros; nuestra fuerza solo viene del Señor.

Pablo una vez fue el gran perseguidor de cristianos. Ese era su pasado. Si hubiera permitido que su pasado pesara sobre Él, no habría podido hacer nada. Seguramente tuvo que luchar contra la culpabilidad por sus acciones y contra el orgullo que surgía de su formación legal judía. Sin embargo, dice: «olvido todo el pasado y en su lugar anclo mi corazón al futuro». ¿Qué cosas del pasado necesitamos soltar?

Por tu fuerza y solo por tu fuerza, oh Señor, ayúdame a soltar el pasado.

PLENITUD DE GOZO

Me has dado a conocer el camino de la vida;
me llenarás de alegría en tu presencia
y de dicha eterna a tu derecha.

SALMOS 16:11 NVI

En el Señor hay plenitud de gozo. Nuestras mentes están rodeadas de estímulos mentales, series y películas, sexo y otras experiencias que nos dan un nivel de euforia muy intenso. En el éxtasis del momento, caemos en la esperanza falsa de que tal vez, y solo tal vez, la eternidad se encuentra en ellos. Quizá ese éxtasis puede llenar nuestra alma o sanar nuestro pasado. Tal vez puede durar para siempre. No; solo en el Señor hay plenitud de gozo.

Algunos podrían decir que Dios da felicidad a expensas del placer, pero el salmista se atreve a relacionar la «dicha eterna» con la mano derecha de Dios. El cielo no será el lugar de sacrificar el placer sino el perfeccionamiento del mismo. Entregamos nuestros corazones al Señor en lugar de entregarlo a los placeres terrenales no porque estos sean malos, sino porque solo son débiles reflejos de lo auténtico. Dios es lo que todo nuestro ser anhela.

Señor de todo gozo y placer, por favor, santifica esta pobre vida mía y levántame de la tumba de muerte. Sin ti no soy nada, y te necesito.

GOZO-ESPERANZA-PACIENCIA

Alégrense por la esperanza segura que tenemos. Tengan paciencia en las dificultades y sigan orando.

ROMANOS 12:12

En una rápida sucesión, Pablo enumera varias virtudes que quiere que sus lectores practiquen. Dice que nos alegremos, pero este mandamiento es sorprendentemente difícil de seguir. Fingir alegría no vale de nada, y a Dios no le agradan las emociones forzadas. El gozo es producto de la esperanza. La esperanza es necesaria porque nuestro mundo está lleno de imperfección y dolor, y no es posible para nosotros estar en paz con eso y tener la conciencia limpia. Necesitamos la esperanza para reconciliarnos con el estado actual de las cosas y hacer espacio para el gozo.

A la luz de este mundo de dificultades, Pablo dice que seamos pacientes a través de la oración. Muchas veces, la paciencia implica aguantar un segundo más o dar un paso más cuando no quisiéramos hacerlo. La paciencia implica dejar a un lado nuestro descontento y adoptar en cambio un temperamento moderado. Esto se hace a través de la oración cuando ponemos palabras a nuestros pensamientos y lo hablamos con Jesús en cada momento. Dios quiere que seamos hombres con el enfoque en el cielo que muestran el fruto del Espíritu como testimonio de nuestro Salvador.

Querido Jesús, por favor, actúa paciente y seguro en mi corazón hoy para que se produzcan el gozo, la esperanza y la paciencia que me faltan.

CARGAS PESADAS

Cuando en mí la angustia iba en aumento,
tu consuelo llenaba mi alma de alegría.

SALMOS 94:19 NVI

Es normal sentirse atrapado bajo el peso de las preocupaciones de la vida. Entre cuidar a nuestros seres queridos, los pasatiempos o los trabajos en los que invertimos y los asuntos globales, es muy probable que experimentemos la ansiedad de tener demasiadas preocupaciones en nuestra mente. Esto nos puede abrumar y hacernos sentir incapaces de escapar, lo cual puede conducir a mecanismos de afrontamiento desesperados. Sin embargo, Jesús quiere quitar las cargas de nuestras espaldas y llenar nuestra alma de alegría con su consuelo.

El salmista dice: «tu consuelo llenaba mi alma de alegría». ¡Qué hermosa es la alegría en los momentos difíciles! Que glorioso es pensar que Jesús mismo consuela nuestras almas. Tal vez la comida, el alcohol o el sexo no son lo que necesitamos esta noche para sentir alivio. Quizá es el momento de entregar nuestras cargas a Jesús para que Él pueda llevarlas mientras seguimos caminando con esfuerzo en nuestro mundo lleno de dificultades.

Amado Jesús, por favor, obra en mi situación. Quita las cargas de mi espalda y llena mi alma de alegría con tu consuelo. También quiero ser consuelo para los demás a través de ti.

SEGUIR A JESÚS

«Enséñenles a seguir fielmente
todo lo que les he ordenado.
Y nunca olviden que yo estoy con ustedes
todos los días, hasta el fin de esta época».

MATEO 28:20 TPT (TRADUCCIÓN LIBRE)

En este pasaje vemos la bendición de despedida de Jesús a sus discípulos. Les amonesta no solo a seguir su ejemplo, sino también a enseñar a otros a hacer lo mismo. Más adelante, Pablo enfatizó el mismo punto diciendo que las personas no deberían seguir a alguien como él, sino mantener los ojos puestos en Jesús. Ningún hombre de Cristo es el Salvador crucificado. Por mucho respeto que le tengamos, no podemos poner a ningún hombre ejemplar en un lugar de más alto honor que el de Cristo.

Enseñar a otros a seguir a Jesús también significa enseñarles a no seguirnos a nosotros. Nuestros amigos, mentores y quienes nos admiran harán las cosas de una forma distinta a como las hacemos nosotros. Puede que su manera de hacerlas no nos guste, pero mientras lo hagan en honor a Cristo, es válido. Debemos animarlos a seguir el camino de Cristo, no el nuestro. Si al obedecer los mandamientos de Cristo tienen diferencias con nosotros, eso puede ser motivo de alegría. Podemos encontrar unidad en nuestras diferencias.

Oh Jesús, hazme un buen maestro. Ayúdame a no enseñar a los demás mis caminos; en cambio, que pueda enseñarles los tuyos.

SEPARADOS DE CRISTO

Yo soy la vid y ustedes son las ramas.
El que permanece en mí, como yo en él,
dará mucho fruto; separados de mí
no pueden ustedes hacer nada.

JUAN 15:5 NVI

En el Espíritu Santo hay unidad. Jesús no dará su Espíritu a quienes están en su contra, ni dará fruto a través de quienes niegan su carácter. Permanecer en Jesús nos permite hacer muchas cosas, tanto en el mundo como en nuestro interior. Con Él, podemos transformar vidas a través del amor, experimentar sanidad y crecer de maneras que no podríamos sin Jesús. Él es la vid que nos da la savia que necesitamos para respirar espiritualmente.

Permanecer en Jesús puede ser difícil sin otros que nos ayuden a mantenernos en el camino. Al tener hermanos y hermanas en Cristo que nos dirigen la mirada hacia nuestro Salvador, recordamos la salvación que Jesús nos dio y la cruz que cargó para que pudiéramos tenerla. Sin una familia espiritual es increíblemente difícil permanecer en la vid de Cristo. Necesitamos recordatorios constantes de la luz del evangelio para que ésta siga brillando con fuerza dentro de nosotros.

Oh Salvador, anhelo no estar nunca separado de ti. Mantenme cerca de ti y permíteme llevar fruto a través de tu Espíritu.

MOSTRAR SABIDURÍA

¿Quién es sabio y entendido entre ustedes?
Que lo demuestre con su buena conducta,
mediante obras hechas con la humildad
que le da su sabiduría.

Santiago 3:13 NVI

Si entendemos un tema o somos buenos en algo, es bueno que la gente lo sepa en caso de que necesiten nuestros servicios. Sin embargo, cuando se trata de sabiduría y carácter, elogiarnos a nosotros mismos contradice esos valores. Santiago nos enseña a mostrar nuestra comprensión con humildad y buena conducta. A través de esta buena conducta, mostramos nuestra sabiduría bíblica de manera modesta y humilde.

Santiago habla de «la humildad que le da su sabiduría». ¿Cuántos de nosotros crecemos en humildad cuando aprendemos algo nuevo? A menudo usamos el conocimiento como una herramienta para vencer a otros en discusiones. Tomar el conocimiento y la sabiduría con humildad es una virtud, pero no es fácil. Debemos practicar ser personas de sabiduría humilde, para que el orgullo no la arruine. Si compartimos nuestra sabiduría con orgullo, le daremos una mala reputación a lo que decimos.

Querido Jesús, por favor, hazme un hombre de sabiduría y humildad. Tómame y hazme sabio y comprensivo. Que mi conducta y humildad hablen por mí ante los demás.

GLORIA SIN TEMOR

El Señor es mi luz y mi salvación;
¿a quién podría yo temer?
El Señor es la fortaleza de mi vida;
¿quién podría infundirme miedo?

Salmos 27:1 RVC

Este salmo es audaz. David le canta a su Dios con confianza y sin miedo. Es un salmo único porque no está pidiendo nada, ni alabando al Señor por algo que ha hecho. En cambio, es una declaración de la verdad que David sabe que debe ser proclamada. Nosotros también a veces declaramos verdades en nuestras oraciones; nos recuerdan nuestra salvación, la vida y la esperanza que tenemos en Cristo.

David no se esconde de sus miedos cuando declara: «¿quién podría infundirme miedo?». Es como si gritara en la oscuridad, buscando un enemigo digno de la fuerza del Señor. David es un hombre empapado de gloria intrépida. No es una gloria propia, sino una gloria basada en la confianza en el poder y la luz de Cristo. Está dispuesto a declarar su testimonio de fe porque sabe que, cuando el mundo observe su vida, verá la mano de Dios en acción.

Oh Dios, ¿por qué soy tan tímido? ¿De qué tengo miedo? Que la gloria de tu presencia me rodee en cada batalla que enfrente.

ESCOGE LO INVISIBLE

Así que no nos fijamos en lo visible,
sino en lo invisible, ya que lo que se ve es pasajero,
mientras que lo que no se ve es eterno.

2 Corintios 4:18 NVI

¿Nos dejaremos controlar por nuestro entorno, o nos elevaremos por encima de él? Pablo dice: «no nos fijamos en lo visible, sino en lo invisible». Es imposible fijar la vista en algo invisible, pero nuestros ojos tienen la función de recolectar información y guiar nuestras acciones. En lugar de ver las circunstancias y basar nuestras decisiones en ellas, reunimos información de la voz de Dios y actuamos según su guía.

Un hombre bueno no se deja controlar por lo que ven sus ojos. No se deja llevar por la lujuria, la glotonería o la pereza con cada imagen que atrapa su atención. Para ser buenos, debemos elevarnos por encima de nuestros sentidos y controlarlos. No es fácil, pero el resultado es increíblemente gratificante. Es la diferencia entre la esclavitud y la libertad, entre la apatía tímida y la determinación noble.

Dios celestial, que el mundo visible no me controle. Enséñame a elevarme sobre él y a buscarte a ti como mi fuente de sabiduría y propósito.

HOMBRES QUE CUIDAN

Hermanos, les rogamos que amonesten a los perezosos. Alienten a los tímidos. Cuiden con ternura a los débiles. Sean pacientes con todos.

1 Tesalonicenses 5:14

En este pasaje, Pablo nos dice que tratemos a los demás éticamente y con cuidado. Nos llama a adaptar nuestras palabras según las necesidades espirituales de cada persona, ya sea pereza, timidez, debilidad u otra cosa. No podemos usar con todos la misma advertencia que daríamos a alguien perezoso, pues podría tener el mismo efecto que el agua salada en una planta sedienta. Es bueno ser «pacientes con todos», porque cada situación es diferente y toma tiempo comprender plenamente a los demás.

¿Cómo podemos ser personas que cuidan mejor de otros? ¿Cómo podemos animar más o ayudar a alguien a despertar de su letargo espiritual? Reconocer las necesidades de quienes nos rodean toma tiempo y práctica, pero desarrollar esta habilidad nos hace más semejantes a Cristo. Jesús, durante su tiempo en la tierra, fue un hombre profundamente cuidadoso que atendió las necesidades de todos los que se cruzaron en su camino. No dejó a nadie de lado, y vio las necesidades espirituales y también las físicas. Todavía lo hace.

Amado Jesús, hazme bondadoso y amoroso como tú. Enséñame a ser un hombre que realmente se interesa por quienes lo rodean. Que pueda ver sus necesidades y responder a ellas.

OSCURIDAD VACÍA

La luz brilla en la oscuridad para los justos;
son generosos, compasivos y rectos.

SALMOS 112:4

La luz no sigue a quienes están deseosos de sembrar semillas de oscuridad. Si somos deshonestos y crueles, ninguna luz saldrá a buscarnos cuando la oscuridad nos envuelva. Esa luz busca a quienes, mientras estaban en la luz, actuaron con bondad y sembraron el bien. O tal vez, mientras estábamos en la luz, no valorábamos la virtud o la bondad, pero cuando llegó la oscuridad vimos el error de nuestros caminos. Anhelábamos una chispa de luz que nos guiara.

Isaías dice que aquellos que andaban en tinieblas vieron una gran luz (Isaías 9:2). Esta es la buena noticia: incluso si hoy estamos en la oscuridad y no tenemos ni una pizca de misericordia o bondad en nuestro pasado, la luz nos buscará. Pertenecemos a la oscuridad por todo el mal que hemos hecho y las personas que hemos herido, pero a la luz no le importa eso. La luz conoce nuestro pecado y nuestra oscuridad, y aun así saldrá a buscarnos. La luz quiere brillar sobre nosotros, y lo hará si se lo pedimos.

Oh Dios del cielo, haz brillar tu luz sobre mí hoy. Muéstrame el amor que tanto necesito y quita las escamas de mi corazón.

ENTRAR Y SALIR

«Yo soy la puerta; los que entren a través de mí
serán salvos.
Entrarán y saldrán libremente
y encontrarán buenos pastos».

JUAN 10:9

Jesús es la puerta que estamos buscando. ¿Nos sentimos atrapados en el trabajo? ¿Nuestras relaciones no van a ningún lado? Jesús es a quien necesitamos. Nuestro arrepentimiento por medio de Él, el bautismo en Él, la resurrección con Él: ese es el camino que buscamos. No hay otro camino que funcione, ni otra vía de escape; sin embargo, Jesús no es solo una salida. Según Él, aquellos que entren por su puerta «entrarán y saldrán libremente y encontrarán buenos pastos».

Cuando nos arrepentimos y somos salvados por Cristo, no ascendemos al cielo de inmediato. Jesús espera que entremos en su rebaño, pero también que salgamos al mundo y llevemos más ovejas a los pastos. Jesús quiere hombres en los negocios, en la educación, en casa y en cada rincón del mundo que traen de vuelta a las ovejas perdidas de Dios. Por medio de Jesús entramos en la salvación; por medio de Él salimos al mundo.

Querido Señor, que pueda vivir humildemente para ti y traer a otros a tu salvación. Acompáñame al salir y tráeme de vuelta cuando termine el día.

OJOS DE FE

¡La fe nos da la capacidad de ver
que el universo fue creado
y hermosamente coordinado por el poder
de las palabras de Dios!
Él habló, y el reino invisible hizo nacer
todo lo que ahora vemos.

HEBREOS 11:3 TPT (TRADUCCIÓN LIBRE)

Nuestro mundo, aunque caído, todavía contiene un vestigio de la gloria de Dios. Como una cáscara de huevo con la yema vacía, en su diseño todavía podemos ver la inteligencia de nuestro Creador y su deseo de plenitud y perfección. Esto no es visible para los no redimidos. El autor de Hebreos dice: «La fe nos da la capacidad de ver».

Esta es la importante contribución que un hombre cristiano hace a su comunidad. El caos y el desorden en la sociedad y la naturaleza tienen un significado para nosotros, y podemos explicarlo a quienes preguntan, dando así testimonio. En la estructura y el diseño de la creación vemos el poder de las palabras de Dios, el mismo poder que nos llamó a nuestro Salvador y nos lavó de nuestro pecado. El universo está hermosamente coordinado, y debemos reconocerlo.

Amado Jesús, por favor abre mis ojos al significado del universo. Muéstrame su belleza y su fragilidad para que pueda dar una respuesta a quienes pregunten. Tú has mostrado tu poder en el mundo que me rodea.

QUÉDENSE QUIETOS

Ustedes quédense quietos, que el Señor presentará batalla por ustedes.

Éxodo 14:14 NVI

La vida es como un peso aplastante que pone a prueba hasta dónde podemos aguantar antes de rompernos. ¿Cuándo vamos a ceder? ¿Cuánto tiempo aguantaremos? No importa cuánto peleemos, a veces parece que los problemas nunca dejan de llegar. Hay momentos en los que parece un pecado detenernos a respirar. Esa mentalidad es una mentira. Dios quiere que seamos constantes en nuestra obediencia y confianza, pero nunca quiso que nos quemáramos luchando por lo que solo Él puede asegurar.

Este versículo dice: «Ustedes quédense quietos, que el Señor presentará batalla por ustedes». Solo tenemos que estar quietos. Eso es lo que se necesita para conquistar nuestras batallas más grandes. Para aquellos que luchan contra la tentación, el momento de triunfo es más veces un momento de confianza apacible que una batalla apasionada. Dios gana nuestras batallas cuando descansamos en Él. La verdadera fortaleza masculina se basa en la fe y no trata de hacer el trabajo de Dios en su lugar.

Oh Señor, por favor, pelea mis batallas. Por favor, sé la fuerza que ningún hombre tiene por sí mismo.

ORAR ABIERTAMENTE

Derramo mi corazón ante ti
y te cuento todos mis problemas.

SALMOS 142:2 TPT (TRADUCCIÓN LIBRE)

Las oraciones que se escuchan en la iglesia no siempre son las más sinceras. A los cristianos no nos gusta hablar abiertamente sobre adicciones, experiencias personales de lujuria, alcoholismo o incluso depresión. Ir a la iglesia tal como somos, con todas nuestras emociones caóticas a la vista, requiere mucha más valentía de la que la mayoría de los hombres tienen. Pero esa es la sinceridad que Dios quiere que tengamos con Él y, con suerte, también con las personas cercanas a nosotros. Él quiere que le abramos el corazón y compartamos nuestras preocupaciones para poder acercarnos más a Él.

El primer paso que podemos dar para alejarnos de la presencia de Dios es recurrir a oraciones formales y poco sinceras. Dios es un amigo en quien confiar, un capitán a quien seguir, y un papá que nos abraza en nuestro dolor. Si lo tratamos como un extraño, nos alejaremos de su gloriosa presencia.

Oh Jesús, por favor enséñame a orar abiertamente. Quiero orar sinceramente, sin orgullo ni arrogancia. No puedo hacer nada sin ti, así que por favor dame las palabras que necesito para orar.

CADA UNO DE NOSOTROS

Recuerden que el Señor recompensará a cada uno de nosotros por el bien que hagamos.

EFESIOS 6:8

Después de esto, Pablo continúa: «seamos esclavos o libres». El bien que hacemos es importante sean cuales sean nuestras circunstancias de vida. Ya sea que estemos en un matrimonio sin salida o en una relación satisfactoria, ya sea que trabajemos en una gasolinera o tengamos miles de millones en acciones de petróleo, el bien que hacemos por los demás no pasa desapercibido. Jesús se encarga de observar cada una de nuestras buenas acciones, y eso le agrada. La recompensa celestial de Él nos espera.

Qué bendición es realmente tener un Salvador atento y lleno de gracia. No merecemos la bondad que Cristo derrama sobre nosotros, pero podemos esperarla y alegrarnos por ella. Todavía mejor, ahora podemos pasar nuestros días enfocándonos en hacer lo bueno y actuar con gracia en lugar de simplemente evitar cometer errores. Podemos buscar recompensa en lugar de temer al fracaso, y ese es un pensamiento liberador en la mente de cualquier hombre.

Querido Jesús, por favor trabaja en mi corazón. Bendíceme con muchas oportunidades para buscar tus buenas obras, sabiendo que un día traerán recompensa.

CORAZÓN INCANSABLE

Nunca se cansen de hacer el bien.

2 Tesalonicenses 3:13

¿Podemos realmente ser incansables de hacer el bien? ¿Podemos realmente tener corazones que «nunca se cansen de hacer el bien»? Aunque solo son siete palabras, este mandamiento es abrumador. La verdad es que no podemos seguir este mandamiento sin que el Espíritu de Dios lo haga por nosotros. Si intentamos en nuestras propias fuerzas no cansarnos de hacer el bien, rápidamente nos sentiremos decepcionados. Dios se deleita en darnos mandamientos que no podemos seguir sin Él.

Es correcto que dominemos nuestro cansancio. Debemos aprender a descansar en paz y levantarnos con energía. Además, debemos aprender las cosas de las que nunca podemos descansar, como hacer el bien. Un buen hombre es un modelo a seguir para quienes lo rodean. Toma los mandamientos del Señor con seriedad y no se conforma con la carnalidad en su corazón. Se adentra en el corazón de Dios con energía continua y propósito.

Querido Jesús, por favor trabaja incansablemente en mí. Estoy cansado y no puedo hacer el bien por mí mismo. Hazme un hombre digno de ti.

EL CAMINO DEL SEÑOR

Guíame con tu verdad y enséñame,
porque tú eres el Dios que me salva.
Todo el día pongo en ti mi esperanza.

SALMOS 25:5

La mayor alegría y satisfacción del corazón vienen de estar cerca del Señor con un espíritu de búsqueda. Los salmos más puros y felices son los que contienen un profundo deseo de estar cerca de Dios y disfrutar de Él. Este salmo no es diferente, y el autor está lleno de un deseo santo digno de ser imitado. Ora diciendo: «Guíame con tu verdad y enséñame». No presume que tiene la sabiduría para guiarse a sí mismo, ni piensa que hay otra fuente de sabiduría que no sea Dios. Él es el Rey de la verdad y misericordiosamente da esa verdad a quienes la piden.

¿Qué estamos buscando? Si pudiéramos recibir cualquier cosa que quisiéramos, ¿qué sería? Nuestros corazones son fábricas de ídolos, y a menos que dirijamos nuestros ojos al Señor cada día, volveremos a ese estado. La urgencia del salmista se debe a la importancia de su búsqueda, y nuestra búsqueda del Señor es igualmente importante. Los hombres fuimos creados para buscar y perseguir al Señor.

Querido Señor, solo quiero buscarte a ti hoy. Sé el mayor deseo de mi corazón y nunca me dejes.

TEMOR

Pues Dios no nos ha dado un espíritu de temor y timidez sino de poder, amor y autodisciplina.

2 Timoteo 1:7

El temor es un instinto primario creado para alertar al hombre sobre el peligro en su entorno inmediato. Envía un mensaje al sistema nervioso justo antes de que sea demasiado tarde. En un mundo caído, el temor a menudo se proyecta sobre eventos tan lejanos en el futuro que no es necesario temerlos. ¿Te imaginas no tener temor a perder tu trabajo, a no poder proveer o a enfermarte? ¿Te imaginas la libertad de poder ver las oportunidades con optimismo o confianza en los resultados del Señor?

Esto es más que un sueño; es la mentalidad que Dios quería para nosotros. «No temas» es uno de los mandamientos más repetidos en la Biblia. Dios quiso que hombres como nosotros o como Timoteo fuéramos caracterizados por «poder, amor y autodisciplina».

Oh Jesús, sé lo primero en mis prioridades. Quiero depender de ti antes de caer en el temor. Dame el corazón para buscar la autodisciplina antes de preocuparme por perder el control de mi situación.

AYUDADOR TODOPODEROSO

Nuestra ayuda viene del SEÑOR,
quien hizo el cielo y la tierra.

SALMOS 124:8 NVI

Las probabilidades están a nuestro favor en todas las batallas. Tenemos ayuda todopoderosa contra cualquier oponente. Él está listo para darnos valor y ser nuestro escudo en la pelea. Cuando Satanás enciende fuegos en los muros de nuestras almas, Jesús está ahí para apagarlos y fortalecer nuestras defensas. Él no teme nada porque es «quien hizo el cielo y la tierra», lo cual lo convierte en el creador de todas las cosas. Solo el Dios todopoderoso puede traer todo a la existencia, y este es el Dios que está ahí para nosotros en cualquier momento.

¿En qué áreas hemos estado rechazando la ayuda de Dios? ¿Dónde hemos estado luchando solos y esforzándonos en lugar de tener fe? Es difícil rendirse al Señor mientras luchamos contra el diablo. Muchos hombres no han podido hacerlo, pero si queremos experimentar el poder sanador de Dios obrando en nosotros, debemos aprender a entregar nuestras vidas a Él.

Oh Señor, eres mi ayuda en tiempos de necesidad. Estás ahí para mí cuando es importante, y nada puede prevalecer contra ti. Ayúdame a confiar en ti.

CARNE O ESPÍRITU

Pues el Señor es el Espíritu,
y donde está el Espíritu del Señor,
allí hay libertad.

2 Corintios 3:17

La misión del Señor es liberar a los pecadores de las rejas que rodean sus almas. Los hombres son carne y hueso, como los animales, y el único dios que tienen para adorar es su propio apetito. A pesar de que hay eternidad en sus corazones y tienen el deseo de encontrar propósito, los hombres no pueden perseguirlo, porque no tienen un Espíritu que los fortalezca. Pero «el Señor es el Espíritu» y donde Él está, allí hay libertad.

En Romanos, Pablo nos describe como esclavos de la carne o del Espíritu. Estar esclavizados al Espíritu, sin embargo, significa libertad porque nos ata a los deseos más nobles de nuestro corazón. Ser libres en el Espíritu significa dejar de lado la lujuria, la avaricia y la ambición, porque conocemos placeres santos mucho mayores. Ser un hombre de Dios es estar lleno del Espíritu y, por lo tanto, vivir en libertad. Nuestros congéneres en esta tierra siguen sus apetitos sin capacidad de elevarse por encima de ellos.

Oh Dios, lléname de tu Espíritu Santo hoy. Libérame de la carne y del mundo, y sé el deseo más profundo de mi corazón. No soy nada sin ti.

AMOR INCOMPRENSIBLE

Tu amor es tan extravagante que llega hasta el cielo,
¡tu fidelidad es tan asombrosa que toca el cielo!

SALMOS 57:10 TPT (TRADUCCIÓN LIBRE)

El amor de Dios va más allá de la comprensión humana. Somos minúsculos y estamos quebrados en comparación con Jesús, y lo mejor que podemos hacer es quedarnos asombrados ante la profundidad y amplitud de su amor y fidelidad hacia nosotros. El salmista usa medidas físicas para describir el Espíritu inconmensurable de Dios, diciendo que «llega hasta el cielo» y «toca el cielo». ¿Qué podemos hacer sino adorarlo? Aun con nuestros espíritus humanos limitados, podemos alabar a Dios con entusiasmo.

Como cristianos, Dios derrama una porción de su amor y fidelidad eternos en nuestros corazones. Nos hace portadores de su imagen, y quienes nos rodean aprenden a reconocerlo al vernos a nosotros. ¿Ven las personas el amor incomprensible de Dios en nosotros? ¿Amamos a nuestro prójimo con valentía o solo hasta donde cualquiera llegaría? ¿Tenemos un carácter que va más allá de la explicación terrenal o vivimos aún con antiguas limitaciones?

Querido Dios, por favor, hazme un hombre de amor y carácter más allá de la explicación terrenal. Que otros me miren y vean tu virtud eterna.

MÁS ALLÁ DE LA FALSEDAD

Queridos hijos, no amemos de palabra ni de labios para afuera, sino con hechos y de verdad.

1 Juan 3:18 NVI

La conducta cristiana es importante para nosotros por muchas razones, pero es fácil que se convierta en fingir ser algo que no somos. Saber la importancia de ser cristianos puede hacer que seamos falsos si no tenemos un deseo sincero por el Señor en nuestros corazones. Nos convertimos en hipócritas que rechazan a los necesitados con una bendición de palabras vacías. Este es el peligro del que advierte Juan, y usa la verdad y nuestras acciones para indicar cómo está nuestro corazón.

Amar solo de palabra o discurso, pero no en verdad y con hechos, es peor que no amar en absoluto. Nos hace pecar por falta de amor y también por mentir, porque fingimos ser algo que no somos. ¿Cuál es la verdadera condición de nuestro corazón, y qué dicen nuestras acciones sobre nosotros? Al volvernos a Dios en arrepentimiento, podemos dejar a un lado la hipocresía y convertirnos en creyentes sinceros y apasionados que siguen el ejemplo de Jesús.

Querido Señor, por favor trabaja en mi corazón y haz que ame a otros en verdad y en acción. Hazme un hombre que se interesa por los demás no porque sienta que debo hacerlo, sino porque realmente quiero hacerlo.

CORRER PARA SIEMPRE

¿No se dan cuenta de que en una carrera todos corren, pero solo una persona se lleva el premio? ¡Así que corran para ganar!

1 Corintios 9:24

Todo buen corredor mantiene la mirada en su meta mientras aparta el dolor de su mente. Decide que el dolor y el cansancio no son dignos de su atención tanto como lo es la meta, y eso lo impulsa hacia adelante. Este es el espíritu que Cristo desea para nosotros. Él quiere que seamos incansables y dejemos a un lado el dolor con una especie de ignorancia sagrada. Nuestro premio, un cielo acogedor, está delante de nosotros y podemos avanzar cada día hacia él.

Si actuamos como si nos importara nuestra fe pero no estamos dispuestos a sacrificarnos, revelamos nuestra verdadera naturaleza. Somos cristianos de palabra y discurso, pero no en verdad y hechos. Nos hemos convencido de que amamos a Cristo aunque su sacrificio y fidelidad son conceptos lejanos para nosotros. Si queremos ser sinceros en la fe, tenemos que demostrar que valoramos a nuestro Señor a través de un espíritu de sacrificio y gracia.

Amado Dios, dame la fuerza para correr esta carrera. Mis piernas se están agotando, y necesito tu pasión. Por favor, agranda mi corazón.

27 DE OCTUBRE

POR QUÉ INTENTARLO

Si no tuviéramos fe sería imposible agradar a Dios, porque llegamos a conocerlo creyendo que Él es real y que recompensa la fe de aquellos que ponen toda su pasión y esfuerzo en buscarlo.

Hebreos 11:6 TPT (Traduccion libre)

¿Ponemos toda nuestra pasión y esfuerzo en buscar a Dios? La pasión y el esfuerzo solo tienen valor si son la pasión y el esfuerzo de Dios. Si intentamos agradarlo por nuestra cuenta es como si ya hubiéramos fracasado. Somos como trapos sucios ante Él, y nuestros actos más nobles no son nada sin Él. El versículo dice: «Si no tuviéramos fe sería imposible agradar a Dios». Nuestros esfuerzos serán en vano hasta que le entreguemos nuestra vida en completa dependencia.

El versículo dice también: «recompensa la fe de aquellos que ponen toda su pasión y esfuerzo en buscarlo». Este tipo de pasión y fe es posible cuando cada granito de nuestra fuerza depende de Jesús. Cuando buscamos su ayuda con fe, creyendo que Él nos la dará, encontramos nuestra verdadera fortaleza.

Querido Señor, trabaja en mí para producir una fe que genere acción. No puedo hacer nada sin ti, así que por favor dame la fe y la fuerza para buscarte de todo corazón.

HUIR Y LUCHAR

Así que sométanse a Dios.
Resistan al diablo y él huirá de ustedes.

SANTIAGO 4:7 NVI

Parte de convertirse en un hombre es aprender cuándo luchar y cuándo huir. En este pasaje de Santiago, él nos da instrucciones específicas: «Resistan al diablo, y él huirá de ustedes». Es importante notar que no se nos pide perseguirlo; si nos deja en paz, lo dejamos estar. En otros pasajes de la Biblia se nos dice que huyamos de la inmoralidad. En el caso de ciertos pecados, nuestro plan de ataque es en realidad una retirada.

Puede parecer poco masculino huir de una pelea, pero es lo más sabio que podemos hacer. Incluso José, un hombre de gran piedad, huyó de la esposa de Potifar cuando ella intentó seducirlo. No hay vergüenza en huir a veces. Mientras nos sometamos a Dios, sabremos cuándo es correcto hacerlo.

Querido Jesús, enséñame la sabiduría para saber cuándo correr y cuándo luchar. Dame un corazón que evite la inmoralidad y no se someta a ella. Hazme sabio en ti.

TIENE SENTIDO

¡Cuán grande es nuestro Dios!
No hay absolutamente nada
que su poder no pueda conseguir,
y su conocimiento es infinito.

SALMOS 147:5 TPT (TRADUCCIÓN LIBRE)

¿Está tu alma abatida dentro de ti? A veces parece que Dios nos ha dejado en medio de nuestras dificultades y ha escondido su plan de nosotros. Perder la fe en el plan de Dios nos deja en un lugar desesperado y solitario. Es difícil recuperar un sentido de propósito después de haberlo perdido. Sin importar las pruebas o dificultades, el plan de Dios permanece. Su poder permanece. Su comprensión de nuestra situación sigue siendo más profunda que la nuestra.

Sí, «¡cuán grande es nuestro Dios!». La vida puede estar desordenada, pero para Él todo tiene sentido. Puede que hayamos perdido la esperanza, pero Él sigue siendo la esperanza más fuerte. Puede que nos sintamos débiles e indefensos, pero aun así «no hay absolutamente nada que su poder no pueda conseguir». Por difícil que sea entenderlo algunas veces, Dios realmente tiene un plan sin importar lo terrible que parezca la vida. Él sigue siendo fiel.

Querido Jesús, muéstrame tu poder y tu infinita comprensión. No velas sobre mi vida a la ligera, y la entiendes mucho mejor de lo que yo podría hacerlo.

AMOR SINCERO

Ámense unos a otros con un afecto genuino
y deléitense al honrarse mutuamente.

Romanos 12:10

Dios no quiere que seamos buenos por obligación, ni que finjamos nuestro amor por los hermanos en Cristo. Quiere que seamos sinceros, que amemos porque no podemos evitarlo, y que mostremos ese amor con afecto y honor fraternal. David dijo que su amistad con Jonatán era mejor que el amor de una mujer. Hoy en día, muchas personas se burlan de eso porque nunca lo han experimentado. El afecto genuino que Dios puede crear entre los hombres es tan poderoso que Satanás pone todas sus trampas para impedirlo.

Pablo también dice: «deléitense al honrarse mutuamente». Sabemos que amamos a nuestros hermanos en Cristo cuando nos deleitamos más en su honor que en el nuestro. Cuando nos apartamos con gusto para que un hermano esté en el centro de atención, estamos viviendo en amor.

Oh Dios, te alabo por el amor que existe entre los hermanos en Cristo. Hazme un hermano amoroso que ponga las necesidades y el honor de los demás antes que los míos.

ORACIÓN HERMOSA

Sácianos cada mañana con tu amor inagotable,
para que cantemos de alegría
hasta el final de nuestra vida.

Salmos 90:14

Estar lleno del amor de Dios produce una alegría indescriptible. Es una éxtasis y una exaltación santas que no podemos comprender. Cuando nos inunda, nos deja sin aliento cautivados por nuestro Salvador. Su amor puede sostenernos en medio de cualquier prueba, y sin él no hay consuelo en el mundo. Sí, deberíamos clamar con todo nuestro corazón: «Sácianos cada mañana con tu amor inagotable».

Un hombre puede actuar con muchos tipos de combustible. Puede hacer del alcohol el sexo o el trabajo la razón para levantarse cada mañana. Debemos ser conscientes de esto y dejar que estas cosas sean gobernadas por el amor de Dios. El amor de Dios puede impulsarnos cada mañana incluso si no tenemos trabajo, pareja sexual o consuelos terrenales.

Querido Señor, por favor, dame la fuerza que solo puede venir de tu amor. Hazme santo, justo y completamente dependiente de tu apoyo. Tu amor es más grande que la vida, y es lo único que quiero.

NOVIEMBRE

Por el gran amor del Señor
no hemos sido consumidos
y su compasión jamás se agota.
Cada mañana se renuevan sus bondades;
¡muy grande es su fidelidad!

Lamentaciones 3:22-23 NVI

CONDUCTA PRIVADA

Pero tú, cuando te pongas a orar, entra en tu cuarto, cierra la puerta y ora a tu Padre, que está en lo secreto. Así tu Padre, que ve lo que se hace en secreto, te recompensará.

MATEO 6:6 NVI

La bondad se muestra sobre todo en cómo tratamos a los demás. Alguien que trata bien a sus compañeros de trabajo, a su familia, a sus amigos y hasta a los desconocidos se ve como una buena persona. Lo que hacemos en privado, donde solo nuestra mente y alma son afectadas, muchas veces parece no tener impacto moral. Cosas como la pornografía, la crueldad en el internet e incluso la soledad son difíciles, porque nos encuentran cuando estamos solos y se disfrazan de inofensivas. Sin embargo, estos actos secretos son señales de nuestras heridas y se expanden en nuestras vidas como las ondas que se producen al tirar una piedra en un estanque.

Jesús tiene un estándar de conducta para lo que hacemos y sentimos en secreto. En este pasaje de Mateo, Jesús les dice a sus discípulos: «cierra la puerta y ora a tu Padre, que está en lo secreto». Los reconforta diciendo que Dios, «que ve lo que se hace en secreto, te recompensará». Jesús sabe que la esencia del alma de una persona se forma en lo secreto.

Señor, la condición de mi alma se produce en secreto. Los momentos privados son los que me hacen ser quien soy. Trabaja en esos momentos privados.

LUCHAR CONTRA LA RENDICIÓN

«No se preocupen ni se rindan ante el temor.
Han creído en Dios; ahora confíen
y crean también en mí».

JUAN 14:1 TPT (TRADUCCIÓN LIBRE)

Jesús quiere que nos entreguemos a la fuerza que sentimos y que nos atrae hacia Él. No quiere que nos rindamos a la ansiedad y al miedo que nos aplastan. Quiere que entreguemos nuestra alma a la elección correcta: a Él. Cuando la vida nos golpea y nos deja fríos por dentro, necesitamos saber a qué rendirnos y qué evitar. Jesús pone dificultades y pruebas en nuestro camino, cosas que tememos, para que aprendamos a correr hacia Él. No quiere que corramos cegados por el miedo.

La diferencia entre una entrega buena y una mala es la fe. Jesús dice: «Confíen y crean también en mí». La mala rendición nos encadena al miedo y a la preocupación; la buena rendición nos da la libertad de la fe en Cristo, que se produce al confiar y creer en el único Salvador que puede disipar todos nuestros temores. Jesús les recuerda a sus discípulos esta confianza y fe para darles consuelo en medio de sus miedos.

Señor, por favor, transforma mis miedos y preocupaciones. Construye en su lugar la confianza y la fe que necesito para descansar en ti.

HERMANOS Y HERMANAS

Les suplico, hermanos, en el nombre
de nuestro Señor Jesucristo,
que todos vivan en armonía
y que no haya divisiones entre ustedes,
sino que se mantengan unidos
en un mismo pensar
y en un mismo propósito.

1 Corintios 1:10 nvi

Pablo hace una petición fuerte a sus hermanos y hermanas en Corinto. Les pide unidad y que estén de acuerdo unos con otros en lugar de estar divididos. Les dice que «todos vivan en armonía». Además, pide que esta unidad también se extienda a «un mismo pensar y... un mismo propósito». Es un nivel de unidad sobrenatural, donde personas de diferentes orígenes y personalidades se unen por un propósito y creencias compartidos.

¿Dónde hay desunión en nuestras vidas? Si estamos desconectados de nuestros hermanos y hermanas en la fe evitamos la posibilidad de desacuerdos, pero eso no es algo bueno. Cristo quiere que vivamos cerca unos de otros y en unidad. ¿Estamos dispuestos a esforzarnos por lograr esta unidad, o nos hemos resignado al desacuerdo y la discordia?

Oh Jesús, por favor, enséñame a ser un hermano de unidad. Enséñame a comunicarme con humildad y amor, y a escuchar antes de hablar.

PROTEGIDOS EN LA GUERRA

¡Pónganse la armadura completa que Dios nos da para que estén protegidos mientras luchan contra las estrategias malvadas del acusador!

EFESIOS 6:11 TPT (TRADUCCIÓN LIBRE)

Los hombres fuimos creados para luchar la buena pelea. No siempre es una guerra física, pero es una guerra. Satanás tiende trampas con la esperanza de alejarnos de Dios. Lanza sus flechas de muerte con una puntería precisa, apuntando a nuestras áreas más vulnerables. Solo con «la armadura completa que Dios nos da» podemos aguantar en esta guerra. Jesús debe proteger nuestras mentes, almas y corazones si queremos resistir los ataques del diablo.

¿Cuál es tu punto más débil? ¿Dónde puede Satanás golpearte más fácilmente? Todos llevamos en el corazón las heridas de experiencias pasadas, y algunas de ellas no están completamente entregadas a Dios. Esas heridas son puntos sensibles que pueden hacer que reaccionemos a la defensiva y nos sintamos impotentes. Debemos entregar nuestros puntos débiles y heridas a Dios, para que no terminen destruyéndonos.

Querido Dios, por favor, trabaja en mi corazón. Protege las áreas más débiles de mi vida y mantenme fuerte. No permitas que Satanás entre en mi corazón.

DICHO Y HECHO

La fe demuestra la realidad de lo que esperamos; es la evidencia de las cosas que no podemos ver.

HEBREOS 11:1

Dios desea que tengamos esperanza. Sabe que somos mejores cuando nos aferramos a la esperanza pura de una realidad mucho mejor que la nuestra. Tener esperanza en su redención y sanidad sin verlas aún puede llevarnos al cinismo, pero Él coloca en nuestros corazones una manera de saber que nuestras esperanzas más verdaderas son reales. Nos da una fe tan fuerte que sabemos que no es por nuestro propio esfuerzo. Esa fe nos demuestra el gran poder de Dios y nos asegura que, si Él está ahí, sus promesas sin duda se cumplirán.

Podemos estar seguros de las promesas de Dios, porque Él siempre es fiel a lo que dice que hará. ¿Se puede decir lo mismo de nosotros? ¿Nos ven nuestros amigos y familiares como hombres en los que pueden confiar? Si queremos ser como Jesús, debemos convertirnos en pilares de apoyo para quienes nos rodean.

Querido Jesús, recuérdame la fe que has plantado en mi corazón. Solo creo porque tú me haces creer; deja que eso sea la seguridad de mi esperanza.

HECHO ESTÁ

«Nadie puede deshacer lo que he hecho».

Isaías 43:13

Lo que Dios hace, sus criaturas no pueden deshacerlo. No pueden revertir sus decisiones, ni cambiar sus planes. Desde la eternidad Dios ha planeado sus acciones, y todas son irrevocables. A veces, quisiéramos deshacer lo que Dios ha hecho o alterar el destino de nuestras vidas, pero esto no está en su voluntad y, por lo tanto, no puede suceder. Como dice en Isaías: «Nadie puede deshacer lo que yo he hecho».

¿Qué parte del plan de Dios nos gustaría revertir? ¿Qué destino sabemos que es obra suya, pero nos gustaría negar? Mientras sigamos intentando deshacer lo que Dios ha hecho o planea hacer, siempre lo resentiremos. Nos enfrentaremos al Salvador del universo en una batalla inútil por una autonomía que no podemos ganar. Él reina en supremacía y solo Él decide nuestro camino. El hombre puede rendirse a su Dios o ser destruido por Él.

Oh Dios, hazme un hombre que no luche contra ti. Quiero confiar en tu plan y no intentar deshacerlo. Creo en tu voluntad.

VIDA INCOMPARABLE

Conocerte es beber de una fuente
de la que fluye vida y saciarse.
En tu luz recibimos la luz de la revelación.

SALMOS 36:9 TPT (TRADUCCIÓN LIBRE)

No conocemos algo realmente hasta que lo experimentamos. No sabemos lo que es ser amante, padre o viudo hasta que lo vivimos por nosotros mismos. Si solo observamos las experiencias como espectadores, necesitamos reconocerlo y no fingir que no es así. «Conocerte es beber de una fuente de la que fluye vida», declara este salmo. Piensa en esas palabras: beber vida.

Podemos beber de la vida de Dios. Dios no es una meta difícil de alcanzar que compite contras los placeres del pecado; Él es el placer máximo, y cuando lo buscamos y lo experimentamos, nos muestra todo lo que nos perdíamos al buscar otros ídolos y dioses. Él es la luz de la revelación porque se revela a sí mismo como la fuente más grande de placer, vida y abundancia.

Eterno Jesús, qué dulce es tu amor. Qué dulce es conocerte y conocer tu bondad. Te pido que me acompañes en este día, y quiero experimentar la fuente de tu amor inagotable.

POCO TIEMPO

Pues ya saben que la prueba de su fe produce perseverancia.

SANTIAGO 1:3 NVI

Solo después de que nuestra fe es puesta a prueba vemos el valor de esa experiencia. El metal es probado con martillos, fuego y calor, y nosotros somos probados a través de las dificultades de la vida. Cristo solo nos pide que seamos fieles en la prueba, apoyándonos en Él y creciendo en fe. Si profundizamos nuestra fe en la dificultad, obtendremos la perseverancia que promete aquí en Santiago; pero si optamos por otras formas de afrontarlo o nos alejamos de Dios, las pruebas habrán sido en vano.

Esta es la voluntad de Dios para nosotros: que nos convirtamos en la mejor versión de nosotros mismos. No alcanzaremos esa meta mientras estemos vivos en la tierra, pero cada prueba y situación en nuestro camino tiene el potencial de hacernos un poco más como Él. Puede hacernos personas a las que otros admiren, en quienes confíen y de quienes se beneficien.

Dios, esta prueba que atravieso solo dura un tiempo. Ayúdame a resistir con perseverancia en lugar de rendirme y buscar que el mundo me salve.

TRABAJO SIGNIFICATIVO

Ustedes no me eligieron a mí, yo los elegí a ustedes.
Les encargué que vayan y produzcan frutos duraderos,
así el Padre les dará todo lo que pidan en mi nombre.

Juan 15:16

El caminar cristiano no está compuesto por nuestras elecciones personales, ni el desarrollo de nuestras virtudes. Es la historia de Dios y su obra en nuestras vidas, y cómo las usa para moldearnos según su propósito. Él no nos creó para ser un grupo de personas que están a cargo de sus propias vidas; nos creó como portadores de su imagen y administradores de su reino. Cuando comprendemos esto, Dios nos confía su reino y nos da cualquier cosa que pidamos en su nombre.

Todo está en la primera declaración de Jesús: «Ustedes no me eligieron a mí, yo los elegí a ustedes». Jesús nos eligió específicamente. No elegimos un camino que otros estaban eligiendo; fue Jesús quien escogió a cada uno de sus hijos específicamente y con un propósito en mente. Es fácil perder de vista cuán especiales somos, pero no cuando consideramos este versículo.

Amado Jesús, tú me escogiste. Recuérdame que soy tuyo, creado y escogido con un propósito, y que tengo valor para ti.

NECESIDADES COMUNES

«La gente en todas partes se preocupa por ganarse la vida, pero su Padre celestial conoce todas las necesidades de ustedes y les cuidará».

Lucas 12:30 TPT (Traducción libre)

Todos los hombres conocen la presión de proveer para sí mismos, aunque pocos admitimos que la provisión diaria es una necesidad común que Jesús nunca se ha negado a suplir. Nos levantamos temprano para trabajar y nos quedamos hasta tarde para ganarnos la vida, pero cuando dejamos de hacerlo para honrar a Jesús y comenzamos a hacerlo por miedo, el trabajo pierde sentido. El trabajo existe para que los hombres y las mujeres hagamos tareas significativas y mejoremos, pero cuando Jesús lo considera oportuno, nos aparta de nuestros trabajos y nos provee directamente. Puede parecer una provisión escasa, pero es provisión.

Jesús dice: «su Padre celestial conoce todas las necesidades de ustedes». Es increíble que el Padre conozca nuestras necesidades mejor de lo que las conocemos nosotros mismos. Nunca hay un momento en el que debamos explicarle a Dios lo que necesitamos o recriminarle porque nos está fallando. En realidad, somos nosotros los que fallamos porque no entendemos. Él merece toda nuestra confianza.

Querido Señor, gracias por ser un Dios que provee. Por favor, cuídame a mí y a quienes me rodean hoy y muestra tu mano amorosa en las cosas simples.

FIRMES EN LA TORMENTA

Señor, no me prives de tus tiernas misericordias;
que tu amor inagotable y tu fidelidad
siempre me protejan.

Salmos 40:11

Este salmo es un retrato íntimo de un creyente con su Salvador. El autor clama a Dios pidiéndole que no le niegue su misericordia, y casi nos hace preguntarnos si Dios realmente podría hacer eso. La verdad es que, probablemente, este autor confiaba en la presencia misericordiosa de Dios pero también entendía el valor de expresar sus miedos al Señor. Sabía cuán importante es hablar con sinceridad a Dios y no esconder lo que sentimos.

El amor de Dios es firme en medio de la tormenta, y no necesitamos cuestionarlo. Nada puede separarnos de él, pero aun así, es valioso reconocer cuando tenemos miedo. Los hombres suelen sentir la presión de no mostrar temor, pero esta no es la imagen bíblica de la masculinidad. David llevaba su miedo y ansiedad al Señor constantemente, y nos mostró cómo confiar en Dios cuando las circunstancias son confusas, aterradoras o tristes.

Querido Dios, enséñame tu fidelidad y misericordia. Recuérdame que eres constante y no cambias como yo. Dame fe.

LO QUE ÉL PIENSA DE NOSOTROS

Que el Dios que infunde aliento y perseverancia les conceda vivir juntos en armonía, conforme al ejemplo de Cristo Jesús.

ROMANOS 15:5 NVI

Cristo tiene una opinión sobre nosotros. Es extraño pensarlo, pero es cierto. La mayoría de nosotros, a menos que tengamos un ego enorme, nos preocupamos demasiado por lo que los demás piensan de nosotros. Nos obsesionamos con una opinión y no la dejamos ir. Pero ¿nos importa lo que Dios piensa de nosotros? ¿Cuál fue su «actitud mental» hacia los humanos mientras estuvo en la tierra? Sabía todo sobre nosotros, todos nuestros fallos y debilidades, pero aun así fue bondadoso con nosotros y nos trató con gracia y bondad. Todavía camina a nuestro lado mientras enfrentamos nuestras luchas.

¿Acaso no podemos nosotros hacer lo mismo por los demás? ¿Podemos caminar en ánimo y perdón, y darles a nuestros hermanos y hermanas en Cristo el espacio que necesitan para crecer? Las palabras de un hombre tienen mucho poder, pero aún más poder tiene su opinión sobre las personas. Si menospreciamos a alguien por su debilidad, aunque no se lo digamos, esa persona lo sentirá. Nuestra opinión debe ser como la de Cristo: llena de ánimo y bondad.

Querido Jesús, has sido bondadoso conmigo en mi debilidad. Enséñame a hacer lo mismo por los que me rodean.

FE INCONMOVIBLE

Cayeron las lluvias, crecieron los ríos,
soplaron los vientos y azotaron aquella casa;
con todo, la casa no se derrumbó
porque estaba cimentada sobre la roca.

Mateo 7:25 NVI

¿Cómo describirías tu fe? ¿Está desgastada, agotada, siendo puesta a prueba? A Dios no le asusta nuestra sinceridad, y no sirve de nada fingir nuestro estado espiritual. Una fe fuerte solo se alcanza siendo sinceros con Dios y aprendiendo a confiar en Él en los problemas que preferiríamos no enfrentar. Cuando nuestra fe se construye sobre una relación íntima y de aceptación con Jesús, ninguna tormenta o viento puede arrancarnos de esa base.

¿En qué está fundamentada nuestra fe? ¿Está construida sobre experiencias emocionales o ambiciones? Si hacemos de Dios solo una parte de nuestra vida, un bloque más, entonces no será parte de nuestras vidas en absoluto. Él lo quiere todo: nuestros planes, nuestras ambiciones... y quiere ser nuestro fundamento. Nada menos le sirve.

Querido Dios, pongo mi corazón en ti. Hazme una persona que no abandone fácilmente su fe, sino que permanezca con humildad y paciencia para glorificar tu nombre.

FUERZA Y ESCUDO

El Señor es mi fortaleza y mi escudo;
confío en él con todo mi corazón.
Me da su ayuda y mi corazón se llena de alegría;
prorrumpo en canciones de acción de gracias.

Salmos 28:7

Solo Dios puede protegernos del maligno. Solo Él puede sostenernos en los momentos de prueba y animarnos cuando estamos débiles. Es nuestro ayudador supremo, una persona real con quien podemos hablar y compartir en todo momento. Cuando el salmista dice: «El Señor es mi fortaleza y mi escudo; confío en él con todo mi corazón», está declarando la poderosa presencia de Dios sobre sus problemas y pruebas. No buscará refugio en el trabajo, el sexo o cualquier otra cosa; confiará en la capacidad todopoderosa del Señor para superar cada desafío.

El salmista también dice: «Me da su ayuda y mi corazón se llena de alegría». Cuando buscamos otras cosas para llenar el vacío que solo Dios puede llenar, éstas no nos dan verdadera alegría. No satisfacen, como si comiéramos arena en lugar de comida. Solo Dios, quien puede ayudarnos en todo, nos llena con el gozo de la gratitud y el agradecimiento.

Querido Dios, quiero ser alguien que se regocija en tu fuerza y te exalta en su corazón. Ayúdame a depender de ti en cada tormenta.

RENDIR CUENTAS ENTRE HERMANOS

Cuídense unos a otros, para que ninguno de ustedes deje de recibir la gracia de Dios. Tengan cuidado de que no brote ninguna raíz venenosa de amargura, la cual los trastorne a ustedes y envenene a muchos.

HEBREOS 12:15

La rendición de cuentas no es para los débiles, sino para los fuertes. Ningún hombre es una isla, y nadie fue hecho para caminar solo. Fuimos diseñados para vivir en comunidad con hermanos y hermanas que caminan junto a nosotros y nos acompañan en la carrera de la vida. El hombre individualista carece de ánimo y afecto. Sus hábitos a menudo juegan en su contra, y al separarse solo fomenta su desánimo. El versículo dice: Cuídense unos a otros, para que ninguno de ustedes deje de recibir la gracia de Dios. No se trata solo de ser responsables ante otros para evitar pecar, sino de serlo para no olvidar la gracia que Dios nos ofrece cada mañana.

La amargura es una raíz venenosa porque nos separa de nuestros hermanos y hermanas en Cristo. Nos aísla y nos priva del apoyo que nuestra fe necesita. Fuimos hechos para ser santos en Dios, y esa es una tarea muy difícil de lograr en soledad. Debemos orar contra la amargura cada vez que surja.

Querido Dios, por favor, elimina la amargura que pueda existir entre mis hermanos, mis hermanas y yo. Haznos un apoyo firme los unos para los otros, para que podamos depender de esta comunidad para todo lo que necesitemos.

FE Y VALENTÍA

Gracias a Cristo y a nuestra fe en él, podemos entrar en la presencia de Dios con toda libertad y confianza.

Efesios 3:12

Cuando dudamos, no podemos ser valientes. Si no estamos seguros de nuestra seguridad, tendremos miedo. Si no sabemos de dónde vendrá nuestra fuerza para luchar, seremos tímidos. La valentía nace de la fe, que es confiar en lo que no podemos ver. Pablo dice que «gracias a Cristo y a nuestra fe en él» podemos ser audaces incluso en la presencia de Dios. La sangre que el Hijo de Dios derramó en la cruz supera todos nuestros pecados y errores. Por esa sangre y confiando en Él podemos presentarnos valientemente ante el trono de Dios con nuestras preocupaciones y temores.

Si podemos acercarnos con valentía y confianza a la presencia de Dios, ¿hay algún lugar al que no podamos ir con esa misma valentía? Un hombre, con su audacia y coraje, puede inspirar a quienes lo rodean. Estamos equipados de manera especial para animar a otros con nuestra valentía y fe, y esto solo se logra a través de la confianza en el poder de Cristo.

Amado Jesús, tú eres mi única fuente de valentía. Solo tú me das acceso al trono de la gracia. ¡Te alabo!

FUERTE Y VALIENTE

Así que, ¡sean fuertes y valientes,
ustedes los que ponen su esperanza en el SEÑOR!

SALMOS 31:24

Es difícil vivir a la altura de la imagen de Dios. Él fue perfecto en fuerza y valentía, pero también en humildad y mansedumbre. Es fácil sentirnos fracasados al compararnos con el ejemplo de Cristo, pero esa no fue su intención al vivir una vida perfecta. Él no espera perfección de nosotros, ni siquiera al considerar su propia perfección; solo pide nuestra esperanza, amor y fe.

Elegir a los débiles y a los menos valientes y convertirlos en sus herederos más poderosos es la mayor gloria de Dios. Él se exalta a través de nuestra debilidad, y solo somos fuertes y valientes porque su fuerza vive en nosotros. Nuestra suficiencia no proviene de ser perfectos, sino de caminar en fe. Él abunda en gracia para nuestras debilidades y desde esa abundante gracia nos anima: «¡sean fuertes y valientes!».

Señor poderoso, gracias por tu ánimo a pesar de mi insuficiencia. Gracias por la fuerza y valentía que me das, que no puedo encontrar por mí mismo. No soy nada sin ti, Jesús.

MISMA MEDIDA

Porque tal como juzguen se les juzgará,
y con la medida que midan a otros,
se les medirá a ustedes.

MATEO 7:2 NVI

No podemos esperar recibir lo que no damos. Cuando lo hacemos es por pura gracia de Dios, pero tentar esa gracia una y otra vez es buscar problemas. Si tratamos a los demás con dureza, desanimamos a quienes nos rodean y no ponemos esfuerzo en nuestras vidas, recibiremos el mismo trato a cambio. No recibiremos gracia si solo damos juicio. Jesús dijo: «con la medida que midan a otros, se les medirá a ustedes». Así funciona el mundo muchas veces; si tratamos mal a otros, es probable que se amarguen y nos traten igual.

Las prioridades nos rodean constantemente. Nuestras carreras, parejas, amigos y nuestras iglesias demandan una parte de nuestra vida. Si ponemos las cosas del mundo primero, como ascensos o placeres, seguramente los obtendremos; pero, si invertimos generosamente en relaciones, actos de compasión y bondad, también recibiremos lo mismo.

Querido Dios, enséñame a usar mi vida para el bien. Quiero ser alguien que da con abundancia; hazme digno de recibir lo mismo.

GENEROSIDAD Y FE

Y Dios puede hacer que toda gracia
abunde para ustedes, de manera que siempre,
en toda circunstancia, tengan todo lo necesario
y toda buena obra abunde en ustedes.

2 Corintios 9:8 NVI

La generosidad es un acto de fe. Damos lo que tenemos con la confianza de que no depende de nosotros cuánto poseamos en esta tierra. Es Dios quien determina nuestra abundancia. En este versículo, Pablo nos anima a dar con corazones generosos, no por obligación o miedo. Podemos superar esas emociones al recordar la generosidad de Dios hacia nosotros. Como él dice: «Dios puede hacer que toda gracia abunde para ustedes».

La verdadera alegría del fruto de nuestro trabajo se encuentra en compartirlo. Los hombres están llamados a ser productivos y trabajar duro, pero los peligros de la adicción al trabajo o la apatía siempre nos acechan. Por eso es importante que «toda buena obra abunde» en nosotros y, a través de nuestra generosidad, construir una comunidad a nuestro alrededor.

Querido Dios, quiero ser un hombre generoso. Enséñame a unir a otros mediante el trabajo y un espíritu de comunidad altruista.

SACERDOTES DE LUZ

Ustedes son el tesoro escogido de Dios. Sacerdotes y reyes; una «nación» espiritual apartada para la devoción a Dios. Él los llamó de la oscuridad para que experimentaran su maravillosa luz y ahora los reclama como suyos. Hizo esto para que proclamaran sus gloriosas maravillas por todo el mundo.

1 Pedro 2:9 TPT (Traducción libre)

Pedro nos dice que somos una nación «apartada para la devoción a Dios». La humanidad está sumida en la oscuridad y es incapaz de comprender la niebla que envuelve sus mentes y oscurece su entendimiento. Como sacerdotes de Dios, como su nación santa, llevamos luz al mundo que nos rodea. Jesús nos ha llamado a salir de la oscuridad, y no debemos retroceder y ceder a esas sombras que intentan consumirnos. Estamos llamados a vivir con valentía como sacerdotes de luz y a llevar la presencia de Dios a quienes aún no la conocen.

El versículo dice que Dios hizo esto para que «proclamaran sus gloriosas maravillas por todo el mundo». ¿Estamos viviendo conforme a esta imagen? ¿Somos hombres consumidos por la gloria de Dios, deseando compartirla en cada oportunidad? Tal vez no lo seamos, y la luz dentro de nosotros sea un misterio para nuestros amigos y familiares.

Amado Dios, hazme un sacerdote de la luz. Dame el valor de vivir en la luz y compartirla con los que me rodean, en lugar de permitir que permanezcan en la oscuridad.

MOTIVACIÓN INTERNA

¡Busquen más de su fuerza!
¡Búsquenlo más a Él!
Busquemos siempre la luz de su rostro.

SALMOS 105:4 TPT (TRADUCCIÓN LIBRE)

Los hombres están hechos para ser apasionados. Fueron creados para perseguir lo que es importante para ellos, luchar por lo que creen y lograr lo que se proponen, sin importar cuántas veces enfrenten el fracaso. El salmista refleja esta idea y nos invita a adentrarnos más en la vida de Cristo, animándonos diciendo: «¡Búsquenlo más a Él!». No debe pasar ni un momento sin que busquemos su presencia; debemos estar «siempre buscando la luz de su rostro». Esta es la mentalidad de un creyente pleno y lleno de vida.

Dios no es lo único que podemos buscar. El mundo ofrece muchas distracciones que llenan nuestros ojos cada día y nos tientan a perseguir cosas que conducen a la muerte en lugar de la vida. Debemos decidir buscar la fuerza de Dios; no la debilidad del pecado sexual, ni las profundidades de la apatía, sino la fuerza del Señor. Este es el único esfuerzo que nos dará verdadera satisfacción.

Señor, dame hoy la pasión para buscar más de ti. Hazme un verdadero creyente que viva por la vida que tú das.

UNA VEZ Y PARA SIEMPRE

Por eso puede salvar—una vez y para siempre—
a los que vienen a Dios por medio de él,
quien vive para siempre,
a fin de interceder con Dios a favor de ellos.

HEBREOS 7:25

Cristo solo tuvo que morir una vez, porque su sacrificio fue perfecto y capaz de cubrir todos los pecados. Esa muerte sigue siendo válida para cada pecado que cometemos. Cada vez que fallamos o caemos en viejos hábitos, la muerte de Cristo sigue siendo el pago satisfactorio por nuestro perdón. Aún con lo completa que es nuestra pecaminosidad, su muerte sustitutoria la supera en poder y extensión. Como declara el versículo de hoy, Él «vive para siempre, a fin de interceder con Dios a favor de ellos».

¿Cuántas veces pensamos en eso? Cada vez que pecamos, incluso si es solo una palabra descuidada de desánimo, Jesús está intercediendo por nosotros. Él murió no solo por nuestros pecados más grandes, sino también por los errores ocasionales que cometemos, incluso después de saber que somos redimidos. Tal vez no tomaríamos su salvación tan a la ligera si recordáramos cuán a menudo dependemos de ella.

Santo Jesús, tú puedes salvarme de cada error. Gracias por ser más grande que mi inmoralidad y por elegir amarme sin importar el costo.

¿ESTAMOS DISPUESTOS?

Pero si confesamos nuestros pecados a Dios, él es fiel y justo para perdonarnos nuestros pecados y limpiarnos de toda maldad.

1 JUAN 1:9

Jesús puede redimirnos de maneras profundas y significativas, pero solo si estamos dispuestos. Él no se acercará a aquellos que no se acercan a Él. Incluso después de ser salvos, Él no nos hará crecer en santificación si ocultamos nuestros pecados en lugar de confesarlos. No debemos preocuparnos por si Él será infiel, nos rechazará o nos despreciará por nuestro pecado; Juan nos dice explícitamente que lo contrario es cierto.

Jesús era un hombre en quien la gente sabía que podía confiar. A pesar de su poder y grandeza, la gente sabía que podía contarle al hombre de Galilea cualquier cosa que hubieran hecho. ¿Ocurre lo mismo con nosotros? ¿Somos hombres en los que la gente puede confiar para confesar sus pecados, o se alejan por miedo a nuestra desaprobación y juicio? Si es así, estamos impidiendo que sean limpiados de su injusticia.

Querido Jesús, gracias por ser fiel al perdonarnos. Por favor, enséñame a hacer lo mismo. Quiero ser alguien en quien los demás sepan que pueden confiar y con quien pueden hablar.

SIN OBLIGACIÓN

Cada uno debe decidir en su corazón cuánto dar;
y no den de mala gana ni bajo presión,
«porque Dios ama a la persona que da con alegría».

2 Corintios 9:7

No podemos dar con alegría si estamos dando más de lo que nos es cómodo. Tampoco podemos dar nada si no vivimos con gratitud. Jesús nos dio desde su abundancia magnífica, y desde esa misma abundancia nosotros devolvemos pequeños gestos de generosidad. Él no necesita lo que podamos ofrecer; puede proveer y bendecir desde la nada. Lo que quiere es transformarnos a su imagen, y su imagen está revestida de generosidad.

Pablo dice: «Cada uno debe decidir en su corazón cuánto dar». Esto significa que no podemos dar por obligación. Si no sentimos ganas de dar o solo podemos soportar dar una pequeña fracción de lo que tenemos, tal vez necesitemos revisar nuestros corazones. Quizá nuestra falta de disposición para dar diga mucho sobre nuestro carácter y sobre cuánto valoramos nuestro trabajo en lugar de reconocer que es Dios quien hace la obra.

Señor, por favor, hazme un hombre generoso. Soy consciente de cuánto he recibido; enséñame a dar de manera voluntaria, como tú lo haces.

HOMBRES CONFIADOS

Por lo tanto, no desechen la firme confianza
que tienen en el Señor.
¡Tengan presente la gran recompensa
que les traerá!

HEBREOS 10:35

El mundo está convencido de que puede quitarnos la fe y aplastarnos bajo sus pies. Para que eso no sea cierto, debemos ser hombres seguros que han puesto toda su confianza en el Señor. Cuando un hombre confía en sí mismo se engaña, pero con Dios no es así. Nuestra confianza en Él está bien fundamentada y no nos dejará en vergüenza. Como dice Hebreos: «¡Tengan presente la gran recompensa que les traerá!». Solo seremos avergonzados si dejamos a un lado la confianza que tenemos en que Dios nos librará.

Si no tenemos confianza, las personas que nos rodean lo notarán. No confiarán en nosotros para liderar, ni para asumir responsabilidades si nos ven temerosos de las consecuencias de nuestras acciones. Solo caminando con valentía en los planes de Dios podemos entrar en los roles que Él tiene preparados para nosotros.

Oh Jesús, enséñame a ponerte primero y por encima de cada desafío que enfrento. Dame una confianza plena en que tú puedes equiparme para toda buena obra, y ayúdame a actuar sin miedo al castigo.

CUBIERTO

¡Oh, qué alegría para aquellos
a quienes se les perdona la desobediencia,
a quienes se les cubre su pecado!

Salmos 32:1

Este salmo es una celebración del perdón de Dios. ¡Qué bendición tan grande cuando Dios decide tomar nuestros errores, nuestra desobediencia y nuestros pecados y cubrirlos! Que todos nuestros fallos sean alejados es la fuente de nuestra mayor alegría. Cuando alguien se rebela contra Dios constantemente, ni siquiera tiene la capacidad de pedir perdón. Solo por la gracia de Dios somos llevados al arrepentimiento, y solo por su gracia llegamos a comprender cuán poco merecedores somos de esa misma gracia.

Jesús ha cubierto nuestros errores, pero ¿seguimos nosotros mirándolos? A veces, Dios nos perdona, pero nosotros no podemos hacer lo mismo. ¿Somos incapaces de perdonarnos por algo? Jesús ya nos ha perdonado. Aunque el resto del mundo no lo haga, tenemos la oportunidad de dejar atrás nuestros errores a través del arrepentimiento y el perdón. Jesús ha perdonado nuestros pecados y los ha cubierto.

Querido Jesús, gracias por alejar mis pecados de tu vista y de tu mente. Era un hombre ahogado en pecado, pero he sido lavado por tu sangre redentora y estoy limpio.

LOCOS A PROPÓSITO

El mensaje de la cruz es ciertamente una locura para los que se pierden, pero para los que se salvan, es decir, para nosotros, es poder de Dios.

1 Corintios 1:18 RVC

¿Estamos dispuestos a parecer locos? ¿A renunciar al respeto de los demás por hacer lo correcto? Jesús recibió burlas, fue despreciado por sus propias criaturas, y aun así se mantuvo fuerte en su aparente debilidad y sabio en lo que parecía ser necedad. Él fue capaz de mantener su mirada fija en la cruz y hacer lo correcto, aunque nadie estuviera dispuesto a seguirlo. ¿Tenemos esa misma determinación? ¿Estamos dispuestos a ser «locos» como lo fue Jesús?

La cruz era el mayor instrumento de sufrimiento que los romanos podían usar. Era odiada y considerada inhumana. Adorar a alguien que murió en una cruz parecía una locura para el mundo, pero los discípulos amaron esa cruz con entusiasmo sagrado y hablaron de ella a todos los que quisieran escuchar. ¿Estamos dispuestos a ser locos a los ojos del mundo para ser sabios espiritualmente?

Querido Jesús, ayúdame a abandonar la búsqueda de honor y respeto que los hombres persiguen y cambiarla por la verdadera sabiduría. Que esté dispuesto a parecer un hombre loco aunque otros me menosprecien por ello.

CONTENIDO DEL CORAZÓN

En mi corazón atesoro tus dichos
para no pecar contra ti.

SALMOS 119:11 NVI

¿Qué guardas en tu corazón? ¿Qué escondes en lo más profundo? Jesús dijo de los fariseos: «Este pueblo me honra con los labios, pero su corazón está lejos de mí» (Mateo 15:8 NVI). El salmista en el versículo de hoy alaba al Señor porque, aunque el mundo no lo sepa, él sabe que Dios está dentro de él. Tiene las palabras de Dios guardadas en su corazón para no pecar contra Él.

La fe es un asunto tanto privado como público. Somos llamados a compartir nuestra fe y ser miembros activos de nuestra comunidad; a ser andamios que sostienen a otros en su crecimiento espiritual. Pero, como nos muestra este versículo, la fe también es privada. Es lo que pensamos en la noche cuando nadie nos está viendo. Si no tenemos fe en privado, nuestra fe pública es pura hipocresía.

Señor, llena mi corazón con las cosas correctas. Escribe tus palabras en mi corazón para que pueda honrarte en los pequeños momentos cuando estoy a solas con mis pensamientos.

RODEADO DE PODER

Que Dios, la inspiración y fundamento
de la esperanza, les llene hasta rebosar de gozo
incontrolable y paz perfecta cuando confíen en Él.
¡Y que el poder del Espíritu Santo rodee sus vidas
continuamente con su superabundancia
hasta que irradien esperanza!

ROMANOS 15:13 TPT (TRADUCCIÓN LIBRE)

Pablo dio esta gran bendición a los destinatarios de su carta en Roma, pero se aplica a todos nosotros que compartimos la fe. Nos bendice con la paz que da el Dios de inspiración y esperanza. Más aún, nos da una misión al decir: «¡Y que el poder del Espíritu Santo rodee sus vidas continuamente con su superabundancia hasta que irradien esperanza!». Por el inmenso poder del Espíritu Santo somos llamados a irradiar esperanza en un mundo perdido en el cinismo y la desesperanza.

Estamos rodeados de un poder mucho mayor que el nuestro. Jesús no espera que derrotemos a nuestros demonios solos, ni que seamos los hombres fuertes que todos esperan. Él espera que caminemos confiando en Él y que dependamos del poder del Espíritu para vivir, respirar, y realizar cualquier tarea que tengamos que enfrentar.

Poderoso Jesús, voy a ponerte a ti primero en mi confianza y fe. Lléname de tu perfecta paz y rodéame con tu poder. Dame el apoyo que necesito para conquistar este día.

MEJOR QUE LA VIDA

Tus misericordias son más importantes
para mí que la vida misma.
¡Cuánto te amo y te alabo, Dios!

SALMOS 63:3 TPT (TRADUCCIÓN LIBRE)

El salmista declara con valentía lo mucho que valora las «misericordias» de Dios. Tiene al Señor y a su misericordia en tan alta estima, que significan más para él que la vida misma. Nada, absolutamente nada, puede reemplazar el amor de Dios. Él es más valioso que todo lo que este mundo puede ofrecer, y en un instante podríamos renunciar a todo por Él y vivir sin un solo remordimiento.

«Cuánto te amo y te alabo», dice el salmista. Su corazón ya no le pertenece; se lo ha entregado al Señor en reverencia y adoración. Esta debería ser nuestra mentalidad y la reverencia con la que vivimos. Cuando Dios es lo único que nos importa, las cosas mundanas pierden importancia. Todo encuentra su significado en cómo Dios nos lo ha dado y en que le pertenece a Él antes que a nosotros mismos. Sí, las «misericordias» que el Señor derrama sobre nosotros en esta vida valen más que la vida misma.

Querido Dios, me rindo ante ti en adoración. Sé que mi vida no tiene sentido sin ti.

DICIEMBRE

Dios es nuestro refugio y nuestra fortaleza,
nuestra segura ayuda en momentos
de angustia.

Salmos 46:1 NVI

ANCLADOS

Esta esperanza mantiene nuestra alma firme y segura, como un ancla.

HEBREOS 6:19 RVC

¿Cuál es el valor de la esperanza en la vida de un creyente? ¿Cómo cambia la esperanza el modo en que vivimos nuestro día a día? Según el autor de Hebreos, la esperanza en la salvación de Jesús actúa «como un ancla» para el alma, para mantenernos firmes cuando las olas de la vida nos golpean. Una eternidad sin Dios es un terror que ni siquiera con nuestros peores miedos podemos comprender por completo. Si nuestra salvación estuviera en duda, cada error y prueba que enfrentáramos nos destruiría.

Pero tenemos un ancla que es «firme y segura». Las olas nos golpean, pero nuestra ancla no se mueve. El viento no puede empujarla ni cambiarla; está arraigada en el carácter y las palabras de Dios, que son inmutables. Sin importar cuál sea la prueba, el pecado o el odio hacia nosotros mismos que enfrentemos, tenemos este hecho eterno y seguro: Jesús nos ama y nos ha prometido su salvación.

Oh Señor, gracias por tu sacrificio. Gracias por extender tu mano a través de las olas para salvar a un pecador tan miserable como yo. Mantenme anclado a tu promesa sin importar cuál sea la tormenta.

SIN FATIGA

Me honras ungiendo mi cabeza con aceite.
Mi copa se desborda de bendiciones.

Salmos 23:5

El Salmo 23 es la celebración de David por la provisión de Dios sobre su vida. A través de cada prueba y cada triunfo, David vio la mano paternal del Señor cuidándolo. Se aferró a su Dios incluso en el valle de la sombra de muerte y nunca quedó desamparado. No siempre es fácil ver la vida con optimismo, pero en momentos de claridad se hace innegablemente evidente que Dios ha estado actuando entre bambalinas todo el tiempo.

La mentalidad de un hombre satisfecho se basa en una gratitud incansable. Estará lleno de una satisfacción santa cuando pueda decir en cualquier circunstancia: «Mi copa se desborda de bendiciones». Mientras tengamos una eternidad de bendiciones de Dios por delante, ¿por qué íbamos a quejarnos? Los dolores de la vida son grandes y la apatía asfixiante, pero no son nada comparados con la gracia de Dios hacia nosotros.

Oh Dios, gracias por el honor y las bendiciones que me has dado. Por favor, dame tu gracia en cada circunstancia para que pueda alabarte con gratitud.

LO ÍNTIMO DEL CORAZÓN

Más bien, que la belleza de ustedes sea la incorruptible,
la que procede de lo íntimo del corazón
y consiste en un espíritu humilde y apacible.
Esta sí que tiene mucho valor delante de Dios.

1 Pedro 3:4 NVI

Los valores de un hombre se revelan en lo que encuentra atractivo en las mujeres. Si nuestras almas valoran cosas físicas como la «belleza» y el encanto, eso será lo que nos atraerá. Una vez que aprendamos a valorar el carácter, la «belleza incorruptible» y los aspectos que realmente importan, nos sentiremos atraídos por mujeres que muestren esas cualidades. Nuestro sentido de atracción trascenderá el sexo y ya no será controlado por él; se gobernará a sí mismo.

Según el autor de Proverbios, la belleza es fugaz y el encanto es engañoso. Lo que realmente importa es la belleza que no podemos ver a primera vista: «la que procede de lo íntimo del corazón». Eso determina el valor de alguien más que su cuerpo o cómo luce. Eso que «tiene mucho valor delante de Dios» debería ser igualmente precioso para nosotros. Cuando lo sea, nuestro juicio será como su juicio y veremos a las personas como realmente son.

Oh Jesús, santifica mis ojos y mi alma para ver la belleza oculta del corazón. No puedo hacer nada sin ti, y necesito que reconfigures la persona que soy. Por favor, ayúdame.

SUPERVISOR VERDADERO

Trabajen de buena gana en todo lo que hagan, como si fuera para el Señor y no para la gente.

Colosenses 3:23

¿Contra qué norma de conducta nos estamos midiendo? ¿Se basa nuestro trabajo en las expectativas de un jefe o en las de Dios? No trabajamos para Dios como una demostración esperando ganar su aprobación con nuestras acciones; no trabajamos por obligación. Trabajamos desde un deseo profundo y creciente de estar en armonía con el carácter de Dios. Trabajamos para perfeccionar la determinación, la honestidad y la energía.

Pablo extiende este mandato a «todo lo que hagan». Esto es más que solo nuestra jornada de trabajo. Es el trabajo del Señor. Es la manera en que nos comportamos desde el momento en que nos levantamos hasta que nos acostamos. Esto no significa que vivamos en constante temor al castigo, sino más bien que vivimos en un estado de constante y santa dependencia. En cada momento nos apoyamos en el Señor para obtener la fuerza para hacer su obra. Lo único que se espera de nosotros es que el Espíritu Santo vigorice nuestros miembros.

Espíritu Santo, da vida a mis miembros hoy. Dame la pasión para trabajar como tú trabajarías. Dame la fuerza que no puedo conseguir por mí mismo.

SEGUIR

Cada uno debería seguir viviendo en la situación que el Señor lo haya puesto, y permanecer tal como estaba cuando Dios lo llamó por primera vez.

1 Corintios 7:17

Pablo declara que cada uno de nosotros «debería seguir». Los comienzos, los momentos intermedios y los finales tienen sus propios desafíos, y los momentos intermedios se ven amargados por el cansancio y la apatía. Esto también ocurre en nuestro caminar de fe mientras pasamos años y años de luchas y batallas por nuestra fe. Solo Dios puede hacer que el espíritu humano siga perseverando en esas circunstancias. Solo Él puede darnos la pasión que necesitamos para resistir en cada altibajo.

¿Cómo deberíamos seguir viviendo? Según Pablo, es «en la situación que el Señor lo haya puesto, y permanecer tal como estaba cuando Dios lo llamó». Cuando Dios se acercó y nos redimió, tomamos la decisión de vivir de manera diferente. Si hubiéramos seguido viviendo de la misma forma, nada habría cambiado. Es fácil alejarnos de lo que primero vimos en Dios, pero su Palabra es inamovible; Él no cambia sus expectativas hacia nosotros por nuestro comportamiento cambiante. Conocemos su camino y solo necesitamos permanecer en él por fe.

Oh Dios, por favor mantenme en el camino angosto. Guíame cada año y sostenme mientras avanzo hacia tu reino.

LE PERTENECEN

La tierra es del Señor y todo lo que hay en ella;
el mundo y todos sus habitantes le pertenecen.

Salmos 24:1

Todo lo que vemos es propiedad del Dios Altísimo. Todo lo que juzgamos, rechazamos o aceptamos le pertenece a Dios. Cada persona, ya sea aburrida o fascinante, repulsiva o noble, es de Dios. Él los ama y desea que vuelvan a casa con Él. Solo el corazón de Dios es lo suficientemente grande para amar a cada individuo como si fuera la única persona en el mundo. ¿Acaso hay alguna razón válida para ignorar a alguien o algo sin antes aprender sobre ello?

Los hombres deberíamos ser curiosos y enseñables, reflejando la imagen de Jesús. Nuestro Señor no ignoró a los marginados sociales, ni menospreció el trabajo de un carpintero. Fue humilde y estuvo dispuesto a escuchar a pesar de su omnisciencia. Nunca degradó a nadie ni a nada, excepto por razones morales, y aun entonces lo hizo con amor. Él era dueño del mundo y de todas sus personas, pero eligió actuar con humildad y discreción durante gran parte de su vida terrenal.

Oh Dios, declaro tu soberanía sobre este mundo. Por favor, dame la humildad para apreciar la creación y a todas las personas como tú lo haces.

LA LUCHA DE LA FE

Mantengamos firme la esperanza que profesamos, porque fiel es el que hizo la promesa.

Hebreos 10:23 NVI

Tenemos esperanza en la salvación de Dios y sabemos que Él nunca miente, pero cuando las cosas se ponen difíciles, mantener esa esperanza puede ser complicado. Sabemos en nuestra mente que Dios no miente, pero en el corazón a veces dejamos de creer que realmente cumplirá sus promesas. Este versículo nos recuerda: «fiel es el que hizo la promesa». Incluso cuando estamos llenos de cinismo y desconfianza, Jesús sigue siendo fiel a sus promesas. Incluso cuando nos desviamos hacia el sexo, el trabajo o las relaciones interpersonales buscando ayuda, la salvación en la que una vez confiamos sigue ahí esperándonos.

«Mantengamos firme la esperanza que profesamos», declara el escritor de Hebreos. Como hombres, estamos llamados a dar testimonio de la esperanza que llevamos dentro. Estamos llamados a compartir nuestra fe con otros, con nuestras familias, y sobre todo a reflejarla en nuestras acciones. Pero mientras compartimos lo que creemos, debemos seguir creyéndolo de verdad. No podemos vivir una fe de apariencias mientras nuestras almas mueren por dentro. Si eso sucede, nuestras acciones también caerán y nos quedaremos sin testimonio y sin esperanza.

Oh Dios, preserva en mí la esperanza de tu salvación. Hazme incansable en este camino.

ESPERANZA EN

Entonces, SEÑOR, ¿dónde pongo mi esperanza?
Mi única esperanza está en ti.

SALMOS 39:7

No faltan ídolos en los que depositar nuestra esperanza. Las carreras profesionales, las amistades, el sexo e incluso el ejercicio están listos para recibir nuestra adoración. Aunque son buenos en sí mismos y deben disfrutarse, no están hechos para sostener nuestra esperanza. Dios le dio al hombre el deseo sexual como un antídoto contra la apatía y para enseñarle autocontrol y disciplina personal. Le dio carreras profesionales para que ampliara su impacto en la comunidad. Le dio amistades para que pudiera conocer diferentes aspectos de la persona de Dios. Incluso le dio la necesidad de hacer ejercicio físico para recordarle que es un ser encarnado y forma parte de un mundo físico. Pero, sobre todo, le dio a sí mismo como única esperanza.

«Mi única esperanza está en ti», declara el salmista. Esta es la mentalidad de un hombre que vive en la presencia de Dios. Cuando ponemos nuestra esperanza en otras cosas, nuestro Dios amoroso nos despojará de todo para que no nos quede más opción que esperar solo en Él.

Oh Señor, mi esperanza está en ti. Te alabo por todo lo que me has dado, pero reservo mi esperanza exclusivamente para ti.

DESEOS CONTRADICTORIOS

Cuando abres tu mano,
sacias el hambre y la sed
de todo ser viviente.

SALMOS 145:16

El salmista alaba al Señor diciendo: «sacias el hambre y la sed de todo ser viviente». Esa es la gloria de la creación natural. Cada bestia, insecto y planta, cuando están en equilibrio, viven para lo que Dios los diseñó y cumplen su papel en el paisaje natural. Lo mismo ocurre con nosotros. Sin embargo, tenemos muchos deseos contradictorios y nuestra naturaleza pecaminosa intenta tomar el control de ellos.

Nuestro mayor deseo es tener propósito. A menos que ahoguemos nuestro dolor y endurezcamos nuestros corazones, todos sentiremos una profunda necesidad de propósito. Los hombres necesitan propósito más que comida, agua o incluso aire. Hay guerras que comenzaron por diferencias de opinión sobre el propósito de la vida. Ese deseo, que triunfa sobre todos los demás, solo se satisface en Dios y en una relación con Él. Él es nuestra satisfacción definitiva. Los hombres pueden dominar cualquier otro deseo si su anhelo de propósito se cumple en Jesús.

Oh Jesús, por favor satisface en mí ese único deseo que nunca debió quedar insatisfecho. Muéstrame el propósito de mi existencia dándome más de ti.

VESTIDOS DE AMOR

Sobre todo, vístanse de amor,
lo cual nos une a todos en perfecta armonía.

COLOSENSES 3:14

¿Qué significa estar vestido de amor? ¿Cómo se ve alguien que se viste de amor? Como escribe el apóstol Pablo, rodearse de amor conduce a la armonía con otros creyentes. El precedente que Jesús estableció para nosotros y que los apóstoles confirmaron es el de aprender a dejar de lado nuestras diferencias y amarnos a pesar de ellas. La armonía es importante para nuestro Salvador, y a través de un amor genuino podemos lograr esa armonía con los demás creyentes.

Pablo comienza con «sobre todo». El amor debe tener una importancia suprema. Tener amor no significa aceptar el pecado de las personas o dejar que otros pasen por encima de nosotros, pero sí implica una enorme cantidad de sacrificio. Poner el amor en primer lugar significa decir cosas difíciles, ayudar a los demás cuando no es conveniente, y trabajar para buscar soluciones en lugar de ignorar los problemas.

Querido Dios, solo tú puedes darme un amor verdadero. Por favor, haz de mí un hombre de amor que lleve armonía a quienes le rodean.

DESEO SANTO

Me agrada, Dios mío, hacer tu voluntad;
tu Ley la llevo dentro de mí.

SALMOS 40:8 NVI

Uno de los mayores propósitos de Dios para nuestras vidas es alinear nuestros deseos con los suyos. Él quiere tomar nuestros deseos más bajos, como la necesidad de afirmación, poder, sexo y reconocimiento, y transformarlos en deseos más elevados. Quiere que no solo hagamos lo correcto, sino que deseemos hacerlo con un alma apasionada y entregada por completo. El camino para lograrlo se encuentra en meditar y absorber las enseñanzas de Dios, permitiendo que impregnen nuestro corazón.

Si solo le damos a Jesús la mitad de nuestra atención, la vida se convertirá en un infierno creado por nosotros mismos. Seremos el campo de batalla entre un Dios que desea nuestra alma y un mundo que quiere lo mismo. Para que podamos estar en paz, debemos llevar las enseñanzas de Jesús en el corazón, hacer lo que Él quiere y mirar todo con ojos de fe. Cada placer, disfrute y dolor debe entenderse según el propósito que Dios tiene para ello.

Querido Jesús, hoy te pongo a ti en primer lugar. Permíteme ver todo en mi vida con ojos de fe; quiero ver este mundo como tú lo ves.

UNA PAZ FIRME

El Señor le da fuerza a su pueblo;
el Señor lo bendice con paz.

Salmos 29:11

¿Has experimentado una paz precaria? Tal vez fue la calma antes de que un ser querido partiera o mientras realizabas tareas cotidianas justo antes de que sucediera un desastre. Todos sabemos que la paz terrenal no puede resistir las tormentas de la vida. La vida nos lanza dolor y sufrimiento con la fuerza de un huracán, y a menos que nuestra vida esté edificada sobre la Roca, seremos arrastrados hacia el abismo. Solo la paz del Señor es lo suficientemente fuerte para resistir los ataques de la vida.

La paz del Señor es una paz firme. No es frágil como esa paz pasajera que a veces sentimos. Su paz es perfecta y fuerte porque lleva consigo la promesa de vida eterna y comunión con Jesús. Incluso cuando el caos llega y nos aplasta, la eternidad con Dios sigue esperándonos. «El Señor bendice a su pueblo con paz», declara el salmo de hoy. Realmente lo hace, y si esa paz no está con nosotros ahora, estará con nosotros cuando dejemos esta tierra.

Príncipe de Paz, gracias por tu paz eterna. Gracias por la promesa de fuerza y paz que este versículo nos da. Ayúdame a vivir en esa promesa.

UNA VIDA DE RECONCILIACIÓN

Dios ha hecho todas las cosas nuevas,
nos ha reconciliado consigo y nos ha entregado
el ministerio de reconciliar a otros con Dios.

2 Corintios 5:18 TPT (Traducción libre)

Según Pablo y todos los escritores del Nuevo Testamento, el evangelio es un ministerio de reconciliación. La reconciliación no es un proceso fácil; requiere mucha humildad y empatía. Necesitamos ponernos en el lugar del otro, entender por qué actuó como lo hizo, y amarlo incluso en medio de sus decisiones equivocadas y sus errores. La reconciliación no justifica el pecado, pero sí nos anima a caminar al lado de las personas con paciencia en lugar de controlar sus vidas o condenarlas.

Pablo dice: «Dios ha hecho todas las cosas nuevas». Esto es crucial para la reconciliación porque, cuando alguien es perdonado, todos sus errores pasados desaparecen para siempre. Con un arrepentimiento genuino, su pasado queda perdonado y se reconcilia con Dios. La forma en que alguien nos trata en el presente no es razón para odiarlo, sino una oportunidad para orar por su redención. Con el tiempo, puede que llegue a tratarnos como deseamos, pero ese cambio suele ser lento y requiere paciencia.

Querido Dios, oro por reconciliación en la vida de quienes me rodean. Revela tu amor a ellos y libéralos de toda esclavitud.

LA BUENA ORACIÓN DEL HOMBRE

¡Que mi oración sea como el sacrificio de la tarde que arde como el incienso y sube a ti como ofrenda mientras levanto mis manos rindiéndome en adoración!

SALMOS 141:2 TPT (TRADUCCIÓN LIBRE)

¿Sabemos rendirnos? ¿Estamos dispuestos a soltar nuestros planes y ofrecer nuestras vidas a Dios? Es difícil soltar el control y entregarlo todo a Él, pero es la única manera de presentar una oración sincera y agradable. Dios no quiere un hombre que solo hace oraciones simbólicas y sacrificios vacíos; quiere a alguien que ofrezca oraciones sinceras, como el perfume de una vida rendida por completo a Jesús. Esa es la fragancia del incienso y los sacrificios de la tarde que desea que lleguen hasta Él.

¡Qué hermoso es levantar nuestras manos rindiéndonos en adoración! La verdadera alegría solo se encuentra en la libertad, y la libertad llega cuando entregamos nuestras ansiedades y miedos a Dios. Él también quiere liberarnos de nuestro orgullo y nuestra necesidad de control. No fuimos creados para ser orgullosos ni controladores; fuimos diseñados para vivir vidas gloriosas de servicio a nuestro Creador.

Oh Jesús, que mis oraciones sean como el sacrificio de la tarde. Que mi ofrenda no sea de palabras vacías, sino de una vida completamente rendida a ti.

GENTILEZA MASCULINA

Por tanto, acéptense mutuamente, así como Cristo los aceptó a ustedes para gloria de Dios.

ROMANOS 15:7 NVI

¿Cómo nos aceptó Cristo? ¿Con condiciones, juicios o resentimiento? Obviamente no, pero a menudo así es como aceptamos nosotros a los demás. En lugar de recibir a las personas de manera incondicional o incluso cuidadosa, los aceptamos sin amor. Nos aferramos a sus pecados pasados o a la manera como nos hirieron y no olvidamos. Es correcto reconocer el pecado en los demás y ser cautelosos con historias de redención falsas, pero nuestro perdón no debería estar atado por nuestro orgullo.

Como hombres, hemos de sobresalir en gentileza. Deberíamos ser conocidos como personas con las que otros puedan hablar y ser ellos mismos. Si la gente teme ser juzgada o herida por nosotros, somos los más débiles de los hombres. Nuestra masculinidad se perfecciona en fuerza cuando somos mansos y tenemos el poder de controlar nuestra ira y nuestras palabras. Un buen hombre acepta a sus compañeros más débiles sin juicio ni desprecio, y de este modo da alabanza a Dios.

Buen Jesús, enséñame a sobresalir en gentileza. Quiero aceptar a los demás sin justificar sus pecados o malos hábitos, sino con el propósito de su transformación.

SIEMPRE SE PUEDE ESCAPAR

Las tentaciones que enfrentan en su vida
no son distintas de las que otros atraviesan.
Y Dios es fiel; no permitirá que la tentación sea mayor
de lo que puedan soportar.
Cuando sean tentados, él les mostrará una salida,
para que puedan resistir.

1 Corintios 10:13

Si algo está mal, Jesús nunca nos pedirá que lo hagamos. No existe condición alguna en la que nuestro Salvador nos exija pecar; Él desprecia la naturaleza misma del pecado y jamás nos pondría en esa situación. Eso se aplica a cualquier adicción o pecado con el que seamos tentados como hombres. Dios no nos colocará en una posición donde tengamos que ceder. Cada vez que el tentador diga que no hay salida, podemos llamarlo mentiroso.

Como dice el versículo de hoy, siempre se puede escapar de la tentación. Nunca estaremos bajo tanta presión que la fuerza de Dios no pueda sostenernos. Las tentaciones son solo una parte de la experiencia humana masculina, y pasarán y morirán mientras nosotros avanzamos hacia la eternidad. No tienen poder sobre nosotros y no merecen nuestra atención. Cristo es un objetivo demasiado importante para que nos distraigamos con los mezquinos engaños del diablo.

Oh Jesús, líbrame de esta tentación. Haz que hoy sea un día de fidelidad en el que no ceda ante los planes de Satanás.

18 DE DICIEMBRE

DESTROZADOS EN DIOS

El llanto podrá durar toda la noche,
pero con la mañana llega la alegría.

Salmos 30:5

Se espera que los hombres sean fuertes y seguros de sí mismos. La gente juzga a los hombres por cuán estables son, y esto a menudo genera un miedo a la vulnerabilidad. Dios, sin embargo, no debe tener miedo de nuestra vulnerabilidad porque nos llena de tragedias que nos rompen y nos aplastan. No superamos la tragedia manteniéndonos fuertes sino permaneciendo en Dios. Podemos estar destrozados, pero resistiremos mientras estemos destrozados en Dios.

El salmista clama: «El llanto podrá durar toda la noche». Esto va seguido de una promesa de alegría, pero el llanto no debe ser menospreciado por eso. El hecho de que sepamos que vamos a ser sanados no significa que nuestras lágrimas no tengan sentido. Jesús nos da el llanto y el dolor para rebajarnos. Él quiere que seamos hombres de humildad para que los demás se sientan seguros a nuestro alrededor y para que podamos ser iguales a nuestro Salvador en ternura.

Querido Jesús, estás aquí. En mi quebranto, estás cerca de mí. Ayúdame a apreciar este momento por lo que me da.

EQUIPADOS DE MANERA ÚNICA

Dios, de su gran variedad de dones espirituales,
les ha dado un don a cada uno de ustedes.
Úsenlos bien para servirse los unos a los otros.

1 Pedro 4:10

Dios está lleno de riquezas. Se alegra de derramar abundancia sobre sus hijos, y en esta riqueza hay una variedad de dones espirituales. Cada don lleva un pedacito del corazón de Dios y revela su carácter a quienes ven el don en acción. Aquellos bendecidos con corazones hospitalarios reflejan la hospitalidad de Jesús. Los cristianos bendecidos con liderazgo reflejan la sabiduría y la previsión de Dios. Su carácter es demasiado diverso como para revelarse de una sola manera, así que se muestra entre sus hijos de muchas formas diferentes.

Es importante recordar que estamos equipados de modo único para el evangelio. No deberíamos esperar que los demás tengan las mismas fortalezas que nosotros, ni sentirnos frustrados por los dones que Dios les ha dado a otros y no a nosotros. A Dios le agrada dar según su voluntad, y no tenemos derecho a juzgarlo por eso.

Oh Señor, enséñame a servir a los demás con los dones que me has dado. Enséñame también a reconocer los dones de los demás y a alegrarme por ellos.

GLORIA A SU NOMBRE

La gloria, Señor, no es para nosotros;
no es para nosotros, sino para tu nombre,
por causa de tu gran amor y tu fidelidad.

Salmos 115:1 nvi

Mientras más seguimos al Señor con pasión, más gloria nos rodea. Tanto Salomón como David cayeron en la trampa de pensar que esa gloria era suya. Ambos recibieron muchas bendiciones y fama al seguir a Yahvé, y ambos llegaron a un punto en el que olvidaron para quién era realmente esa bendición. Era para Dios y para su honor, no para ellos. Este estribillo del Salmo 115 es un dulce coro de humildad, enfocado en el amor y la fidelidad de nuestro increíble Señor y Salvador.

El mundo tiene una imagen de lo que los hombres deberían ser: triunfadores y líderes que disfrutan de la gloria de su trabajo. Rechazar la fama puede parecer hasta peligroso, como si pusiera en riesgo nuestra reputación. Sin embargo, ese es el camino del Señor y el camino que Él eligió para nosotros. Quiere que seamos fuertes en humildad y débiles en nosotros mismos. Quiere hijos que no sean como los hijos del mundo.

Oh Dios del cielo, recuérdame tu amor y tu fidelidad. Es la razón por la que estoy aquí hoy, y te glorifico por ello.

DIOS DE LIBERACIÓN

Él nos libró y nos librará de tal peligro de muerte.
En él tenemos puesta nuestra esperanza
y él seguirá librándonos.

2 Corintios 1:10 NVI

El Señor Dios es un Dios de muchas cualidades. Es el Dios de la justicia, que no deja que ningún pecado escape a su mirada. También es el Dios del poder, que sostiene en sus manos la fuerza del universo. Incluso cuando nos resulta incómodo, el carácter de Dios es exacto y perfecto. No aceptará seguidores a medias; aunque signifique dolor y tribulación para sus hijos, Él les hará conocer su identidad y soltar la suya propia. Esa es la clave de la liberación del Señor.

Cuando debemos levantarnos solos de un peligro, incluso un peligro mortal, Dios nos muestra que Él es nuestra única esperanza. En humildad, tenemos que renunciar a nuestras fuerzas y tomar la mano que Él nos tiende. Sustituye nuestra individualidad y orgullo por altruismo y amor. Cuanto más nos rendimos a Dios, más somos transformados en hombres semejantes a Cristo.

Señor Dios, hoy te entrego mi fuerza y mi orgullo. Gracias por ser el Dios de la liberación. Por favor, líbrame de las tentaciones y el orgullo que me amenazan.

EN SU TIEMPO

El Señor llevará a cabo los planes
que tiene para mi vida,
pues tu fiel amor, oh Señor, permanece para siempre.
No me abandones, porque tú me creaste.

Salmos 138:8

David está desesperado mientras ora a Dios en este versículo. Suplica: «No me abandones, porque tú me creaste». No tiene otras opciones. Se ha entregado por completo a Dios sin planes alternativos. Cuanto más tenemos en juego, más nos involucramos en el resultado. Cuando nuestra fe está completamente puesta en el plan de Dios, nos encontramos pensando constantemente en Él. Los cristianos a medias no tendrán este problema. Ellos se preocuparán por la vida y se enfocarán en sí mismos y en sus propios planes.

Un hombre debería aprender a dominar su mente mediante el poder de Dios. Debería aprender a controlar sus pensamientos confiando en Dios y no dejar que sus emociones lo gobiernen. David, en este pasaje, lucha hábilmente contra su ansiedad. Se recuerda a sí mismo la verdad de Dios: «tu fiel amor, oh Señor, permanece para siempre», y usa esta verdad para mirar su situación con otros ojos. «El Señor llevará a cabo los planes que tiene para mi vida».

Dios, puedo confiarte mi vida. Tus planes nunca fallan, y eres digno de mi fe hoy y todos los días.

NUESTRA MAYOR SATISFACCIÓN

He peleado la buena batalla,
he terminado la carrera
y he permanecido fiel.

2 Timoteo 4:7

Cuanto más dura es la lucha, mayor es nuestra satisfacción al completarla. Pablo consideraba que su camino de fe era su mayor lucha y su carrera más larga. Cada mañana, dejaba de lado su propio yo y se vestía de Cristo, viviendo una vida de sacrificio y dificultades por el evangelio. Fue traicionado por amigos, golpeado y azotado por enemigos, y rechazado en muchos hogares. Sin embargo, para Pablo todo eso no era nada en comparación con lo que recibiría.

El final de nuestras vidas puede traer consigo nuestra mayor satisfacción. En lugar de sentir pérdida o arrepentimiento, podemos mirar atrás con alegría al ver cómo Dios obró a través de nuestro dolor y nuestras pruebas para avanzar su evangelio. Podemos ver cómo Dios nos transformó en los hombres que necesitábamos ser y cómo eso bendijo a quienes nos rodean. Pero solo podemos lograr eso si abrazamos la lucha y nos negamos a nosotros mismos día tras día.

Dios Todopoderoso, hoy elijo luchar por ti. Por favor, quédate conmigo. Llena mis brazos de fuerza y mi mente de esperanza mientras busco tu rostro.

AMOR FALSO

Hagan todo con amor.

1 Corintios 16:14 NVI

Las palabras de Pablo aquí son fáciles de malinterpretar. A menudo confundimos otras emociones con el amor, cuando en realidad son versiones falsas. Nos convencemos de que le gritamos a alguien porque lo amamos y estamos preocupados por él, pero en realidad era solo enojo. Tal vez pensamos que invitamos a alguien a salir porque lo amábamos, pero en realidad era solo atracción. El amor verdadero a menudo es incómodo para nosotros porque se basa en el sacrificio. Amar a alguien significa poner sus necesidades por encima de las nuestras, y esto solo se logra al valorar el amor que Dios nos ha mostrado.

Pablo ordena: «Hagan todo con amor». Ni una sola acción egoísta queda justificada. Él insiste en que nuestras vidas se completen poniendo a los demás primero, tratándolos con gentileza y pensando en cómo el Señor querría que los tratáramos. Esto no significa que descansar sea malo, pero sí que usemos nuestro tiempo sabiamente sirviendo a los demás. Este servicio, cuando lo hacemos con la fuerza de Dios, puede convertirse en nuestra mayor fuente de alegría.

Jesús, por favor, enséñame a actuar con amor. Enséñame a rechazar los amores falsos y a poner a los demás en primer lugar.

CRISTO ES ANUNCIADO

Pues nos ha nacido un niño, un hijo se nos ha dado;
el gobierno descansará sobre sus hombros,
y será llamado: Consejero Maravilloso, Dios Poderoso,
Padre Eterno, Príncipe de Paz.

Isaías 9:6

Todo el mundo había estado esperando el nacimiento de Cristo. Él era la luz para un mundo perdido en la oscuridad, y su nacimiento marcó el inicio de la primera y única vida terrenal perfecta. Como Dios mismo, Jesús no tenía ninguna obligación de descender a nuestro nivel. Podría haberse quedado en el cielo, pero eligió tomar la forma de un hombre humilde por amor a los perdidos y a los quebrantados de corazón. Isaías dice: «un hijo se nos ha dado». En un instante, el Dios del universo nos dio el regalo más grande que podríamos desear.

Isaías anuncia a Jesús como el líder supremo, perfecto en sabiduría, poder, paz y amor paternal. Incluso de niño, Cristo era la mayor garantía de salvación que el mundo podía tener. Nos dio su vida como ejemplo y su muerte como sacrificio expiatorio. Se entregó por nosotros, aunque no lo merecíamos, y nos hizo hijos de su reino. ¿Qué otro regalo es más digno de ser celebrado?

Niño Jesús, no hay otro nombre más merecedor de alabanza. Nadie más es digno de ser mi líder y Salvador. Hoy te celebraré por todo lo que has hecho por mí.

ARMONÍA Y PAZ

Estén alegres. Crezcan hasta alcanzar la madurez. Anímense unos a otros. Vivan en paz y armonía. Entonces el Dios de amor y paz estará con ustedes.

2 Corintios 13:11

Nuestro mundo carece de armonía y paz. Son un premio tan valioso, que la mayoría de las personas han renunciado a la esperanza de verlas alguna vez. Aunque parece demasiado ideal para ser posible, vivir en armonía y paz es un mandamiento directo de Dios. Incluso podemos ser tan audaces como para orar por ello y esperar que Dios lo haga realidad. En Cristo, podemos cumplir las palabras de Pablo al ser alegres y experimentar el amor y la paz de Dios.

La mayor amenaza para nuestra paz somos nosotros mismos. Mientras más nos enfoquemos en nuestro desarrollo, nuestras carreras profesionales y todo lo relacionado con nosotros, menos satisfechos estaremos. La alegría está reservada para quienes viven sus vidas buscando el bien de los demás. Según Pablo, esta alegría va de la mano con la paz y no podemos alcanzar una sin la otra.

Oh Señor, por favor, enséñame a alegrarme en ti. Dame una paz que sobrepase todo entendimiento. A través de tu amor, enséñame a vivir para quienes me rodean.

ANHELAR LA LIBERACIÓN

Señor, tú sabes lo que anhelo;
oyes todos mis suspiros.

Salmos 38:9

Los sentimientos que muestra el rey David en este pasaje son intensos y personales. Se apoya en el Señor con ternura y busca su misericordia en medio de la injusticia y la persecución. Cuando David suplica a Dios, le recuerda sus promesas y le habla de su situación personal. Le dice que no hay rincón de su corazón que esté oculto. Dios conoce su anhelo y sus suspiros; así que, ¿por qué lo dejaría en el polvo?

El camino de Dios hacia la perfección no es fácil, pero ayuda estar en comunicación constante con Él. Como en cualquier relación, nuestra conexión con Dios está en su punto más bajo cuando olvidamos hablar con Él. Como hombres, necesitamos confesarle a Dios nuestros anhelos para que no se vuelvan en nuestra contra y nos dominen. Solo al apoyarnos en Él podemos tener la fuerza para luchar contra nuestros demonios.

Señor, por favor, examíname y conóceme. No soy el hombre que los demás ven, pero tú sabes quién soy y aun así me amas. Gracias por esta gran misericordia.

UN OBRERO APROBADO

Esfuérzate para poder presentarte delante de Dios y recibir su aprobación. Sé un buen obrero, alguien que no tiene de qué avergonzarse y que explica correctamente la palabra de verdad.

2 Timoteo 2:15

Pablo le dice a Timoteo: «Esfuérzate para poder presentarte delante de Dios y recibir su aprobación», y esa misma exhortación aplica para nosotros. Nuestro carácter, reputación y sabiduría deben estar alineados con Dios, de modo que el trabajo que hacemos a través de su poder no se vea manchado ni desacreditado por nuestra vergüenza. Cuando aconsejamos a nuestros hermanos y hermanas en Cristo, debemos ser un hermano que «explica correctamente la palabra de verdad», y no llevar a nadie por mal camino con nuestras opiniones personales o motivos ocultos.

Es importante que los hombres cristianos sean irreprochables, porque el mundo a menudo nos observa para ver cómo es Jesús. Si no entendemos la Palabra de Dios o si compartimos nuestras ideas personales como si fueran el evangelio, deshonramos el nombre de nuestro Salvador. Un hombre puede evitar estos peligros, pero solo a través de la humildad y el cuidado. Debemos examinar cuidadosamente lo que decimos y enseñamos antes de hablar para que otros no tengan que aclararlo después.

Querido Jesús, instrúyeme en el camino que debo seguir. Por favor, ayúdame a guiar a otros con la verdad y no con opiniones vacías.

IMITADORES DEL REINO DE CRISTO

La justicia y el derecho son el fundamento de tu trono,
y tus heraldos, el amor y la verdad.

SALMOS 89:14

Cada cristiano es una pequeña versión del reino más grande de Cristo. Las virtudes que Cristo quiere ver en su reino solo son posibles cuando se ven en cada uno de nosotros. Si no somos justos ni rectos, y si el amor y la verdad no están en todo lo que hacemos, no tenemos parte en el reino de Cristo. Para ser contados con Cristo tenemos que parecernos a Él, y para parecernos a Él necesitamos que el Espíritu Santo trabaje en nosotros. Hacer nuestro mejor esfuerzo no es suficiente; solo un poder santo puede lograr la rectitud y la justicia en nuestros corazones.

La mayoría de los hombres en el mundo no tienen al Espíritu Santo actuando dentro de ellos y no tienen una fuente de verdadera justicia cristiana. Trabajan según los deseos de sus corazones, que son engañosos más que todas las cosas (Jeremías 17:9). Poner a Jesús y su reino primero es la única manera de no ser arrastrados por el mundo y, en cambio, guiar a otros hacia lo que es justo y recto.

Dios y Rey, quiero ser justo y recto con los demás como lo eres tú. Enséñame a poner amor y verdad en cada acción hoy para que otros te conozcan.

NUESTRAS DIFERENCIAS

Dios trabaja de maneras diferentes,
pero es el mismo Dios
quien hace la obra en todos nosotros.

1 Corintios 12:6

Es natural pensar en los demás a través de nuestro propio entendimiento. Cada uno de nosotros tiene experiencias, personalidades y convicciones únicas que influyen en cómo pensamos sobre el mundo. Esto nos limita a la hora de entender a los demás, porque solo tenemos nuestro entendimiento humano. Dios es inigualable, porque es la única mente capaz de entendernos a cada uno de nosotros, y por eso «trabaja de diferentes maneras» en cada uno, adaptando sus métodos a nuestra personalidad única.

Dios, «el mismo Dios quien hace la obra en todos nosotros», tiene derecho a emitir juicio porque entiende a cada persona completamente y perfectamente. Sin embargo, debido a nuestra unicidad, nosotros no podemos hacerlo. Pablo quiere que reconozcamos esta incapacidad y seamos cautelosos al juzgar a los demás. Debemos reconocer cuando Dios está obrando y contener nuestro juicio, porque somos seres finitos.

Señor, gracias por darme a mí y a cada persona que encuentro una expresión especial y única de quién eres tú. Por favor, ayúdame hoy a apreciar eso.

SIEMPRE

El Señor cuidará tu salida y tu entrada,
desde ahora y para siempre.

Salmos 121:8 NVI

La promesa de provisión de Dios es eterna. Existe en el momento presente y también en nuestro futuro. A menudo nos cuesta creer uno de estos dos hechos. Entendemos la idea abstracta de que Dios proveerá para nosotros, al menos en última instancia, pero olvidamos que Él está proveyendo para nosotros aquí y ahora. Podemos confiarle nuestras circunstancias actuales, nuestras luchas internas y nuestras dificultades diarias.

También es fácil olvidar que Dios nos cuidará en el largo plazo. Podemos preocuparnos por el futuro, incluso si hoy tenemos comida y un techo sobre nuestras cabezas. Tendemos a planificar nuestros futuros personales y a forjar el camino más seguro posible. ¿Con cuánta valentía viviríamos si supiéramos que «el Señor cuidará» de nosotros tanto ahora como en el futuro?

Señor, tú provees para mí todos los días. Incluso en mi vejez, cuando no pueda proveer para mí mismo, tú me cuidarás. Dame fe para mi futuro hoy a la luz de tus promesas.